BBC
自然探索

planet earth
as you've never seen it before

地球脉动
前所未见的自然之美

（第三版）

[英]阿拉斯泰尔·福瑟吉尔（Alastair Fothergill）　著

人人影视　译

人民邮电出版社
北京

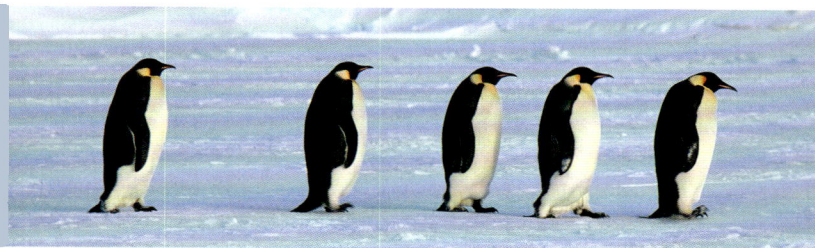

序　言

　　如今我们为地球拍摄的影像，其对细节的展现和精致程度，以及技术之精湛，定会震惊老一辈摄影家和摄像师。仅仅几十年的时间中，我们就已掌握了通过外太空的卫星拍摄整个大陆的能力，甚至还可以探索水滴内部的微观世界。即便在暗到伸手不见五指的地方，我们也能进行拍摄；就连拍打着翅膀的食蚜蝇，我们也能在胶卷曝光的那一瞬间将其定格。我们曾带着相机爬上世界最高峰的峰顶；也曾把它安装在无人探测器上，投入海底深处。随着相机机身逐渐变小，我们甚至可以将它系在鸟背上，让它随着鸟儿的飞行进行拍摄，还可以把它放入动物的巢穴深处，在丝毫不让动物察觉的情况下，拍摄巢中动物。就在最近，我们又拥有了一项本领，其效果令人赞叹：通过高空飞行的直升机，我们可以对野狼的头部和后背拍摄特写。当直升机在距离地面很高的位置时，野狼根本听不见发动机的轰鸣声，因为螺旋桨旋转过程中产生的向下气流不会像飓风那样横扫植被。毋庸置疑，本书——以及本书的同名电视系列片——将展示一个您从未见过的世界。

　　然而，现实情况却令人担忧。若干年后的世界可能完全异于现在。体形巨大、驼毛又厚又长的双峰驼是生命力最顽强的哺乳动物之一，然而这些曾经成群漫步于中亚地区戈壁滩上的生灵，如今的野外存活数量却不足1000头。野生远东豹的存活数量已不足40只，并且这个数字还在不断减少。

　　野生动物的家园——地球上那些偏远且尚未开发过的地区——如今也濒临险境。穿过北极苔原的石油管道正在建设；穿过亚马孙丛林的高速公路也在建设；为了开辟油棕桐树种植园，热带雨林被大量砍伐，破坏面积动辄就是数平方千米；珊瑚也因海洋污染而死亡。即使部分草木丛生的荒野之地到目前为止尚未遭受这种劫掠，但人类活动造成的全球变暖也将很快使其发生巨大的改变。

　　本书视角独特、异彩纷呈，它不仅是在展示和赞美21世纪初地球上仍然留存的物种奇迹，也是在有力地号召所有关心地球福祉的人们，加倍地注意保护这些奇迹。

大卫·阿滕伯勒（David Attenborough）

1 阿留申群岛
2 加拿大荒地
3 加拿大丘吉尔港
4 美国切萨皮克湾
5 美国华盛顿州奥林匹克半岛
6 戴维森海底山脉
7 内华达山脉
8 美国加利福尼亚州死谷
9 美国亚利桑那州大峡谷
10 美国新墨西哥州卡尔斯巴德洞穴国家公园龙舌兰洞（又译为列楚基耶洞）
11 墨西哥索诺拉沙漠
12 美国得克萨斯州布拉肯洞
13 墨西哥燕子洞
14 墨西哥尤卡坦半岛
15 尼加拉瓜湖
16 委内瑞拉安赫尔瀑布
17 东太平洋海隆
18 智利阿塔卡马沙漠
19 巴西潘塔纳尔湿地
20 巴西伊瓜苏瀑布
21 阿根廷卢西阿莱尔塞斯国家公园
22 智利和阿根廷的瓦尔迪维亚海岸雨林
23 智利百内国家公园
24 阿根廷火地岛国家公园
25 挪威斯瓦尔巴群岛
26 波兰比亚沃维耶扎（又称别洛韦日）原始森林
27 法国肖韦岩洞
28 克鲁布拉（又译为库鲁伯亚拉）山洞
29 埃及西部沙漠
30 苏丹
31 埃塞俄比亚高地
32 达纳基勒洼地
33 坦桑尼亚塞伦盖蒂国家公园
34 博茨瓦纳奥卡万戈三角洲
35 马达加斯加黥基·德·贝玛拉自然保护区
36 鲁卜哈利沙漠（英文为Empty Quarter，译为"空白之地"）
37 巴基斯坦吉德拉尔国家公园
38 喀喇昆仑山
39 乔戈里峰（K2峰）
40 尼泊尔喀利根德格河谷
41 珠穆朗玛峰
42 印度马纳斯国家公园
43 印度卡齐兰加国家公园
44 恒河-布拉马普特拉河三角洲
45 印度中央邦
46 印度高韦里河
47 黑龙江
48 越南下龙湾
49 马来西亚沙捞越鹿洞
50 马来西亚沙巴州哥曼东洞穴
51 印度尼西亚拉贾安帕特群岛
52 澳大利亚大堡礁
53 澳大利亚昆士兰州蝙蝠裂缝溶洞
54 新西兰芒加洼地考洞

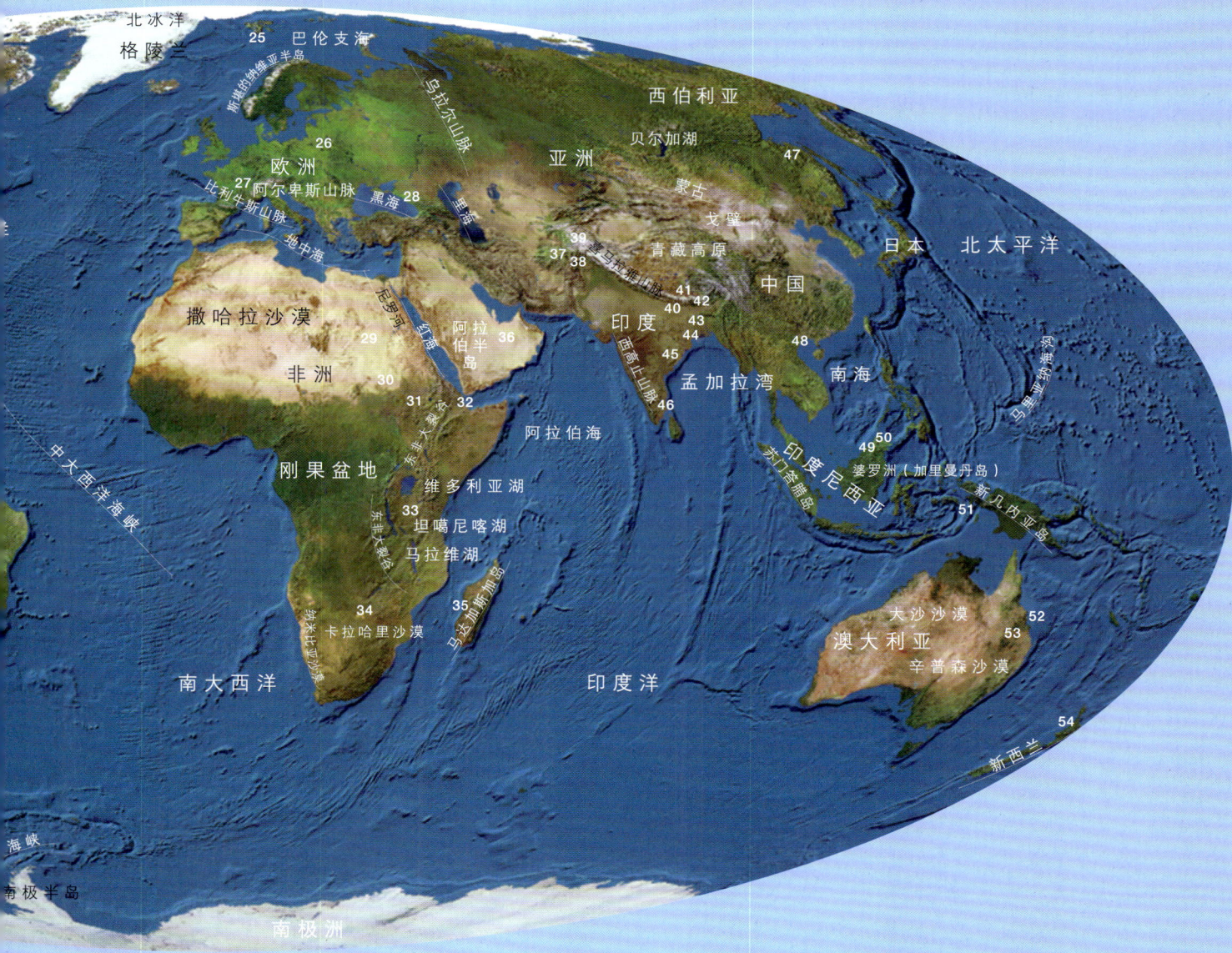

北冰洋
格陵兰
巴伦支海
25
斯堪的纳维亚半岛
乌拉尔山脉
西伯利亚
贝尔加湖
47
26
欧洲
27 阿尔卑斯山脉
比利牛斯山脉
黑海
28
地中海
亚洲
里海
蒙古
戈壁
青藏高原
39
37 38
日本 北太平洋
中国
撒哈拉沙漠
29
尼罗河
红海
阿拉伯半岛
36
41 42
40 43
印度
44
48
非洲
30
31 32
恒河平原
45
南海
孟加拉湾
中大西洋海峡
东非大裂谷
阿拉伯海
西高止山脉
46
49 50
印度尼西亚
婆罗洲（加里曼丹岛）
新几内亚岛
51
刚果盆地
维多利亚湖
东非大裂谷
坦噶尼喀湖
马拉维湖
34
35
纳米比亚沙漠
卡拉哈里沙漠
马达加斯加岛
大沙沙漠
52
澳大利亚
53
辛普森沙漠
南大西洋
印度洋
54
新西兰
海峡
南极半岛
南极洲

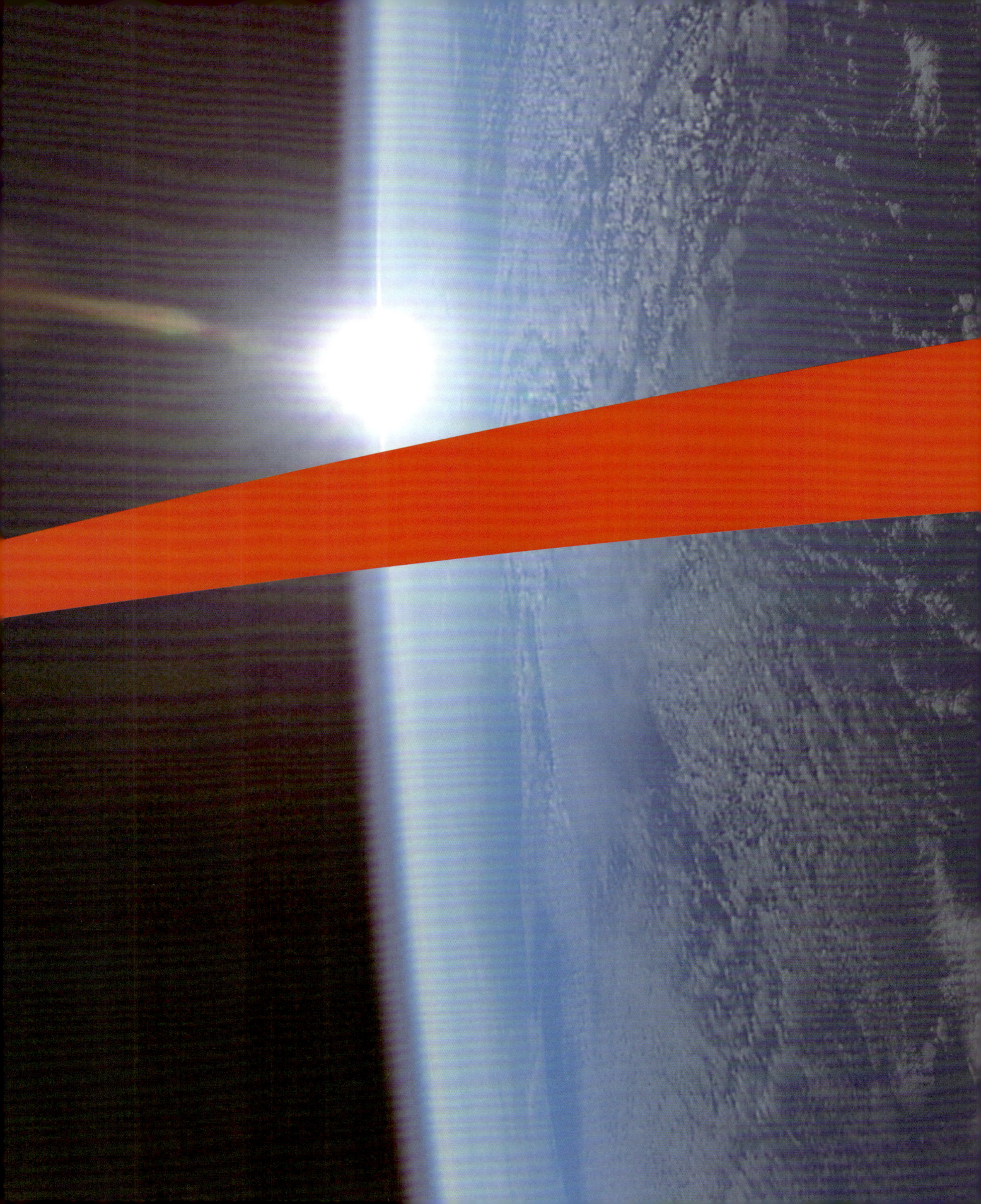

第1章

地 球 一 览

宇宙大爆炸、宇宙尘、引力作用、核聚变、静电力作用、阳光、液态水、天体碰撞、月球、地轴倾斜……最终，一个适宜生命存在的独特星球形成了。在这个星球上，所有呼吸着的生命能够存在皆因幸运。

人类上一次向独自飘浮在漆黑太空中的美丽地球回眸已是50多年前的事了。自1972年阿波罗17号登月任务完成，人类就再也没有过登月经历，再也没有站在足够远的地方从特别的角度观察我们的地球家园。人类后来所有的探索都在近地轨道上进行，一般距地球只有350千米，由于离直径12700多千米的地球太近，我们只能看见地球的弧面。而在月球上回望，我们能看见一个孤零零的蓝色星球包裹在层层白云之中。透过云层，可以瞥见陆地上的些许绿色。我们都知道，绿色是生命的颜色。我们的星球在太阳系中是独一无二的，因为生命只存在于地球上。这似乎仅是个小概率事件，但意义非比寻常。宇宙的骰子一经掷出，我们的星球便得到运气最好的结果。

幸运的星球

太阳系产生于50亿至45亿年前，它脱胎于宇宙大爆炸时产生的尘埃和气体。受引力的作用，尘埃和气体开始向其中心坍缩，并开始旋转。在这个旋转盘的中心，温度不断升高，氢气聚变为氦核，于是就形成了太阳。接下来，尘埃颗粒在静电力和其他力的作用下聚拢起来，并逐渐形成越来越大的岩石。引力再将这些岩石吸引聚拢起来，岩石越来越大，最终形成了各颗行星。离太阳最近的4颗行星——水星、金星、地球和火星，是拥有金属内核的岩石行星，其组成基本都是高熔点的固体物质。而离太阳稍远些的是气体行星，包括木星、土星、天王星和海王星。

地球在形成初期，便从其自身分化出许多不同的层面。地球中心的放射性物质经过自然衰变，产生了巨大的热量，将大多数岩石熔化，形成了"地幔"。地幔表面又形成了温度较低的坚硬地壳，地壳的厚度之于地幔，相当于桃的果皮之于果肉。因此时至今日，熔岩还是会定期地从"薄薄"的地壳之下喷涌出来。熔岩喷发伴随着氮气和二氧化碳等气体的释放，这些气体是地球大气层形成的基础。水蒸气随着这些气体大量排出，当它冷凝之后，就形成了海洋。40亿年前，正是在这片汪洋之中，进化产生了最初的简单生命形态。

▲ 夏威夷基拉韦厄火山的滚滚岩浆持续不断地流入大海。基拉韦厄火山位于地球内部地幔上的热点，是最活跃的火山之一。

◀ 从月球上看到的地球——如我们所知，是一颗在恰当位置、以恰当角度围绕太阳运转，并适宜生命存在的行星。

地球的邻近星球上也存在熔岩活动及各种气体（包括水蒸气）的释放现象，但据我们所知，太阳系里还没有第二个星球存在生命。究其原因似乎这一切只是简单的宇宙巧合：地球碰巧在恰当的轨道上围绕着太阳运转。水星是离太阳最近的行星，通常测定距离为 5 790 万千米，没有大气层。水星是所有行星里昼夜温差最大的，白天的表面平均温度有 440 摄氏度，而夜间则骤降至零下 160 摄氏度以下。难以想象，有任何生命形式能够在如此极端的温度下生存，更不必说还有如此之大的昼夜温差。金星距离太阳 1.082 亿千米，其大气层厚实，富含二氧化碳。强烈的温室效应使得金星终年高温，表面平均温度可达 480 摄氏度。

对生命而言，如果说金星太过炎热，火星可能就太过寒冷了。火星距离太阳 2.28 亿千米，其大气层非常稀薄，二氧化碳含量极少。火星的表面平均温度常年维持在零下 60 摄氏度，即使其地表下或是极地有水存在，那也只可能是冰冻状态的水。

而我们的星球和太阳之间的距离却恰到好处，适宜生命存在。地球距离太阳 1.496 亿千米，大气层厚度中等，二氧化碳含量适中，这些都有助于将地球的表面平均温度维持在完美的 17 摄氏度。我们居住在一个"金凤花"星球（译者注：出

自童话《金凤花姑娘和三只熊》），就像童话里的那碗粥一样，地球既不会太热又不会太冷，而是"恰到好处"，适宜生命存在。

源自月球的生命

当宇航员从月球上回望地球时，他们也许并没有完全意识到，他们脚下的这颗卫星对于地球上生命的产生和延续，曾经扮演过并且依然扮演着多么重要的角色。月球是生命进化的设计师，如果没有它，也许就没有了今日的我们。宇宙巧合再一次站在了人类这一边。人们普遍认为，月球形成于45亿年前，由一颗火星大小的行星和早期地球相撞而产生。剧烈的碰撞将大量地壳残骸抛射到宇宙空间，这些碎片相互吸引，逐渐结合起来，形成了围绕地球旋转的月球。而撞击地球的行星碰巧也拥有一颗液态铁的金属内核，它在碰撞的高温作用下，与地球上已存在的液态铁相结合，于是我们的星球就有了一个更为庞大的铁核。正是这个铁核产生了地球的磁场，其作用就如同防御盾牌，可以抵御诸如太阳风这样的从太阳上喷射出的粒子流。在地球的两极，磁场强度有所减弱，太阳粒子得以穿透并进入大气层，产生绚丽多彩的发光现象，令人叹为

观止，这就是北极光和南极光。不过，大多数情况下，大气层都能保护地球免受致命的紫外线辐射，若非如此，地表就会被烤焦，所有生灵都将遭到毁灭。

　　这场撞击还有其他的深远影响。地壳残骸的大量碎片被抛射到宇宙空间形成了月球，以至于地球上剩下的地壳大概只有原来的30%，而且剩下的部分过于稀薄，致使大陆板块更容易向四处移动。大陆漂移说对于推导物种的进化起到了关键的作用。在过去的上亿年间，自由漂移的陆地不断地重塑地貌。它们相互碰撞，产生了像喜马拉雅山这样的巨大山脉；它们相互撕扯，又形成了像非洲大裂谷这样的宽阔峡谷。在这一过程中，形形色色的生态环境层出不穷，各种各样的生命通过发展进化，得以开拓利用不断变化的环境资源。如果没有这次碰撞，大陆板块就将紧密地连接在一起，就像金星上那样，那么地球上就不会拥有今天如此多样性的生态环境了。

　　这场碰撞还产生了另一个戏剧性的结果。由于天体的撞击，地球不再绕着垂直于公转轨道面的轴旋转。撞击使得地轴倾斜，与该垂直轴形成了约23度的夹角，这一倾角维持至今。如果没有这个倾角，地球上的生命将会大不相同。全球的白昼长度将会终年相等，太阳的升温效应也将在全年保持不变，季节变迁将不复存在。没有了夏天的高温，两极地区将普遍变得更为寒冷，极地冰冻的影响也将进一步延伸至赤道地区。亚热带地区将不再出现干湿季节交替，地球的沙漠面积将更大。如此这般，动物也不必随季节而迁徙，生物种类可能会因此少了许多。

　　月球是太阳系所有卫星中相对所属行星来说体积最大的卫星，这使得它对地球产生了强大的引力影响。月球对地球所施加的引力是形成潮汐现象的主导因素。较不为人所知但却同样重要的是，月球引力对地轴倾角具有稳定作用。如果没有这样一颗近距离的大型卫星，地球就会任由太阳和木星的双重引力作用摆布。这种引力的大小会随着木星运行时靠近和远离而有所变化。如果没有月球这个陀螺仪的稳定作用，地球的地轴倾角将会变得混乱无序，与垂直轴的夹角有时甚至会达到90度。这可能导致北极直接指向太阳，从而引起冰盖融化，洪水泛滥于整个地球。因此，月球是至关重要的地球气候调节器，它为物种进化提供了稳定的生存环境。

阳光和水　生命之源

　　地球上所有生物的生存归根结底都靠两个关键要素——太阳和液态水。长久以来，这一观点被广泛接受。直到1977年，深海探险家在海底灼热的火山口周围发现了一种全新的动物生态系统。海底3 000米的深处一片漆黑，但这一群落却像最丰

◀ 在北半球，从北方森林中缓缓升起的一轮满月。月球是太阳系所有卫星中相对其所属行星来说体积最大的卫星，月球对地球的引力使得地轴保持在一个稳定的倾角。如果没有月球，地轴倾角将会混乱无序，地球的生态环境将会截然不同，不会这样适宜生命存在。

▼ 水是地球生命存活的另一个必要元素。一头加州海狮在巨藻丛林里嬉戏玩耍——由于阳光充足，营养物质丰盈，海藻长得十分巨大。

富多样的珊瑚礁一样丰饶，当时没有人知道它们是如何获取能量的。最终有人发现，有种特殊的细菌能够从火山口喷发出的硫化物中摄取自身所需的能量。但即使是处于这一食物链中的动物，也不能完全脱离太阳生存。它们都需要利用氧气来分解化合物获取能量，这些化合物由细菌产生，动物也可以通过食用细菌本身来摄取。这些氧气是由浅水中的植物利用光合作用制造的，而这些植物本身又通过太阳来获取能量。乍一看，海底火山口的生物群落似乎不需要太阳，但它们终究只能在太阳可以照射到的星球上生存。

太阳能泵

地球上有各种各样的生态环境，从富饶的热带丛林到贫瘠的极地荒原，生态的多样主要源自阳光和水分这两个关键要素的变化。地球各处接收到的太阳辐射能量各不相同。赤道附近获得的太阳辐射能量较多，因为太阳光在此处经过的大气路程比在两极的短。纬度越高，太阳高度角越小，这意味着等量太阳光所辐射的面积在两极地区比在热带地区要大。

陆地上可以被生物所利用的水资源分布十分复杂，这种分布仍然很大程度上受到太阳的影响。地球上90%的淡水都来自海洋的蒸发，其中大部分来自近赤道的温暖的热带海洋，其余10%则来自江河湖泊的表面蒸发或是植物的蒸腾作用。向上运动的热空气将水蒸气送入大气，水蒸气在这一过程中冷却凝结形成了云，然后被风吹散到世界各地。云究竟会在何处下雨取决于许多因素，但山体的存在起了关键作用。山体的阻隔迫使云爬升并冷却，水蒸气因此冷凝成了雨水。又由于大部分的太阳辐射都落到了赤道地区，因此我们会发现，在这里上升的热空气绝大部分都携带着水汽进入了大气层。随着空气的上升和冷凝，大量降水便倾盆而至。这部分因为降水而损失了水分的空气，由于地球自转而发生转向，从赤道分别流向南北两侧。当它到较冷的高纬度地区时，便会下沉，正是这样的干燥空气形成了南北回归线附近的热带沙漠。

海洋生物的丰富度和数量也主要取决于太阳辐射能量的多少。太阳光能够照射到海面以下大约100米的深处，在这一深度以上，生存着90%的海洋生物。海洋生物群落的形成，主要取决于重要养分——尤其是磷和氮——的多少，并不取决于水源。尽管热带海洋接收的太阳辐射能量最多，但除了珊瑚礁和海草场之外，大部分热带海域的生物种类并不丰富。这是因为这里的海水过于平静，大部分营养物质都沉于海底。海洋中资源最丰饶的往往是波涛汹涌的温带海域，或是可以提供丰富营养物质的上升流海域。

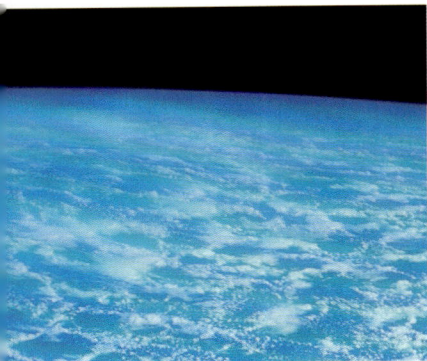

▲ 热带地区上空由海水蒸发形成的云。降落到陆地上的淡水有90%都来自海水生成的云。

▶ 博茨瓦纳的奥卡万戈三角洲。淡水从高原倾泻而下，河流淹没了干旱的大地。

富饶的赤道　贫瘠的两极

由于全年阳光充足，淡水资源丰沛，赤道附近的热带地区自然而然地拥有地球上最丰富多产的生态系统。热带雨林孕育着非常丰富的生物资源，与其他生态环境相比，这里的植物最为繁盛。在热带雨林，0.01平方千米的面积上可能生长着多达200种树木；而在温带森林，相同面积上仅有10～20种树木。尽管目前热带雨林仅占全球陆地总面积的3%，但人们普遍认为它所孕育的动植物种类超过了已知物种的50%。这里有得天独厚的植物生长条件，全年气温保持在20～28摄氏度，气候温暖，雨量充沛，年平均降水量2 500毫米。

植物是初级生产者，几乎所有的动物从根本上都依赖于植物所提供的能量，因此，植物每年通过光合作用固定的碳总量可以很好地衡量一个生态系统的总生产率。根据这种衡量标准，热带雨林可谓陆地上的纪录创造者，每平方米热带雨林每年可固定1 000～3 500克碳。从另一项针对生态系统生产率的衡量指标——动植物总质量（即生物量）来看，热带雨林也独占鳌头，每平方米的生物量达到4 500克。

珊瑚礁只能生长在同样的热带地区，被称为"海洋中的热带雨林"，其高生产率使这种赞誉名副其实。每平方米珊瑚礁每年可固定1 500～3 700克碳。考虑到珊瑚礁生长在热带浅海海域，在那里像氮和磷这样的重要营养元素含量非常低，这个数字已经是相当惊人了。在该生态系统中共同生长的珊瑚礁和其他动物，凭借对所需养分的高效循环，最终实现了生态系统的高生产力。

干旱的热带地区

如果从赤道出发，分别向南北半球的热带地区前进，气候会发生明显变化。这里尽管阳光依旧充足，气候依旧常年温暖，但雨量却没有那么充沛了，且一年之中干湿季分明，植物不得不适应这种气候变化。生长在印度北部和东南亚的季雨林就是典型的例子。在这里热带雨林特有的常青树被柚木、乌木这样的落叶树种所取代，它们通过每年落叶来减少水分流失。相比热带雨林中的树种，这些树要矮一些，但它们地域分布广泛，根系更为发达。作为叶猴和老虎的栖息地，在每年11月到次年4月，在季雨造成洪涝灾害之前，这里都会经历一个旱季。在澳大利亚北部等较干旱地区都会大量种植桉树这类树木来改善两个"大湿季"之间的旱情。

在最干旱的亚热带地区，树木被草地所取代——广袤无垠的草原地貌。这样的栖息地适合大型动物大规模栖息。这里全年温暖，但是动植物寿命的长短在很大程度上受到每年干湿季循环交替的影响。一年中的大部分时候，东非大草原都

▲ 热带雨林的黎明，加里曼丹岛。赤道地区终年温暖多雨，形成了地球上最多产的生态系统。

◀ 环绕布纳肯岛的硬珊瑚花园，苏拉威西，印度尼西亚海域——这里或许是地球上最富饶的海域。珊瑚礁被称为"海洋中的热带雨林"。尽管营养物质匮乏，但是这一复杂多产的生态系统依然通过生态循环得以发展壮大。

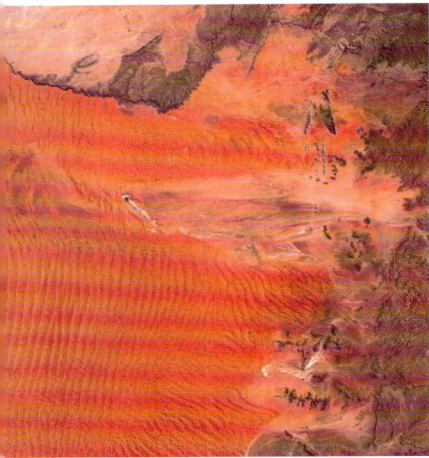

▲ 从太空看到的非洲西南部的纳米布沙漠。虽然紧邻大海，但除了近海晨雾之外，纳米布沙漠鲜有水分补给。与其他海岸沙漠一样，这里位于大陆的西侧，盛行风将离岸形成的降雨云全都吹回了大海。

▶ 旱季，博茨瓦纳的非洲象不顾尘土飞扬，艰苦跋涉，寻找远方的河流和水坑。年长的母象记得通往水源地的路线，所以象群通常是由它们带队。

被炙烤成金黄色，但随着雨季的到来，这里又重新萌发绿意。一年一度的塞伦盖蒂牛羚大迁徙紧随草原的新生而至。热带草原的生产率只及热带雨林的一半，每平方米每年能固定200~2 000克碳，考虑到其生物总量只有热带雨林的1/10，这个数字仍然十分可观。热带草原也是地球上最高效的生态系统之一。

干涸的土地

当你到达南北回归线，你也就到了地球上最干旱的地方。这两处地方受高压控制，干热空气下沉，雨水极少，年平均降水量不足100毫米。到了真正的沙漠地区，其降水量甚至不足50毫米。这里并不缺少阳光，由于空气湿度低且少有云层遮盖，90%的太阳辐射都直接抵达地面。白天，气温经常能超过38摄氏度；夜间，由于热量迅速散发回大气，气温在短短几小时内就能降低44摄氏度甚至更多。尽管大部分沙漠都是常年高温，但是有一些高海拔沙漠，如蒙古戈壁，则异常寒冷，其冬季温度能低达零下21摄氏度。这些低温沙漠一般深处内陆，且位于山脉的阴面，来自海洋的潮湿空气很难抵达。生活在沙漠地区的动植物既要忍受极端的温度，又要面对淡水稀缺的困境。这里植被稀少，碳固定量相当少，每平方米每年仅能固定300克碳。

高纬度地区及无冰水域出口处的碳固定量和这里一样少。大片蓝色、荒芜的热带海域能接收到充足的阳光，但养分的缺乏又一次限制了绝大多数海洋食物链的基础——海藻等浮游植物的生长。热带海域是著名的无风带，因此深海中的养分很少能被搅动到海水表层上来。这里也不像大陆架的浅海地区，能时常得到河流带来的养分。

温和的气候

横亘在热带和极圈中间的区域，就是地球的温带。在这里，你能看到北欧的草地和阔叶林，还能看到北美洲的大草原和针叶林。这里的太阳辐射能量没有热带地区多，但夏季依然温暖潮湿，年降水量能达到500~1 500毫米。温带地区盛行季节性气候，这里的动植物需要适应四季分明的气候。冬季气候非常恶劣，尤其是北部温带地区的冬季，绝大多数淡水都被封冻成了冰雪。

在欧洲，橡树、山毛榉、白蜡树和栗树等阔叶树成为野猪、鹿和松鼠的遮蔽所，森林结构也比热带地区更简单，仅有两层树冠，阳光可以轻易地穿透树木，照到灌木、花草和青苔遍生的林地表层，令这些植物得以繁茂生长。如此多产的森林生态系统，平均每平方米能保有3 000克的生物量。

在北美洲，针叶林也很常见。其中最壮观的是太平洋海岸的巨杉林，温暖湿润的海岸气候在这里孕育出了地球上最高、最大的树木。

季风卷起1.5千米高的沙尘暴，横穿撒哈拉沙漠。沙尘暴有可能横跨大西洋，甚至远达巴西，为亚马孙丛林"施肥"。

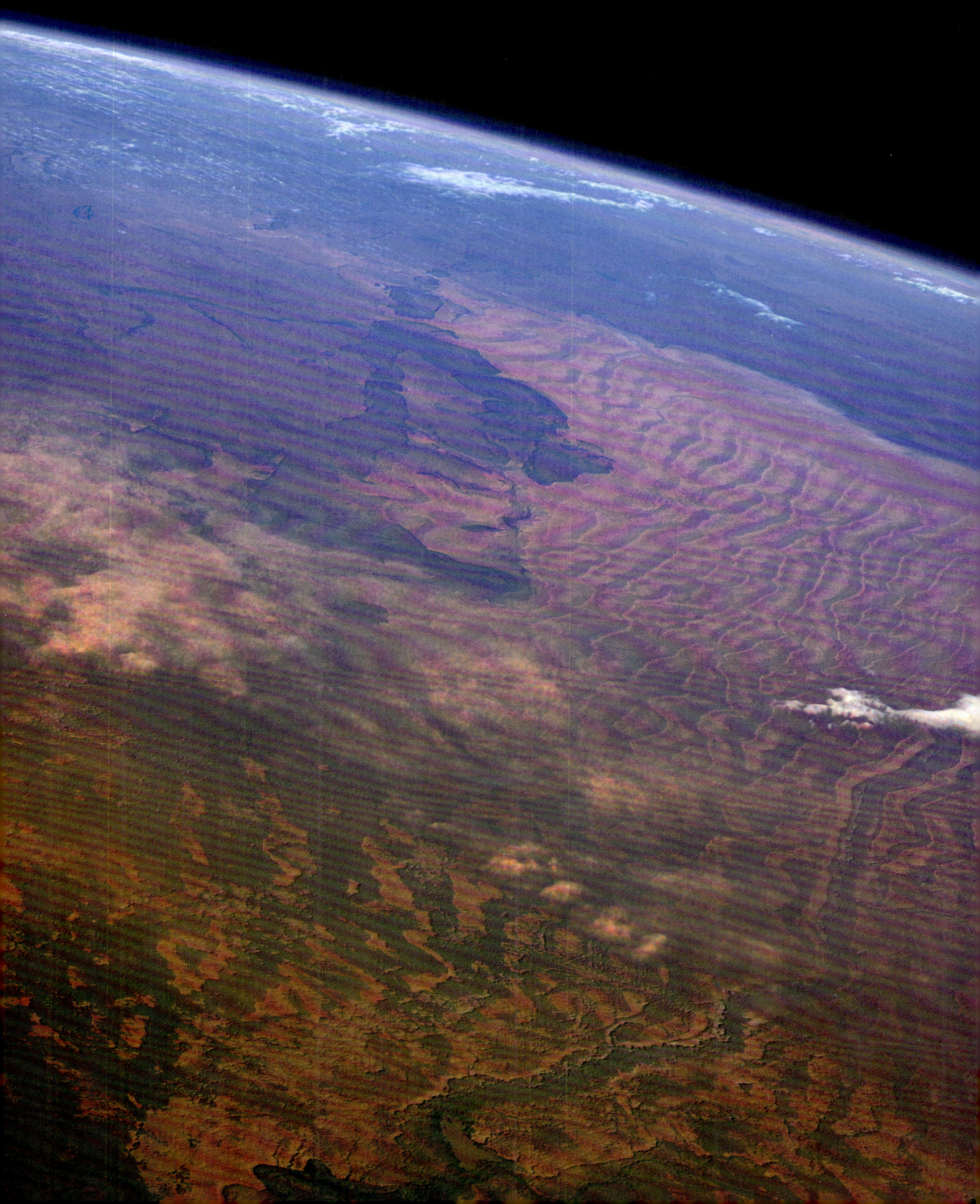

▲ 骞驴，又称西藏野驴。它们几乎只以草为食。与很多草原动物一样，它们的奔跑速度很快。夏季它们小规模聚居，冬季则会大量聚集到有草的地方。

继续往北走，针叶林越来越常见。贯穿北美北部和欧亚大陆的针叶林带，被称为北方森林或泰加林。地球上每3株树木就有一株出于此，这里更是狼、猞猁、麋鹿和驯鹿等动物的栖息地。这里的冬天漫长而凛冽，一年中在长达9个月的时间里大部分可用水都被冻成冰雪。

春季冰雪终于开始融化时，由于永久冻土只有表层吸水，地面会迅速变成一片泽国。植物的腐烂速度很慢，酸性土壤会将植物生长所需的养分锁在土中。短暂的生长季和这样恶劣的环境使得阔叶树根本无法存活，而针叶树却长势良好。因为，针叶树锥状的树形和裹有蜡质的针状叶子能够助其安然度过这里寒冷而干燥的冬天。这里的年均降水量仅有400～600毫米，部分地区甚至低至150毫米。这样的降水量几乎接近有些半沙漠地区，但在寒冷的环境下，因蒸发而损失的水分要少很多。不过这片北方森林每平方米的碳固定量只有200～1 500克，只有南方温暖地区阔叶林碳固定量的一半。

大草原

在北美和欧亚大陆的广阔内陆上，你将体会到显著的大陆性气候。这里没有海洋的温和调节和水分的滋润，所以冬天寒冷，夏天炎热干燥。树木在这样干涸的环境中难以适应，只能让位于广阔的温带草原。

在北半球，北美大草原上活跃着大量叉角羚、草原土拨鼠和少量残存的北美野牛群，这种野牛的数量曾一度多达几百万头；在欧洲，俄罗斯大草原上不久前还有大量漫步的赛加羚羊。而南半球的南美潘帕斯草原和南非草原，和北半球的草原几乎如出一辙。同样的光照和雨水条件创造出环境相似的栖息地，它们就像镜像一样分布在赤道的南北两边。

温带草原和赤道附近的热带草原差不多，都以一种坚韧的幸存者——草——为主角。草凭借对气温变化及缺水环境的极强忍耐力，已成为地球上数量最多的一种植物。如今，草已经覆盖了地球陆地面积的1/4，其供给的大型动物数量比其他任何类型的栖息地都要多。

生猛而富饶的海洋

热带地区的陆地一片生机盎然，海洋中却恰恰相反。由于受洋流等局部因素的影响，海洋中的生物分布非常不均衡，但总体来说，温带海洋是最多产的。北上的赤道气流与南下的极地气流在这里相遇，造成了这里多变的天气。

北大西洋气流的锋面切入欧洲，给西海岸带来剧烈的风暴。尤其是大陆架上的浅海地区，这些风暴能够搅动深达200米的海水。每年春季，风暴将深海里的磷和氮搅动上来，使得浮游植物得以大量繁殖。这些养分到夏末即被消耗殆尽，但到了冬季，海水会被再次搅动，重新为海洋补充"给养"。

冰冻的两极

在北纬65度我们越过了森林线，进入了阴冷而贫瘠的苔原地界。这里的冬季漫长而黑暗，温度能低至零下30摄氏度。由于地处高压带，在冷空气的控制下，这里的降雨很少。冬季过低的气温使得树木无法生长，故这里的生产能力和南方的沙漠一样低，每平方米每年仅能固定100～400克碳。冬季只有少数几种动物能够留在这里过冬，如麝牛和北极狐；而到了短暂的夏季，很多动物，如雪雁和驯鹿，便从南方迁徙而来，趁机享受这里长时间的白昼和短暂的生长季。

南北纬66.5度以上分别是南北极圈，极圈内地区每年至少有一天极昼。越靠近极点，极昼的天数就越多，到了南北极点，太阳每年只升落一次。而更糟糕的是，冰雪将本就稀少的阳光中的85%都反射回去了。南极洲海拔高，和其他大陆不接壤，因而这里更加寒冷，年均气温在零下60摄氏度到零下55摄氏度，每年只有约50毫米的降雪。在这片被冰原覆盖的大陆上，仅有几处冰山顶部长有地衣。南极洲几乎是一片不毛之地，碳固定量接近于零。

季节变换

形成月球的那一次偶然碰撞使得地球开始倾斜旋转，由此给野生动植物带来的改变远超其他任何因素。在地球绕太阳公转时，不同的地区轮流朝向太阳。北极在12月离太阳最远，此时的北极将经历一个漫长而寒冷的冬季。地球年复一年沿着轨道持续运行，北极开始慢慢朝向太阳，每过一天，太阳便升得高一点，白昼的时间也长一些。到了3月的春分，太阳刚好直射赤道，所有地方昼夜等长。

太阳对于北半球的影响越来越强烈，到6月21日前后的夏至达到最大，这一天太阳直射北回归线，北半球的夏天达到最盛，北极圈以内有极昼现象。从这以后，北极便开始远离太阳，白昼时间变短。时节由夏入秋，到了9月23日前后的

▲ 姥鲨，世界上第二大的鱼类。它们并不在清澈的热带海域活动，而是在养分充足的温带海域活动。它们以温带海域中丰富的浮游生物为食。

◀ 南极洲的隆冬时节，一只帝企鹅背对着南极光站立。在两极地区，拥有铁质内核的地球所产生的保护性磁场较弱，当太阳喷发出的带电粒子穿破核磁场和高层大气中的分子或原子相碰撞时，就产生了南极光或北极光。

秋分，太阳再次直射赤道。此后，南半球开始渐渐偏向太阳，到12月22日前后的冬至这天，太阳直射南回归线，这标志着北半球的冬天和南半球的夏天达到最盛。

两极地区的冬夏交替突然而剧烈，比如南极海冰封冻后，整个南极洲的面积能在短短几个月内扩大一倍。这无疑是地球上最剧烈的季节变换。绝大部分野生动物都别无选择，不得不追随变化的太阳高度而北迁。

极圈和热带地区之间的温带地区是季节变换最明显的地方。这里四季分明却又不极端，生活着很多能适应四季变化的永久定居生物。温带海洋也要经历四季的更迭。在浅海，春季白昼日益变长，浮游植物得以大量繁殖，从而促进了整个海洋食物链的发展。即使在完全黑暗的深海底部，季节性循环依然存在。科学家们利用延时摄影技术，发现"海洋雪花"（上层海水沉淀下来的腐屑）的数量随季节循环变化。这种数量变化和阳光照射范围内海水的运动情况紧密相关。

热带地区附近昼长几乎常年不变，因此只形成了两个季节——湿季和干季，而这也是地球围绕太阳公转的结果。当太阳直射时，海洋蒸发出更多的水分，这些水分被热空气带入大气层，形成更多的云、风暴和雨水。6月，太阳直射北回归线，北半球热带地区进入雨季；到了12月，太阳直射南回归线，南半球便迎来雨季。只有在太阳升落时间终年不变的赤道上才不存在这种季节变换。

对于地球上的亿万动物来说，栖息地的季节变换意味着它们要不停地迁徙，以跟上温暖的太阳或多变的珍贵淡水补给。每年秋季，大量赤蛱蝶都要离开北欧，长途飞行将近3 200千米到北非避寒。每年夏季，300万头北美驯鹿都会跋涉3 000千米去寻找新鲜的牧草，这是陆地哺乳动物里最远的迁徙之路。欧洲雨燕则要一成不变地飞行18 000千米，去追随温暖的太阳和它们的昆虫猎物。它们先是飞越撒哈拉沙漠至西非，等食源变少后便转战东非，最后再飞回欧洲繁衍后代。在海洋中，大部分须鲸都要迁徙很长的路程，从热带温暖海域中的繁衍地一直游到高纬度的夏季觅食点。事实上，地球上所有动植物的生命完全有赖于一场偶然的宇宙事件——这场碰撞使我们的幸运星球倾斜了23.5度，并在随后的过程中改变了地球的整部生命史。

▲ 一只飞行中的赤蛱蝶。与其他大型动物群落一样，赤蛱蝶要通过迁徙躲避冬天的严寒。这张图片中，它们是从欧洲迁徙到非洲。

◀ 一头座头鲸母亲和它的幼崽在汤加的温暖海域中活动。等到幼鲸长大，可以离开热带的"育婴地"时，它们便启程南迁到盛产磷虾的冷水海域中，并且在整个南半球的夏季期间都在那里觅食。座头鲸的迁徙之路是所有海洋哺乳动物中最远的。它们不吃不喝，仅靠体内的脂肪储存，可以支撑8个月。

一只北极贼鸥（右）在追逐一只象牙鸥（左）。

第2章

冰雪两极

帝企鹅回到大海，南极。

地球上季节性变换最为强烈的是南北两极地区，从冰冷刺骨的冬季极夜，到全天
明亮的夏日极昼——这里是世界之极限的典范。

▲ 南极洲夏夜。

对于阿蒙森—斯科特南极科考站的工作人员来说，每年的9月23日前后是个很重要的日子。这里的科学家和后勤人员已经度过了几乎全处于黑暗中的6个月的冬季。此时春分时节的太阳正越过赤道，开始向南半球移动，并出现在南极的地平线上。所有人都冲到外面，欢庆这漫漫黑夜之后的第一缕阳光。此后的6个月，太阳都不会落，一直在地平线之上绕圈，这就是每天24小时白昼的极昼。北极的情况则恰好相反，每年9月后太阳会在地平线之下蛰伏6个月，并在来年3月回归。6个月的温暖阳光对两极地区来说是难得的享受，因为接下来还要面对6个月的漫漫长夜。其他任何地方的季节性变换都没有这里极端，太阳的来去完全左右着极地野生动物的生活轨迹。

虽然南极地区冬夏两季差别巨大，但全年的日照时间和赤道地区是一样的。然而，由于极区偏斜远离太阳，太阳辐射的路径也随之发生倾斜，所以辐射强度降低，致使极区变成了一片冰冻荒原。地处北纬60度附近的奥斯陆和设得兰群岛地区获得的太阳辐射强度仅为赤道地区的50%。而在北纬80度以北的格陵兰岛最高端获得的太阳辐射强度仅为赤道地区的17%多一点。

我们已经习惯早晨的凉爽或午后的暴晒，但在极点每天早晚都是一个样。太阳升不高，因此不会产生像热带地区那样的午后高温，更何况太阳的威力还会被大气层进一步削弱——阳光进入云层的入射角度越大，其要穿透的大气就越厚。

最后，也是最关键的一点，因为这里几乎完全被冰雪覆盖，所以抵达地表的太阳辐射中有85%的部分还没来得及加热地表，就被直接反射回大气中。如此低的太阳辐射量使得两极的温度大多数时间保持在零下，而南极洲只有在11月和12月的盛夏才会真正吸收一些热量。

▶ 南极洲是世界上最寒冷的地
　方，每到冬季，其四周的海域
　便会冰封。

▲ 北极熊正在捕捉海豹。北极熊
主要以捕食海豹为生，当然捕
猎还需要有足够的冰面。而现
在随着融冰期逐年提前，冰面
越来越小，北极熊的数量也在
逐年减少。

大相径庭的两极

虽然太阳对南北极的影响几乎相同，但两地之间的差异却十分显著。首先，南极的温度更低。其冬季的平均温度在零下50摄氏度。即使是夏天，南极的温度一般也在零下30摄氏度左右，比北极冬天最冷时的温度还要低。海拔是造成这种悬殊差异的原因。

北极由一片低洼的冻结海冰组成，站在北极点，我们和海水仅隔着1米多厚的冰，而站在南极点，我们则位于海拔2 900米的高地，是本内维斯山（英国最高峰）高度的两倍，自然"高处不胜寒"。在这样的地方，即使是很轻微的活动都会让人很快就筋疲力尽，而极度严寒也使得人们在室外待半小时都很困难。即使是在夏季温度最高的时候，皮肤也不能长时间曝露在空气中，因为就连呼出的哈气也会迅速凝结成冰。到了冬季，泼出的沸水会在落地之前凝结成美丽的冰晶。

你的脚下是厚达3 000米且已凝结了千百年的冰层，它覆盖着南极洲这片世界上平均海拔最高的大陆。荒凉的白色冰原平坦如板球场，茫茫地延伸至地平线，放眼望去，没有任何事物打破这种单调的景象。

在这块世界上最大的冰盖之下，绵延着巨大的山脉。南极洲的平均海拔为2 350米，大约是其他大陆的平均海拔的3倍。要知道，北美洲的平均海拔仅为720米。爬过山的人都知道，温度会随着海拔的上升而下降，每上升100米温度就会下降1摄氏度。所以说，正是这么高的海拔，使得南极洲的温度更低。

另一个关键因素是"与世隔绝"。这片冰冻世界四面环海，其北端距离非洲南端4 000千米，距离澳大利亚2 400千米。将南极洲与其他大陆隔开的是地球上最为汹涌的水域。强低压系统在这片大陆上肆虐，将来自热带的暖空气堵截在外，把这片冰雪大陆和其他气候系统隔绝开来。等到冬季海洋封冻时，即使是最强大的破冰船都无法到达南极边缘。而对于在南极的几百名科学家及后勤人员来说，在这里过冬等于完全与世隔绝。即使可以利用卫星进行通信，这些人就算遇到最紧急的险境也不太可能逃离这里。

相反，北极则是被大片陆地包围的冰冻海洋。加拿大最北部地区距离北极点仅有1224千米。每年夏天，在俄罗斯和北美地区上空形成的高压系统会将暖气流推向北极上空。而到了冬天，这些大陆又像是取暖器一样，确保北极的温度不会特

别低。向这里进行后勤补给也比在南极洲简单很多，即便是在最偏远的地区，改装后的飞机也能常年来往。

极地的差异

温度和隔绝程度上的差异，使得南北极分别进化出两种截然不同的动植物群落。北极地区靠近大陆，当地的生物能够反复迁徙。每年春季，随着气候条件的改善，北极动物纷纷向北回迁，而当严酷的寒冬来临，它们又能轻易地迁往南方。所以现在北极地区成为小到旅鼠、大到麝牛等40多种陆地哺乳动物的家园。

南极没有陆地哺乳动物，而且除了威德尔海豹之外，所有的海洋哺乳动物都会在冬季大海冰封前北迁。帝企鹅虽然只分布在大陆边缘地区，但它确实是唯一能在南极越冬的鸟类。能飞抵南纬70度以南的鸟类不超过20种，而且全部都是夏季飞来的候鸟。相比之下，北极地区则有8种常驻留鸟和150多种候鸟，且其中至少有100种生活在北纬75度以北。

极区的植物扎根很深，这样冬季刮风时才不会被连根拔起。但南极地区气候太过恶劣，所以南纬80度的地方只有少量地衣，且整个大陆上只有两种有花植物。而在北极地区，北纬82度以北的地方还能找到90多种有花植物。

虽然北极地区比南极地区更温和宜人，但两个极区仍然是地球上最寒冷、最恶劣且最荒芜的地方。对于生长于两极地区的野生动植物来说，最大的挑战是要面对剧烈的季节变换，那就是夏天的极昼和冬天的极夜。一个月内，每日平均温度能下降10摄氏度。海冰每年的封冻和消融会完全改变动物的栖息地。

隆冬时节，北冰洋被将近1 300万平方千米的海冰覆盖，而到了夏天，50%的冰会消融，北极熊的狩猎场也随之消失。秋天，南极洲海冰的边缘以每天4 000米的惊人速度开始前进，于是需要在无冰水域捕食的企鹅和海豹被迫往北迁移。到9月，海冰已延伸出645～3 060千米。最后，冰封的海面将超过2 000万平方千米，整个南极洲的面积增加了一倍。其他地方的动物从来不会遭遇这样的季节性剧变。

▲　威德尔海豹，冬天唯一留守南极的哺乳动物。为了保持温暖，威德尔海豹生活在冰下。为了确保透气孔不冻结，它们得不停地啃咬。这样对牙齿的伤害很大，也许就是由于这个原因，它们没有其他海豹的寿命长。

◀　位于南极洲毛德王后地的冰原石山（峰顶突起在冰面上而其余部分被冰层埋没的山体）。像这种没有积雪的岩石顶峰，是雪海燕争相抢占的筑巢宝地。

在海冰边缘，一只帝企鹅在一座翠绿色的冰山前停留。这座冰山可能是从冰盖边缘的底部脱落而来的，其颜色是长期的高压将冰山中的气泡挤出所致。冰山正是因为内部有气泡，所以才呈白色。

▲ 冠海豹及其幼崽。春天，大部分北极海豹的性命都掌握在北极熊的身上，北极熊既捕食海豹幼崽也捕猎成年海豹。冠海豹的对策就是在浮冰上产崽，它的奶水充足，能让幼崽在一周内断奶。

极地的春天

位于斯瓦尔巴群岛东北角的卡尔王地群岛分布着世界上最密集的北极熊繁衍地。仅一个山谷中就有40多头北极熊妈妈，它们将冬眠的洞穴挖在冰雪覆盖的山坡上。在寒冬肆虐的4个月中，北极熊就躲在这些洞中产下幼崽。其间它们不吃任何东西，又因为要喂养幼崽，便日益消瘦下来。

到3月末，小北极熊已经3个月大，可以外出了。白天的气温还在零下25摄氏度，此时，一场突如其来的暴风雪足以将母熊和小熊困在洞中好几天。但太阳已经回到地平线上，每天那绯红色的美丽日光能在山坡上流连几小时。

熊妈妈要等到无风的好日子，才会在"产房"中打一个小洞。它趴在小洞口小心翼翼地嗅着微风时，从外面只能看见它黑色的鼻子。它必须要谨慎，因为这片山谷中活动着很多北极熊，整个冬天都在冰上捕猎的公熊，此刻对小北极熊这种送到嘴边的猎物垂涎不已。但母熊已是饥肠辘辘，它已经失去了1/3的体重。它的一对小熊崽就待在洞穴附近，好奇地观察着这个新世界。两周以后，母熊饿得实在不能再等了，便带着幼崽走出山谷。它把时间掐得正好，北极的海冰仍然封冻着，而在这冰封的猎场上，海豹刚刚开始产崽。

大部分北极海豹的性命都掌握在这种庞大而饥肠辘辘的掠食者身上。海豹不能在水中产崽，只能爬上结实的海冰生产。它们在早春产崽，好让新生的小海豹享受到整个北极的夏季，并且在冬季来临前学会如何捕猎。在这个海冰仍然封冻的时节，海豹真正的威胁就是北极熊，所以各种海豹都想尽方法来保护自己的幼崽。

格陵兰海豹将幼崽产在靠近大西洋方向的北冰洋浮冰上，在这里遭遇北极熊的概率较小。它们的幼崽和其他真正的北极海豹一样，长着白色皮毛，将自己伪装在苍茫白雪中。为了进一步降低风险，它们尽量减少在海冰上活动。母海豹的乳汁含有45%的脂肪，仅仅12天后，小海豹的体重就变成出生时的3倍重，并且长出了能隔热的脂肪，以适应海中的独立生活。

因求偶时鼻中隔的膨胀红色气囊而得名的冠海豹，为了躲避北极熊也会在浮冰上产崽，它们的断奶时间更加短。冠海豹的乳汁中含有60%的脂肪，小海豹出生4天后就可以断奶。

环斑海豹在更靠北的永久海冰上产崽，所以哺乳时间可以延长到6~7周。但过长的哺乳时间和结实的坚冰会使得环斑海豹在北极熊面前更加不堪一击，所以它们不得不将幼崽藏在冰下的巢穴中。这些小冰洞还可以御寒，在外部温度低达零下30摄氏度时，洞内的温度还能维持在冰点上下。

► （上）
一只正在休息的豹海豹。这种巨型海豹和虎鲸一样，在南极洲扮演着和北极熊一样的角色。它们不捕猎企鹅或食蟹海豹（又叫锯齿海豹）的时候，就躺在"冰榻"上休息。它们蜿蜒的身躯呈蛇形，和其他的海豹截然不同。

整个春季，海豹一直都是北极熊的主要食物。北极熊的嗅觉极其敏锐，相隔2 000米，就能嗅出巢穴中海豹身上的气味。但捕捉小海豹并非易事。每个海豹巢穴都有通往冰下开放水域的逃生洞。北极熊要在被察觉前悄悄地靠近猎物。它缓慢而小心地向可能的猎物巢穴靠近，每一步都踏得悄无声息，然后倏然弓起身，像离弦之箭一般一跃而起，企图扑住猎物并堵住出口。雪下得不大时，在巢穴里抓到幼崽的成功率基本上是1/3；雪下得大时，成功率只有1/20。

在短暂春季的大部分时间里，北极熊妈妈整天都在冰脊附近搜寻海豹幼崽，并教小北极熊如何捕猎。在这个季节捕猎相对容易，等到夏天海冰开始大量融化时，大多数北极熊早已填饱了肚子，储备足了能量，以应对艰苦时节。

食蟹海豹与"冰上猎豹"

冬季，南极洲海冰覆盖甚广，从而孕育了大量海豹，这是地球上除人类之外数量最庞大的大型哺乳动物。包围了整片南极大陆的致密积冰就连最强大的现代破冰船都无法穿透，所以没有人知道海豹的具体数量，但每年春季至少有1 400万只甚至多达4 000万只的食蟹海豹在冰面上繁衍后代。一年的大部分时间里，这些动物都群居在一起，有时甚至能形成几百只的大群落。这种海豹虽然叫"食蟹"海豹，但却名不副实，因为南极洲海域根本没有螃蟹，其实它们主要以磷虾（蟹的近亲，形状似虾）为食。到了春回大地的9月，南极洲外围的冬季海冰开始融化，食蟹海豹纷纷爬上冰面开始产崽。初生的小海豹重约20千克，但仅仅4周后，小海豹会迅速长到100千克，而与此同时，海豹妈妈的体重则会减少一半。

虽然南极的海豹幼崽不会受到北极熊的威胁，但恶劣的天气使得小海豹早早地断了奶。海水的温度一直维持在零下1.8摄氏度的冰点左右，但在浮冰之上，凛

▲ 阿德利企鹅和一只埋伏着的豹海豹正在上演"守株待兔"的一幕。企鹅在海中的最大威胁就是豹海豹和虎鲸。

冽的寒风能够使春季的气温低至零下40～50摄氏度。当然海水中也不无威胁，虎鲸早已进化出一套狡猾的捕猎技巧，能将成年食蟹海豹及其幼崽从冰上抓走。虎鲸通常会成群出动，它们在浮冰的一侧同时跃出海面，形成冲击状波浪；浮冰上的海豹被颠了出来，正好落入虎鲸等待已久的血盆大口之中。当然，这种技巧只能在无冰水域面积较大时施展，所以一般只能在夏末时分用。相较之下，更大的危险还是来自于海豹的主要天敌（译者注：豹海豹），即使是在春季最密集的浮冰之中，它也能捕获海豹。

豹海豹是南极冰上海豹中体形最大的一种，其头部巨大，呈蛇首状，颇具危险性。对于那些敢于挑战南极洲冰冷海水的人来说，提起和豹海豹一起潜水，多少还是有些胆寒。豹海豹能够通过扭动柔软的躯体迅速加速，然后倏然消失得无影无踪。如果你手中拿着相机或是任何会反光的物体，豹海豹会立即扑上来，撕咬任何它认为有威胁的东西。虽说这种庞大的捕食者完全可以用肺呼吸，直扑浮冰偷袭海豹，但它们通常还是选择埋伏在浮冰之间，等着小海豹第一次下水，自投罗网。超过一岁的食蟹海豹中，有80%的身上都有豹海豹的咬痕。

生于岩石之上

与海豹不同的是，南极洲所有的鸟类，除了帝企鹅之外，都不能在冰上产卵。它们必须将卵产在为数不多的裸岩上。而即使是在夏天，南极大陆也只有2%的部分没有被冰块覆盖，而这其中的98%都分布在南极半岛的沿岸地区。突出的

▲ 这头北极熊母亲通过观察和嗅觉，判断附近有没有捕食的公熊。虽然它很饿，但它还是要等到两周后，才会带着自己的孩子走出冰谷中的安全产房。

▲ 卡尔王地群岛，这头北极熊母亲第一次从它的冬季产房中爬出来。

◀ 一头幼崽迈出了走出洞穴后的第一步。这么大的小北极熊现在面临的最大威胁就是饥饿的公熊。

南极半岛比其他地方更加偏北，所以气候稍显温和。每值春季海冰开始消融时，半岛地区的岩石总是最先摆脱寒冰的覆盖，所以这里也成了很多企鹅和海豹的繁衍地。这是南极洲最温和的一面。在半岛地区艳阳高照的盛夏时节，穿一件厚衬衫加一件结实的羊毛衫就足够了。

而在南极的其他地方，野生动物还要再等一段时间才能等到海冰消融，但有一种栖息在最南边的鸟类不会白白等待。相反，每逢春季，它们便会向内陆飞行几百千米寻找裸岩用来筑巢。雪海燕是真正的冰鸟，即便是在海上，它们也会在冰山附近活动。这种小巧而优雅的小鸟，除了喙部乌黑，通体雪白，看起来弱不禁风，完全不像能够长途迁徙至南极大陆的样子。然而，每年春季它们都会向南跋涉345千米，从大陆边缘来到遥远的冰原石山筑巢。这些突出的锥形裸岩其实是曝露在外的山顶，山体的其他部分被厚重的南极冰盖所掩盖。

冰原石山的裸岩异常珍稀，就连遥远的斯玛斯沃伦地区，每年春天都能吸引几百只雪海燕和50多万对南极海燕来此繁衍生息。到了10月，冰原石山上那些教堂尖顶状的岩石上聚集着密密麻麻的鸟，它们在这里求偶并且准备产卵。与此同时，南极贼鸥则四处游荡，趁成年海燕在外飞行觅食的时候，捕食海燕的蛋或幼鸟。

肉食性的贼鸥能在这片极南之地存活下来，完全有赖于海燕的存在。而海燕只

能在无冰水域捕食，所以它们别无选择，必须要往返1 000千米进行捕食，这样才能养活幼鸟。

当然，企鹅不会飞，所以它们中的大部分只有等夏季来临积冰退去，才可以找到筑巢的裸岩。栖息地最偏南的阿德利企鹅却不等冰块自然消融，便徒步穿过冰面寻找筑巢的地方。极南之地的夏季总是转瞬即逝，只要稍稍来迟，企鹅便没有足够的时间完成整个繁衍周期。阿德利企鹅的皮毛好似晚礼服，走起路来身体滑稽地左右摇摆，这正是企鹅最典型的形象。当它们出现在遥远的地平线上，或直立行走，或将腹部贴在冰面上滑行，这就预示着阳光将要重回南极大陆，短暂的夏天即将到来。

极地之夏

6月，冰雪迅速消融，北极开始呈现出翻天覆地的变化。每天24小时的持续日照为刚刚得见天日的海洋注入了能量，海水中的浮游植物（大量的微小植物群落）开始疯长。桡足类小型甲壳动物已在水下300米的深处度过了寒冬，此刻也浮到浅水区域捞食浮游植物。这种动物数量众多，是北极地区海洋生物链的基础。

▲ 布鲁尼奇海鸠，一种北极夏候鸟。它们正要飞回鸟巢，喂幼鸟吃鱼。

最盛大的海中狩猎

　　座头鲸是最常见的南极鲸，它们掌握了很多捕食磷虾的技能。如果磷虾群密集且贴近水面，它们只需张开大嘴，猛然扎进磷虾群即可。不过，合作捕食仍然是它们的常用招数。

　　合作捕食的座头鲸们就像一排拖拉机，同时浮向水面扎入磷虾群，张开大嘴将磷虾群向中间赶，中间的座头鲸可能因此受益最多。

　　如果磷虾群分散，且位置较深，鲸群则会改用另一种方法合作捕食。它们同步下潜，并同时从喷气孔喷出气泡，这些气泡纠结在一起呈柱状向水面飘去。重达40吨的庞然大物们盘旋着向上游动，将各自吐出的气泡编织成网，于是水面上便形成了美丽的螺旋状漩涡。磷虾群像是被气泡网的声响和扰动惊吓到，纷纷向漩涡的中心涌去。最后，鲸群倏然张开大口，跃出水面，将密集的磷虾和着海水一并吞下（下图）。海面上聚集的海鸟此时会俯冲入水，将残存的磷虾一扫而光。

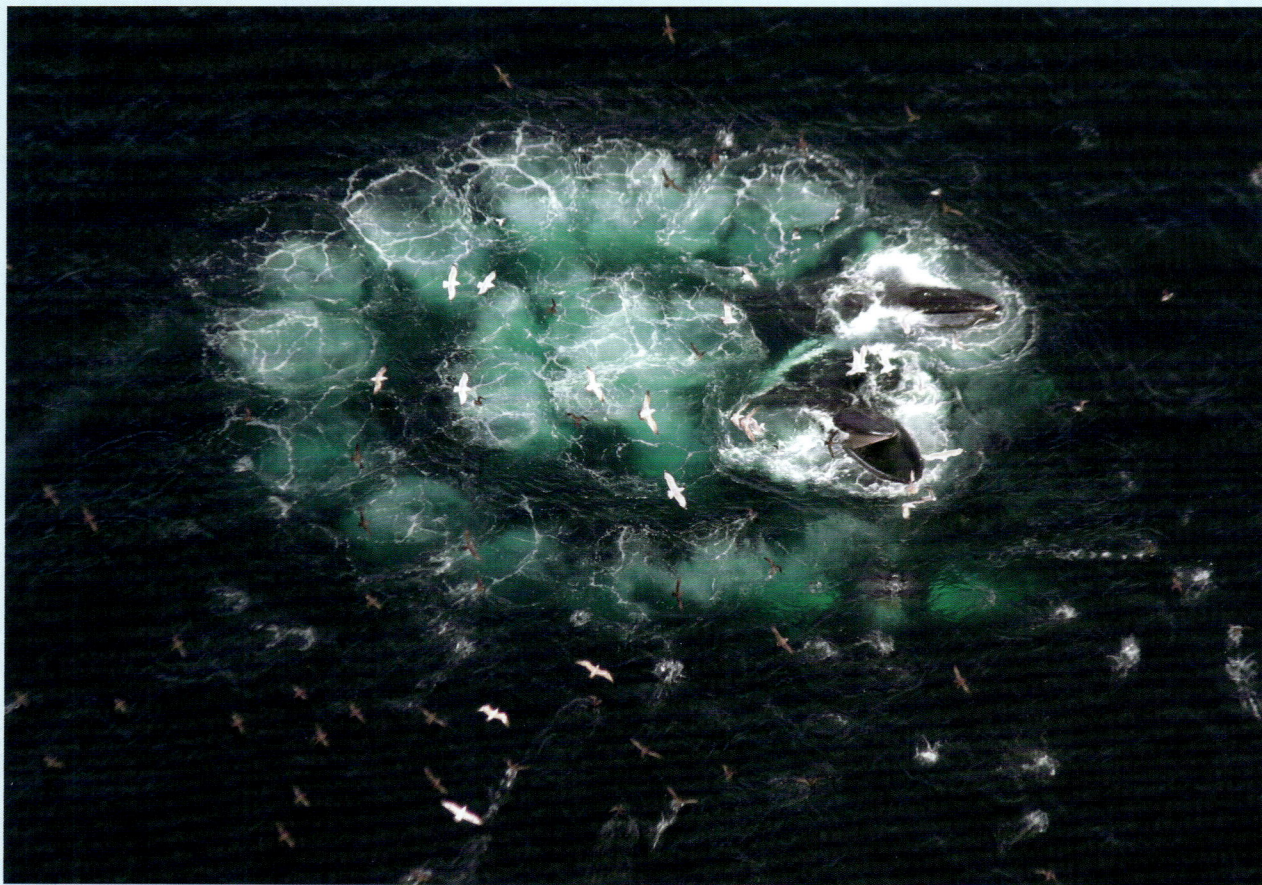

破冰者

位于整个北极食物链最顶端的是弓头鲸，这是北极海域唯一终年生活在这里的须鲸（通过过滤方式进食的鲸种）。它们在冰间湖或者海冰边缘的小片无冰水域过完冬天，在每年4月带头向北方洄游。它们巨大的头部有一层纤维保护组织，因此其头部可用于为自己在冬天的冰层开凿呼吸孔。弓头鲸总是将很多同伴呼唤到一起，这样一群重达100吨的庞然大物齐心协力，在冰天雪地中开辟出一条道路。等到了小片无冰水域，它们便会张开大嘴，将桡足动物悉数吸入，然后用鲸须将食物从一同吸入的水中滤出。弓头鲸的鲸须在所有鲸中是最庞大的，其中包含600多片鲸须板，每片长达4.5米。

紧随弓头鲸而来的，是除弓头鲸外北极仅存的另外两种本地鲸——白鲸和独角鲸。它们同样在无冰水域过完冬天，到了夏天便随着向北后退的冰封线洄游。它们还会利用冰中的裂缝和水道尽力向北游，甚至有人看见成群的独角鲸合力用前额撞开冰块。它们洄游至距离北极322千米的地方，可能比任何鲸都游得更向北。独角鲸和白鲸都属齿鲸，它们不吃浮游生物，主要以鱼和乌贼为食。

小磷虾有大作用

南极海域没有常居鲸种，但每当积冰消退，便会有6种鲸纷纷来访：座头鲸、南露脊鲸、蓝鲸、长须鲸、塞鲸和小须鲸。这6种鲸都属须鲸，都是来此捕食一种被称为磷虾的虾状甲壳纲生物的。这些鲸会用它们的鲸须板将磷虾从大量的海水中过滤出来。

磷虾作为南极洲生物链的基础，和北极地区的桡足动物有着一样的作用。磷虾和桡足动物（也是甲壳纲）很相似，都以浮游植物为食（主要是硅藻），而且数量巨大。据声波测量结果估计，南冰洋磷虾总重达1亿～5亿吨，可能是地球上数量最多的单个物种。到了夏天，磷虾会结成虾群，每立方米可能多达3万只。鲸要寻找的正是这种密集的虾群，一头蓝鲸每天能吞下3～4吨的磷虾。

刚在温暖但贫瘠的热带海域中诞下幼鲸的南露脊鲸随着太阳向南游，在南极富饶的海水中没日没夜地享受磷虾的饕餮盛宴。到了冬天，它们就会原路返回。海洋哺乳动物长途迁徙的最远纪录由一头座头鲸保持，它曾长途跋涉8 330千米，从南极半岛一路向北游抵达哥伦比亚加勒比海岸。

▲ 白鲸沿着冰中的裂缝一路北游，追逐食物。白鲸、弓头鲸和独角鲸是北极仅有的3种本地鲸。

企鹅的策略

磷虾还是绝大部分南极企鹅的主食。到了12月中旬，南极正值盛夏，企鹅的卵开始孵化，成年企鹅必须很快入海捕捉食物才能养活幼崽，因此南方海冰是否已融化彻底很是关键。因为要能很快入海，所以阿德利企鹅只能在夏季融冰之后的海域边缘产卵孵化，而不能太往南。帽带企鹅和巴布亚企鹅没有趁春季从冰上出海，所以它们的繁衍地只能局限于更偏北的地方。这些企鹅必须要慎重选择繁殖区域，既能方便下海，还要保证当地的风在繁殖季节开始时能够吹走冬季残留的积雪。而符合这种要求的裸岩十分稀缺，所以企鹅年复一年地回到同一处裸岩产卵。阿德利企鹅和帽带企鹅会以群落为单位聚居产卵，如阿德利企鹅最大的聚集地在阿代尔角，面积至少1.5平方千米，上面估计聚集有220 000对企鹅。这么多企鹅聚在一起，争相趁着短暂的南极夏季将自己的孩子喂养长大。它们嘈杂的叫声和浓烈的气味使得人们在几千米外的下风处便能判断其聚集地的位置。

北鸟南迁

夏季海冰融化，使得为数不多的几种海鸟能够来到南极。世界上只有一种鸬鹚和一种海鸥能抵达南极洲，它们分别是南极鸬鹚（蓝眼鸬鹚）和黑背鸥（多米尼加海鸥）。南极燕鸥是唯一在南极大陆繁衍的燕鸥，它们的羽毛为柔白色和银灰色相间，血红的喙部状似匕首，每到夏季便会有来自北方的同类——北极燕鸥——加入它们的队伍。北极燕鸥跟随太阳的轨迹南迁，有些燕鸥从北极的巢穴一路飞抵南极圈，直线距离超过15 000千米，这可能是鸟类中最远的迁徙之路。这样一来，北极燕鸥就能在一年之内经历两个高纬度夏季，其一生中有3/4的时间都生活在白昼中，所以其大部分时间一直在进食。

北方之家

南极大陆每年只有几种海鸟造访，而在盛夏六七月间的北极却有多达50余种海鸟忙着繁衍后代。这些鸟和不会飞的企鹅不同，企鹅无须面对陆生掠食者，而鸟类则要对付北极狐甚至是饥饿难耐的北极熊。北极熊因冰块消融无法捕到海豹时，便会转而掏食鸟窝。而这里的鸟类也进化出许多应对的方法。有些海雀，如刀嘴海雀和海鸠，就把巢筑在难以抵达的悬崖峭壁之上。到了产卵时节，数以万计的海鸟挤在一起，每一寸岩礁都被它们用来产卵，此时由海鸟筑成的层层高塔，可谓是北极最壮观的景象之一。

小海雀也通过大量群居来自保，格陵兰岛上的某些聚集地甚至聚集了100万对海雀。它们会将巢藏在斜坡上的砾石下面，这样北极狐便很难找到幼鸟和鸟蛋。但成年海雀在飞行中还面临着被北极鸥甚至是游隼捕食的威胁。

▶ 几千只布鲁尼奇海鸠正在位于俄罗斯法兰士·约瑟夫地群岛的鲁比尼岩狭小的岩礁上产卵。此地四周都是鱼类丰富的海洋，筑在高处玄武岩上的巢穴使得它们相对较少受到天敌的威胁。

◀ （从上至下）

正在歌唱的雪鹀。春季，很多北方鸟类飞至北极产卵。这里相对温暖，又有大量昆虫可以捕捉来喂养幼鸟。

图为小海雀。春季，成百上千的小海雀从大海飞向北极群岛，在砾石和岩缝间筑巢，以躲避海鸥和北极狐的捕杀。

一只北极狐嘴里叼着旅鼠，正在返回幼崽所在的洞穴。夏季里它们还会捕捉很多幼鸟给自己的幼崽吃，或者储存起来以备困难时期。

柳兰大规模开花。生在北极地区的植物要在短暂的夏季完成成长、开花和结果的过程。

南奥克尼群岛的阿德利企鹅在返回繁衍地的路上穿过一条冰川。阿德利企鹅的父母会共同孵化喂养小企鹅。夫妻都外出觅食的时候，小企鹅会被送到"育婴中心"照看，以免它们走失而遭受贼鸥的袭击。

▲ 夏天，饥饿使得北极熊决定铤而走险。海象本不是它的猎物，因为海象有自身的武器，且体形比北极熊大。但是每到夏天海象会上岸蜕皮，并随身带着幼崽，所以加拿大北极熊的目标其实是海象幼崽。

为了保险起见，几千只小海雀经常会聚在一起，一路盘旋鸣叫，结伴飞回繁衍地。所以对于鸟类学家来说，在一小片海雀繁衍地坐等大批海雀返回也不失为一次激动人心的体验。刚开始时，万籁无声，山坡上的砾石全无生气，然后你会注意到远处地平线上升起一缕青烟，只见那烟逐渐变浓，忽然之间，你被数千只海雀包围了，四处充斥着刺耳的鸟鸣，纷乱的黑色翅膀让人目眩。这一点足以证明，北冰洋也能孕育出数量繁多的生物。

北极熊的必杀技

7月，北极的无冰水域只剩一些零散残存的冰块，海鸟、海豹和鲸都得到了最棒的捕食场。可对北极熊来说，这段时间相当难熬。没有结实的冰块用来捕捉海豹，它们只好在水下追踪猎物。北极熊是游泳高手，它们以前掌为桨，能够在水中游好几小时，而且它们能够在距离岸边97千米的孤立海冰之间轻易往返，捕食海豹。水下追踪贵在隐秘。北极熊慢慢靠近海豹，只将头部顶端露出水面，希望在最后一击之前不要暴露。在这个季节，北极熊每5天就会在浮冰或者浮冰附近捕食一次海豹。但随着冰块继续消融，捕食的成功率越来越低，尤其在偏南地区，北极熊不得不上陆地觅食。除了掏食鸟窝，它们还会吃浆果和一切可以果腹的东西，以免活活饿死。有些北极熊甚至学会了袭击海象，而这些海象也是因为冰雪消融才迫不得已撤退到陆地上的。

猎杀海象

海象通常在海底觅食，它们利用触须寻找蛤，偶尔还会用巨大的长牙犁开淤泥寻找蛤。和大部分北极海豹一样，它们也喜欢利用海冰的天然防护，将幼崽产在浮冰上。但到了夏天，它们不得不带着幼崽，撤退到岸上换毛。即便是世界上最大的陆地食肉动物，如北极熊，也知道自己无法和海象一决高下，因为成年

海象的体重能超过1500千克。但饥饿使得北极熊决定铤而走险，它冲进海象群中间，试图捕捉相对弱小的幼崽。成年海象则亮出自己那对锋利的尖牙，奋不顾身地保护幼崽。不过对于饥饿难耐的北极熊来说，饱含脂肪的海象幼崽还是值得冒险的。

极地之秋

夏末是企鹅聚集地最繁忙的时节，因为企鹅要在大海再次冰封前完成繁衍任务。白天，这里几乎没有一只成年企鹅，因为它们正在为成长中的幼鸟外出觅食。此时的幼鸟已经足够大，不需要成年企鹅孵着给予温暖。没有了父母的保护，它们便在巨大的"育婴中心"里互相依偎，此举可以保护它们免遭天敌和食腐动物的捕食。傍晚，成年企鹅结束了一天的海上捕食，开始返回。它们看起来煞有介事，仿佛在争相宣告短暂的夏季之窗就要关闭了。

企鹅的归来让一种南极海鸟大获其利，那就是南极"清道夫"——鞘嘴鸥，这种鸟通体雪白，体形和寒鸦差不多大，喙基部周围有丑陋的肉瘤。它们是南极大陆唯一的陆生鸟类，它们从不到海中捕食，而是以其他动物的残留物为生。企鹅的卵和粪是它们的重要食物。这种狂妄胆大的鸟还经常抢夺成年企鹅喂给小企鹅的磷虾。

如果说鞘嘴鸥是"清道夫"，那么南方大海燕（巨鹱）便是南极的"贪心人"。南方大海燕强有力的喙部呈钩状，翼展可达2米。它们不仅是"清道夫"，更是激进的掠食者。它们在企鹅的"育婴中心"上空盘旋，寻找弱小或者走散的幼鸟下手。它们抓住幼鸟的鳍或者后足，将大声嚎叫的幼鸟从企鹅群中抓出来杀死。

回归海洋

在"育婴中心"生活两周后，企鹅幼鸟的体重已经达到成年企鹅的70%，而它们的父母也开始将它们带到海边。成年企鹅迫不及待地返回大海，开辟自己的地盘，为换毛做准备。但它们还面临着最后一个障碍，那就是潜伏在水下的豹海豹。身长达3米，长有强力牙齿的豹海豹是南极洲的至尊掠食者。虽然豹海豹45%的食物是磷虾，但夏季的企鹅和春季的海豹幼崽也是其食物的重要组成部分。秋季，企鹅幼鸟刚长毛，它们就在一边虎视眈眈了。

阿德利企鹅的繁殖活动正进行得如火如荼，虽然身处南纬77度，但它们却能在短短50~60天内哺育出羽翼丰满的幼鸟。巴布亚企鹅的哺育时间要宽松一些，需要70~90天，但它们生存的最南区域只到南纬65度。到了3月底，白昼会迅速变短，温度也直线下降，海面开始以每天4 000米的速度向北冰封，也就是说每24小时便会结成103 600平方千米的新冰面。包括海豹、鸟类和鲸在内的几乎所有南极生物都被冰面向北驱逐，来年春季之前不再回来。

在北极，9月标志着拥有无限日光的长夏结束，同时也意味着第一场风暴的到来。悬崖上的海鸠幼鸟刚长新毛，便不得不开始学习飞行。几百只幼鸟同时起飞，像一阵雨一样。它们之中幸运的会滑翔着扎入海中，潜到很深的地方，而更多的则功亏一篑，辗转落入苔原之间，成了北极狐的盘中餐。

▼ 摆出防御阵势的麝牛。遭遇风暴或者附近有狼群时，它们都会摆出这种阵势，或是围成一圈把小麝牛圈在中间。冬天，它们要找到雪浅一点的地方，才能挖到地面上的植被。而保护它们过冬的是早已为人所知的能保暖的哺乳动物皮毛，在这层皮毛之下，还有一层局部厚达30厘米的绒毛。

大迁徙

在陆地上，短暂而热烈的生长季节到了尾声，北极的食草动物开始向南回迁。每到夏天，多达50万头北美驯鹿为寻找优良的牧草，会在产崽之前集体向北迁徙。到了秋天，这些驯鹿再次聚集并一起南迁到森林中过冬。它们在回迁之路上会遭遇灰狼，这是在所有大陆上都分布最广泛的掠食者（除了人类以外）。与大部分北极大型哺乳动物一样，它们的体形比南方的同类大，较大的体形和厚重的皮毛有利于御寒。一个小狼群通常会有5~8只狼，但如果猎物丰富，可能会有多达30只狼一起行动，一起捕杀驯鹿及其幼崽。

等到海鸟繁衍地重归安静，驯鹿也已南迁之后，在陆地上消磨完夏天的北极熊开始聚集到海岸。加拿大的丘吉尔港便有大量自南方回迁的动物。每到秋天，上百只北极熊便聚集到这里等待海面再次冰封。公北极熊会互相争斗，一决高下，然后建立某种形式的等级制度。但这种强制的关系会很快到头，接着北极熊会回归它们熟悉的孤独生活，在海冰上捕捉海豹。

极地之冬

在北极的大约40种陆地哺乳动物中，只有12种会全年留守，坚持面对极北之地的寒冬气候。小的有旅鼠、田鼠，它们不冬眠，靠着在雪下挖洞筑道和挖食草根得以存活。大雪之下的地道小气候使得这种小型啮齿类动物得以在极北之地存活下来。大的有麝牛，它们一直在野外活动，那层防水防风的茂密长毛使得它们能抵御任何恶劣天气。在这层长毛下面还有一层隔热的绒毛。如果冬季的雪覆盖了它们的夏季牧场，它们就会向更高纬度的多风之地迁移，那里大部分积雪已经被吹走，它们能够轻易地吃到半埋着的植被。冬季暴风雪发威时，这些重400千克的庞然大物会像遇袭的马车队一样，围成一个圈，挤在一起相互取暖。与此同时，它们还会把巨大的头颅和尖角朝外，此举不仅可以抵御寒风，还能吓退附近的狼群。

一旦海面结冰，那些在海中觅食的动物，如北极海豹、鲸和鸟类，便不得不南迁寻找无冰水域。但在陆地上，有8种非迁徙鸟类常年栖息在此。雷鸟的羽毛在冬季会变成白色，它们的生存之道和麝牛一样，都是靠挖食薄雪层之下的根和种子。小雪鹀和铁爪鹀夏季主要以昆虫为食，到了冬季便转而以植物种子为食。这种小鸟与白腰朱顶雀一样，常年栖息在北极，但当食物减少时，它们就会向南方迁移。同样留下来的还有两种肉食鸟，一种是食腐的渡鸦，另一种是雪鸮。雪鸮主要以旅鼠和田鼠为食。冬季，这些鼠类偶尔会将脑袋露出洞穴，哪知道却恰巧成了雪鸮的美味。

▲ 一只雄性小绒鸭不停地摇晃着从冰封的哈得孙湾海底挖到的海胆。哈得孙湾绒鸭和其他绒鸭、大多数的北极鸟类不一样，它们不会迁徙到其他地方越冬，而是在冰面的裂缝之间或是在小片无冰水域（冰间湖）中艰难求生。这种冰间湖因为潮汐流的缘故不会结冰，它们便在这里捞食蚌和海胆，然后把食物整个吞下，放到胃里慢慢消化。

▲ 一只南方大海燕正在海豹的尸体上大快朵颐。它们循着强烈的气味找到腐肉，这是它们的主要食源。不过它们也会在企鹅繁衍地的附近盘旋，企图袭击离群的幼鸟或者虚弱的成年企鹅，然后用巨大的钩状利喙将其杀死。

在冬季天气最恶劣的4个月中，母北极熊都舒服地蜷缩在洞穴中。由于雪的隔热作用，这些洞穴中的温度能比洞外高20摄氏度，而且没有凛冽的寒风。而对于在冰上觅食的雄性北极熊来说，北极12月和1月的暴风雪是最难应付的，最好的避风方法就是躲在冰脊后面。从某种程度上来说，北极熊庞大的身躯正好帮助它们抵御了寒冷的天气，可是身材娇小的北极狐又该如何度过漫漫长冬呢？它们只需尾随北极熊，依靠着这种顶级掠食者留下的残羹冷炙，就能挺过这段幽暗的日子。

世界上最冷的地方

南极的冬季比北极的冬季严酷很多。北极冬季的温度会降到零下50摄氏度，而南极的冬季，零下70摄氏度的低温会维持好几周。在大陆的中心，极区高原的顶部常年没有生命迹象，只在遥远的冰原石山上长有少量地衣。即使是在大陆边缘稍微温和一些的地区，也只有一种鸟类和一种哺乳动物能够承受南极冬季的恶劣气候。而在散布于边缘地区的科考站里，过冬的人们则要提前做好越冬准备。在南极的冬季，大多数科学研究会暂停，直到来年夏季，这段时间里大家要关注的是如何保证科考站安全运行。发动机故障或是一种更糟糕的状况——火灾都能

▼ 一头年轻的北极熊以雪为被，以抵御外界的极寒天气。冬季对于北极熊来说极其危险。虽然北极的温度没有南极那么低，但仍然很致命。没有待在洞穴中的北极熊会躲在冰脊后或是雪洞里躲避寒风。

迅速演变成危及生命的灾难。

　　威德尔海豹的繁衍地比地球上其他哺乳动物的繁衍地都要偏南，可能所有南极海豹中最引人注意的便是它们。它们身长达3米、灰色皮毛缀满漂亮的黑色斑点。和喜欢住在北方碎冰中的食蟹海豹不同，威德尔海豹选择住在夏季也不会融化的永久积冰上。为了安然度过夏季，它们在冰上开凿了永久性的透气孔。它们的生活被1米多厚的冰分成截然不同的两部分。在透气孔之外，威德尔海豹将面临地球上最恶劣的天气；而在冰下，那里没有风，且温度常年维持在零下1.8摄氏度以上，食物来源也不愁。但要想让透气孔在整个冬季都不冻住，威德尔海豹要费些力气，它们要不断地啃磨透气孔的边缘，防止透气孔结冰。这一苦役磨损着它们的牙齿，可能正因为如此，威德尔海豹的寿命只有20年，而食蟹海豹的寿命则是它们的两倍。

帝企鹅的胜利

　　4月初，海冰开始冻结，剩余的南极野生动物也纷纷北迁，此时的帝企鹅却开始向南行进。

▼ 帝企鹅是唯一在南极大陆过冬的鸟类。它们在冬季产卵，由雄企鹅在冰上孵化。此时，抵御严寒的唯一方法就是挤成一团，在这团企鹅的中心，热量损失能降低一半。

▲ 帝企鹅在海冰上长途跋涉，重返配偶身边，以接替它们的育儿任务，喂养逐渐长大的幼鸟。帝企鹅在冬季繁衍的好处就是幼鸟在春季孵出，然后可以在短暂的夏季成长并长出羽毛。雄企鹅负责孵化，一旦幼鸟出生，它们便将其转交给雌企鹅。在经历数月之久的饥饿之后，雄企鹅终于可以下海捕食，然后带着食物回来喂养幼鸟。

帝企鹅有1米多高，体重是王企鹅的两倍，其体态优雅，可谓名副其实。它们打破所有自然规律，在秋季产卵，然后在最恶劣的冬季花费4个月将卵孵化出来。它们是唯一将卵产在冰上的鸟类，而且它们选择的冰都很厚实，即使是在繁殖季结束的夏末也不会融化。

它们的繁衍地都在南纬66度至78度的高纬度地区，直至今日仍然没人知道帝企鹅究竟有多少只。目前已经找到的40个繁衍地都分布在南极大陆外围的偏远地区，同时还有新的繁衍地不断被发现，其中最大的一处有约40 000只企鹅。而且据估计，总共有约160 000对企鹅。

5月初，雌企鹅诞下一枚卵，便立即交给雄企鹅孵化。雄企鹅小心翼翼地将卵安放在脚上方的育儿袋里，这里的温度比外面高出80摄氏度。雌企鹅随后便直接扎入水中觅食越冬，直到65天后返回。其间，雄企鹅要独自度过黑暗的冬夜。当气温低至零下70摄氏度，风速达到160千米每小时的时候，雄企鹅便挤成一团取暖。企鹅一直在缓慢地变换位置，每只企鹅都要轮换到外圈承受相应的寒冷。在

企鹅团的中心，热量损失能够减少一半。

雌企鹅直到7月中旬才会从开阔的海洋返回。太阳此刻刚刚开始从北半球向南移动，雄企鹅每天白天只能看见1～2小时的阳光。海冰的覆盖范围仍然接近最大，所以雌企鹅不得不徒步穿过160千米的冰面，抵达繁衍地。它们一定要准时回归，因为幼鸟孵出后，雄企鹅只能用储存在食道里的一种特殊食物喂养它们。雄企鹅只能坚持10～15天，因为饥饿会迫使雄企鹅抛弃幼鸟，奔去无冰水域觅食。等到雄企鹅可以回归大海觅食的时候，它的禁食已经进行了115天，这是鸟类最长的禁食时间，其间它的体重会减轻一半。

这种超群的壮举使得帝企鹅能打破所有的常规。雄企鹅能够忍受世界上最恶劣的冬季气候，以确保自己的幼鸟能在夏季到来之前就孵化出来。到了秋季，幼鸟已经足够强壮，可以独立前往大海。至此，帝企鹅在这场堪称世界之最的季节变换中大获全胜。

温带混交林，日本。

一群川金丝猴，中国。

第3章

富饶丛林

在两极和赤道之间的广大土地上，森林密布。这些森林以阳光和水为养料，但养料的供给量会随着季节的更替发生巨大的改变，而这一点对于森林中的野生动物乃至整个地球的健康状况都有着深远的影响。

季节性森林就像地球的肺，能产出供人类呼吸的氧气，吸收空气中的二氧化碳并将其固定在树木中；能将太阳能转化成动物可食用的形式，并且通过吸收雨水和释放水汽，调节淡水供给。尽管同样的调节过程在赤道地区表现得最为激烈，而且该地区还常年昼长不变，整个调节过程不会受到季节变换的影响，可季节性森林的分布面积还是要比赤道森林广阔许多。季节性森林能跨越这么大的纬度范围，能经受住各种季节变换，与树木、动物在各种极端天气下的顽强生命力是密不可分的。

▲ 这排树木标记出了森林线（此处位于加拿大哈得孙湾）。在森林线以北，因为符合树木生长的温度要求的天数太少，所以树木无法生长。

北方大森林

加拿大丘吉尔港外的贫瘠荒野中长有很多高度未及人的胸部的矮小树木。它们长在一条很明显的分界线上，一面是无边的北极苔原，一面是稀稀拉拉、杂乱丛生的小树。这便是森林线，也就是树木生长的最北限，同时也是季节性森林的开端。这里大部分都是针叶树，当然还有只及脚踝高的少量瘦弱桦树和北极柳。

森林线的位置受海拔因素和海洋因素的影响，但通常是在纬度65度左右。虽然森林内的树木组成会因为地方不同而有所差异，但不管是在北美、斯堪的纳维亚半岛还是在俄罗斯，有一条基本原则是一致的，这就是，树木生长的要求是每年必须至少有30天的平均气温超过10摄氏度。如果生长季节太短，达不到这个要求，树干根本长不大，而新生的针叶林还没来得及长成，严酷的寒冬就来了。

到了冬季，森林线处的气温能锐减到零下50摄氏度，几个月都见不到太阳，而且有7个月的时间水也是被冰雪封冻住的，到处都干燥得宛如沙漠一般。要在这样艰苦的环境中活下去，就必须具备一种特殊的生存工具。针叶树的针叶表面积小，且有一层蜡质保护，能够避免水分的流失。针叶里还含有少量液体，可以降低冰晶从内部凝结的概率。针叶之所以是深色的，是因为其含有大量光能转化率高的色素，这些色素可以用来捕捉高纬度地区微弱的低入射角阳光。

即便如此，它的成长仍然是一场艰苦卓绝的斗争：生长季太过短暂，针叶树得花25年时间才能从苔原的矮树中脱颖而出，长成一棵真正的树；很多树还没来得及长大，就早早枯萎了。

◀ 冬季的北方针叶林。针叶林能适应水分流失和冰冻天气，它们还能承受冰雪的重压，并将雪抖落下来。

▶ 针叶林荒漠。北方针叶林通常只含有一到两个树种，物种单一，林中几乎空无一物。

▼ 一只雌性北欧雷鸟正在吃嫩松针，芬兰。只有少数几种动物能消化北方针叶树的树叶，即松针，所以广袤的北方森林相对空旷。

这些矮树和灌木丛中很少有动物。从某种程度上说，只有为过冬寻找庇护之地的北极动物和前来消夏的南方动物会偶尔踏足这里。毛茸茸的熊蛾是为数不多的几种常住动物之一，它的存在多少能说明生存在森林线附近的艰难。等到熊蛾的毛虫孵化出来，夏季只剩3~4周了，它们拼命地咬食矮柳的叶子，却还是没能在冬季到来前化成蛹，所以只能吐丝结成茧，躲进去冬眠。冬天，毛虫被冻住，等到6月初冰雪消融后，才开始重新进食。但此时的食物只有发育不良的植物，所以到第二个冬天来临时，毛虫还是没能变成飞蛾，于是它再次被冻结，然后在下个春天来临后再解冻、再进食。这个过程最多可重复12年，直到毛虫最终由蛹化成蛾。随后它只有几天的时间，寻找伴侣、交配、产卵，然后死去。

广阔的绿色荒漠

从森林线往南走，你会发现树木变得越来越高大，越来越密，一片片密密麻麻的绿色向天边蔓延开来。在加拿大，这里被称为"北方森林"，因希腊的"北风之神"而得名；在俄罗斯，这里则被称为"泰加林"，虽然它们名称不同，但都是指同一块地方。这片森林覆盖广袤，从太空看的话，就像一条巨大的绿带绕在地球的顶部，中间只被海洋隔开。这条绿带长约10 000千米，有些地方甚至宽达2 000千米，其覆盖了约400万平方千米的土地，全球有1/3的树木都生长在这里。这片森林有一半在俄罗斯，有1/3在加拿大，剩下的在阿拉斯加和斯堪的纳维亚半岛。在短暂的北半球夏季，这片森林迅速生长，吸收了大量二氧化碳并释放出氧气，显著地改变了地球大气的构成比例。

从太空看去，这片森林简直是无边无际的伊甸园。但从某种角度看，泰加林其实是一片绿色荒漠，因为在这片森林中可能只有一到两种树，且生长极其缓慢。俄罗斯落叶松的树围增加2.54厘米得花60年时间，是温带松树所花的时间的10倍。而且，这里的动物也很少。尽管北欧雷鸟、蓝镰翅鸡和豪猪会食用嫩松针，但其实松针的口感并不好，其他的动物则依靠苔藓、地衣或季节性的种子度日。森林的地上也是一片荒芜，厚厚的落叶层上没有到处爬动并参与分解腐叶的生物，只有一层厚而干燥的松针，因为分解得很慢，久而久之，这里的土壤开始呈酸性。这里的养分循环完全依靠一种生长在树木浅根周围的真菌来完成。这种真菌分解完松针后，会把其中的养分释放出来供树木吸收；作为回报，它会从树木中得到自身无法制造的养分。如果没有这层关系，树木可能根本无法在这样高纬度的地方立足，尤其是在这片如此贫瘠的多石土壤上。这片遍及北方地区的土地是在上个冰期的冰川消融后裸露出来的。

▲ 拉普兰雪景。冬季，除了树冠和雪层之下，整个北方森林几乎没有任何生命迹象。

冬季的大陆

一年的大部分时间中，这里都像是白雪皑皑的童话世界。观赏雪景的最好方法，莫过于乘坐热气球在森林上低空掠过。小一些的针叶树看起来根本就不像树，更像是半蹲着的白衣人；大一些的则呈细长的圆锥状，有利于雪从树上滑落，但每个树枝上还是挂着晶莹的冰柱。脚印在这片粉状的雪中尤其明显，简直无处可逃。你甚至能看见野兔或猞猁的脚印，如果幸运的话，还能碰见貂熊的脚印，但更多时候你会发现大片大片的雪地竟然没有任何动物踏足，到处都是一片荒芜。

但仅仅脚印本身也无法让你有所发现，因为有些鸟，比如交嘴雀，它们就常年生活在树冠上。它们用特有的尖喙撬开球果，取食里面的种子。为了提高效率，喙部的动作必须要精准凌厉，于是，交嘴雀进化出了3种长着不同喙部的种类，分别取食冷杉、云杉和松树的球果。

有些啮齿类动物，如旅鼠，能够生活在雪下，因此雪上并没有它们留下的明显痕迹。积雪可以为它们保温，还多少可以保护其免受掠食者的捕杀。不过雪鸮仍然能听到旅鼠的动静，然后伸出利爪穿透雪层抓住它们。旅鼠主要靠咀嚼夏季储存的根茎和种子为生。

鸟类记忆高手

克拉克星鸦能在这里生存下来，有赖于它们能将一种特殊的工具和惊人的记忆力结合起来。它们用强有力的喙啄开白皮松等树木的球果，然后取出松子。食物丰盛的时候，它们便将松子藏在森林的各处以备艰难时节度日。星鸦每年会储存至少3万颗松子，但它们不会像松鼠一样将食物集中存在几个储存点，而是分别藏在5 000多个地方。一种可能的解释是，如果食物储存点过大的话，其散发的气味会引来熊，这样它们一下子就会失去很多食物。星鸦能够记住75%的储存点，考虑到它们和果仁差不多大小的脑子，如此高的命中率相当惊人。但有一个有趣的问题是，星鸦是真的忘记了其余25%的食物，还是故意不去取食？令人好奇的是，星鸦储存的食物总是比通常需要的多出25%，这是为了弥补自己忘记的那部分，还是在为更严酷的寒冬未雨绸缪？不管怎样，松树都会从中受益，因为它的繁衍完全依靠留在地下的那25%的松子。星鸦和松树互利共生，缺一不可。

▲ 普通的交嘴雀。它用喙部撬开松球，然后用舌头取食里面的松子。交喙鸟是少数几种能够以松子为食的鸟类。

◀ 克拉克星鸦在取回藏在树皮中的白皮松子。星鸦会撬开白皮松的球果找到松子，再把松子"种"进树皮藏匿起来。星鸦和松树互利共生，缺一不可。

巨兽

虽然北方森林在全球各地都有分布，但林中的动物却是惊人地相似。头部长有一对巨角的驼鹿在北美叫"moose"，在欧洲则被称为"elk"，但这两个名字其实是指同一种动物。北美的"caribou"和欧亚地区的"reindeer"实际上都是指驯鹿。各自分布在加拿大和俄罗斯的貂熊、猞猁和熊，几乎不存在区别。这一现象或许能够证明在不间断的大陆上，森林及其物种非常相近。不过也有一个例外，那就是老虎只在西伯利亚地区出没。

这些森林里的动物不仅相似，而且都是巨兽。同等质量下，大型动物裸露在外的表皮和小型动物相比，面积相对较小，因而热量损失也相对较少。貂熊是体形最大的鼬科动物，驼鹿则是世界上体形最大的鹿，西伯利亚虎也是现存最大的猫科动物，远比在热带岛屿上进化出来的虎要大，如苏门答腊虎。大型动物能行

贪吃鬼

貂熊是一种充满着传奇色彩的动物，某些地区的人们甚至认为它们是狼和熊杂交的产物，还有一些地方将其视为精神世界的灵媒。然而事实上，各地的貂熊均以残忍和狡猾著称。

貂熊是体形最大的鼬科动物（包括獾、鼬鼠和其他同类在内），它们在这片北方之地生活得如鱼得水。在这片冰封的北方世界里找到食物的概率小之又小，但貂熊找到食物的概率却很大。它们食用腐肉，而且能跟狼、熊抢夺动物的尸体。同时它们也是活跃的猎手，小至老鼠大至驯鹿都难逃它们的捕杀。虽然它们的主要猎物是啮齿类动物（松鼠）和野兔，但只有20千克的貂熊却能够跳上鹿背，咬断鹿颈，猎杀重达150千克的鹿。貂熊别号为"贪吃鬼"，它们一次能吃下很多食物，吃不下的食物则被它们掩埋在雪下，留到以后再食用。这里食物稀缺，貂熊的领地必须要足够大才行。雌貂熊的狩猎范围可以达到500平方千米，雄貂熊的狩猎范围则是其3倍。

▶ 一头阿拉斯加的雄性驼鹿。驼鹿是世界上最大的鹿科动物，它们的表面积和巨大的身躯比起来相对较小，这样有助于它们在寒冷的森林中存活下去。

▶ 西伯利亚虎是北方森林中的另一种巨兽。大型掠食者都需要拥有丰富猎物的大片领地，然而，人类大量砍伐西伯利亚森林，偷猎西伯利亚虎的猎物，甚至就连西伯利亚虎自身也被捕猎，这一切使得这个虎亚种已然成为濒危动物。

走更远的距离，储存更多的脂肪，在没有食物的时候，能支撑得更久。这些本领在贫瘠的地方十分有用，因为那里的动物经常需要跋涉很远才能找到足够的食物果腹。

繁衍之夏

北方森林的冬季漫长而难挨，而夏季则来势迅猛。六七月间，植物的生长不再被黑夜打断，草本植物不知道从哪里忽然冒了出来，很快开出花来。沼泽水塘中的昆虫幼虫也兴旺起来，它们的生命周期倏然加快，仅仅几天之内便发育成年，然后飞越这些沼泽水塘，完成交配和产卵。土拨鼠在冬眠了8个月后终于醒来，它们接下来的时间安排很紧凑，要在3个月内产崽，并储存足够的脂肪来度过下一个冬天。熊也从冬眠中醒来，不过它们的冬眠是断断续续的，因为其间母熊还在洞中产下了小熊。它们开始采食第一串成熟的浆果。麋鹿也来到水塘边吃水生植物，有了几乎24小时的持续日照，这些植物的长势相当迅猛。

而最大的变化随着各种候鸟的回迁开始出现。飞到南方落叶林中觅食越冬的雀类和画眉纷纷飞回这里，捕捉昆虫喂养幼鸟。此时昆虫的数量激增，到处是嗡嗡声，哪里都有它们的身影。掠食的苍鹰和猫头鹰也接踵而至，它们以捕食幼小的鸣禽和快速繁殖的啮齿类动物为生。大雁飞过的声音清晰可辨，此刻它们正往苔原方向飞去，那里如今已长满了牧草。事实上，针叶林中的其他野生动植物依然很稀少。在针叶林的边缘、湖泊和沼泽地的周围，零星地点缀着一些桦树、柳树和山杨，但即便是在这里，野生动植物也并不丰富。

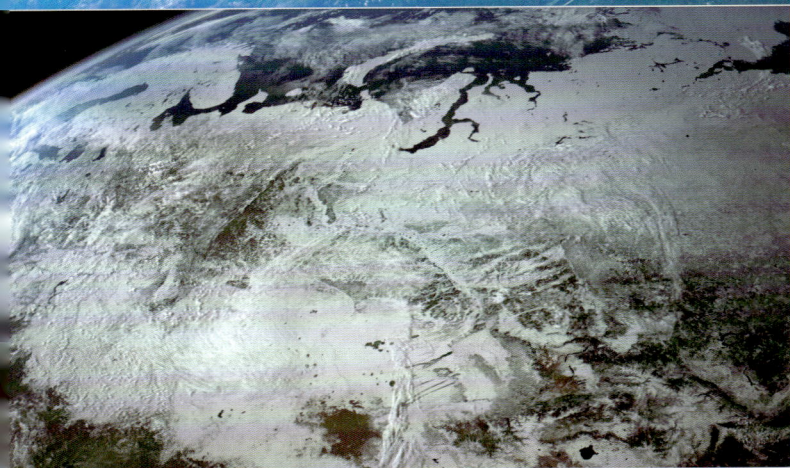

▲ 1月，正值隆冬。

▲ 4月，正值春季。

8月，俄罗斯境内广阔的泰加林
（编者注：又称寒温带针叶林或北
方针叶林）。

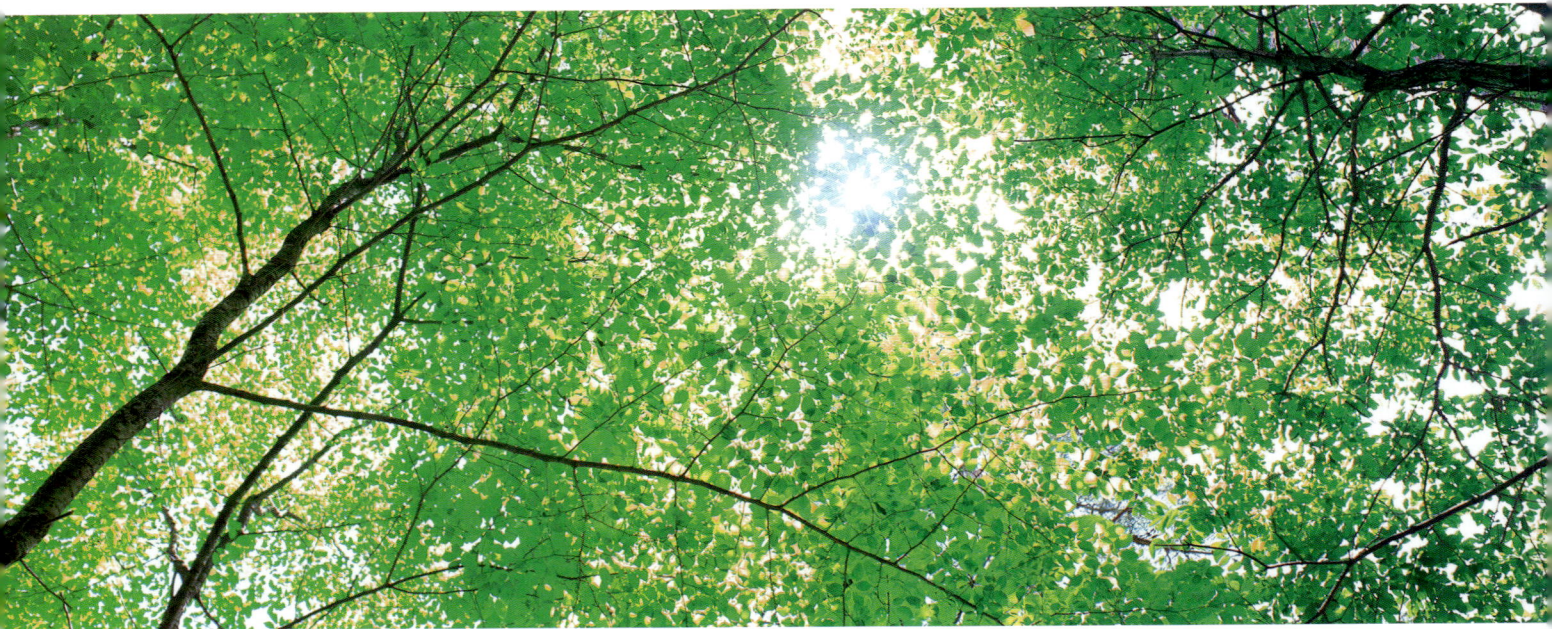

温带生物

针叶林带纵贯北纬70度到55度，但再往南，随着夏季时间变长，桦树、山毛榉、山杨和枫树之类的阔叶树逐渐开始占据主要地位。宽大的树叶能比针叶更有效地吸收日光，但由于叶大且薄，更容易失水，所以不耐冻。于是，阔叶树通过冬季落叶来弥补。春季，新叶生长的消耗被在更长的生长季里所产生的养分大大抵消了。

食物丰富的森林

落叶的出现使森林的季节变得丰富起来：春季鲜花朵朵，夏季满眼墨绿，秋季缤纷多彩，冬季万籁俱寂。但受影响最大的还是动物。和不适宜食用的松针不同，这些会脱落的树叶本身就是优良的食物。夏季，随便摇一摇橡树枝，便有很多食叶生物掉下来，从吮吸树汁的蚜虫到蝴蝶和蛾的幼虫，再到它们的捕食者——瓢虫、黄蜂、蜘蛛和甲虫。这些小动物自有蓝山雀和旋木雀之类的鸟类来解决，但当这些鸟辗转于树枝间时，它们亦会被雀鹰之类的猛禽所捕食。

可食用的不光是生长在树上的叶子。在树木的下面，有弹尾虫、千足虫、蜈蚣、鼻涕虫、蜗牛和很多微小的生物，它们都参与了落叶的分解。相比之下，针叶林下贫瘠的干燥松针层简直是毫无生气。有些阔叶树会用化学物质来保护自己的叶子，但它们的首要任务其实是在其他树木的叶子遮住阳光之前尽快长高。树叶从太阳吸收的一部分能量会传递给其他生物，从而维持一个复杂精巧的生命网络。而在针叶林中，大部分的能量都储存在巨大的树干中了。

17年蝉

没有哪种生物比17年蝉更能展现树木中蕴藏着食物。如果2004年5月，你去过美国的印第安纳州，那你就能目睹一次昆虫奇观。1987年，成年的17年蝉将卵产在一些阔叶树的树叶上，尤其是树汁中糖分含量很高的枫树的树叶上。卵孵化以后，幼虫掉到地上，然后钻入土中，将注射器形状的口器插入树根中。随后的17年中，它们一直在地下吸食树汁，无人知晓。到了2004年5月，它们开始循着第一次的路径返回，钻出土层，爬上长满树叶的树枝。此时它们已经长到4厘米长，比当初钻入地下时长了几千倍。数百万只幼虫钻出土壤，像僵尸一样，抓住一切竖直的东西向上爬，最后整棵树的树皮上都是这些虫子。幼虫爬到足够的高度便会停下。之后，在它们脆弱的外骨骼下，它们的身体会发生蜕变。刚蜕变的成年蝉白而柔软，但2小时内，它们的身体就会变得黑且坚硬，并发出那种众所周知的震耳欲聋的蝉鸣。在地下蛰伏了17年后，这些蝉如今只剩下10天的时间，它们要在这段时间里寻找配偶，交配产卵，然后死去。

◀（从上至下）

春季，英国森林中繁茂的野风信子。大部分温带植物都赶在树冠尚未遮天蔽日的春季开花。

春末，山毛榉林的树冠露出的空隙。到了夏季，只有很少量的阳光能够抵达地面。

秋季落叶。秋季的树叶呈火红色和金黄色，这是由于叶子中的叶绿素在冬季到来之前已经降解了。

各处的动物都在疯狂地捕食17年蝉，但是它们的数量实在是太多了。短短几夜时间，就有数万亿只17年蝉横空出现。鸟类不断地捕杀它们，花栗鼠更是猛吃到呕吐。或许正是由于这种天敌集体涌现的情况，17年蝉才会选择集体出土。可是地下的幼虫是怎么知道时间过了17年呢？或许17年蝉是通过吸食含糖树汁来感知秋季落叶时树皮压力的改变，并以此来计算时间的。

这种生态变化都被记录在树的年轮里。17年蝉每17年出现一次，不多不少，而树的年轮在这一年会更宽一些，这意味着此时的长势较快。为什么？在17年蝉出现的那一年，所有幼虫都停止吸食树汁，给树木减轻了很大的负担。随后，万亿只腐烂的成年蝉再次回到土壤中，将积累了17年的养分还给了土壤。

冰期的遗产

全世界温带森林的构成都大同小异。一些大型树种，如橡树和山毛榉，构成了顶端的树冠；然后稍小型的树，如枫树、赤杨、山茱萸和山楂树则构成了林下层。温带森林比赤道地区的森林下层会更复杂一些，因为透过缝隙照到地面的阳光更多些。当然，森林的树木构成会因为各个大陆的历史差异而有所不同。冰期对于北半球的树木多样性有着深刻的影响。在至少8万年前，冰川开始自北向南滑动，而欧洲的树种因为阿尔卑斯山西部的阻拦和比利牛斯山东部的阻挡，没有"移民"到更温暖的南方地区。

但在北美洲，山脉全部是南北走向，所以树种能够沿着山谷向南迁移。冰川消融后，北美洲的树木便重归故地，而很多欧洲的树木则就此灭绝。这也许正好解释了为什么北美洲有3 000种阔叶树，而欧洲只有1 000种。

阔叶树能制造上好的木材，而且一旦被永久砍伐，留下的肥沃土地还可以供农业使用，所以北半球的阔叶林地几乎都已被人类染指，如今剩下的面积还不到过去的1/4。在北美洲，南达墨西哥湾、北至五大湖区的大片土地，本应长满成片的森林。而西至中欧和西欧、东到亚洲、南达阿尔卑斯山和比利牛斯山、北抵北方森林间的这片区域，本是一条巨大的森林带，这条森林带在俄罗斯西部的乌拉尔地区变稀疏，又在俄罗斯东部的阿穆尔地区还有中国和日本的部分地区重新出现。

◀ 17年蝉爬上树干，并在那里蜕变成成年蝉，这标志着17年吸食含糖树汁的地下生活就此结束。

原始丛林

在大约10 000年前，欧洲大地迅速地被阔叶树重新占领，其覆盖率一度达到90%。大约5 000年前，人类开始大肆砍伐森林。1086年的《末日审判书》（编者注：又称《土地清丈册》，是英国国王威廉一世下令进行的全国土地调查情况的汇编）显示，当时英格兰的森林比现在的还要少。法国的情况与之相似，欧洲其他国家也差不了多少。要想见识这种情形之前欧洲中部的森林样貌，那就得去别洛韦日森林（波兰称比亚沃维耶扎森林）。这一片古老的森林长满了参天古树，占地面积约1500平方千米。

▼ 别洛韦日原始森林，到处都是参天的大树、断裂的树枝和腐烂的朽木，它们为复杂的森林系统提供了养分。

这片森林的最深处才是和欧洲其他森林截然不同的原始森林。林中不乏参天巨木，但都被处于各种生长阶段的树木所遮掩，并不像我们常见的橡树林和山毛榉林，里面充斥着大量异乎寻常的参天大树。究其原因，一方面是这些树木是同时种下的，另一方面则是放牧使新的幼苗无法生长为下层植被。在绝大多数的欧洲森林里，人们出于安全考虑，会将朽木人工伐倒，并将伐倒的树移走当作木柴。而在别洛韦日，有腐坏程度各不相同的朽木，有的立着枯萎，有的枝干已经腐烂到与泥土无异。

游人只有在树边坐下，耐心安静地等待之后，才能见到这片森林真正的精妙之处。约摸15分钟后，林中的动物又开始活跃起来。鸟儿轻快地飞来飞去，小型哺乳动物在下层灌木中窸窣作响。待得越久，你越有可能看到不那么常见的动物，如白鼬、伶鼬、野猪，甚至是森林野牛。这里是生命的乐园。从很大程度上来说，这片森林的精妙之处主要归功于两点：狼和野牛等大型动物因为免受人类的捕猎得以存活；剩下的58种哺乳动物和200种鸟类能够大量繁殖，则完全依赖于这里健康的森林体系——树木种类繁多，长势各异，朽木会就地腐烂，能量会在食物链中传递，并使养分在树木中循环。

随季节变换的森林

温带阔叶林每个季节的景象都大不一样，只有见识到四季的景象之后，你才能真正懂得它的魅力。欧洲的春季始于2月末，此时本地燕雀纷纷摆脱寒冬的控制，开始巡视领地，紧接着黑鹂和鸫也开始筑巢。3月末，第一批候鸟回归，叽喳柳莺和欧柳莺分别从地中海地区和非洲飞回这里。为了防止树叶遮蔽阳光，雪滴花和报春花早在树叶长成之前就已经开花。等到山毛榉和美国梧桐的树叶长成时，春季已经到了全盛时期。到了4月下旬，野风信子趁着树冠尚未完全遮蔽，在森林地表上开出了一片花海。此时，布谷鸟正好回归。

如果说春季是变化的季节，那么夏季就是多产的季节。夏季气候温暖，阳光充足，土壤湿润，植物长势茂盛，动物也加快了繁殖进度。小型哺乳动物和鸟类不断地捕食昆虫，转而又成为白鼬、伶鼬和猫头鹰的猎物。这时，从柳兰到毛地黄，新一轮的开花大潮再次席卷了森林地表，但是地表整体的生长情况有所削弱，因为枝繁叶茂的树冠已经完全伸展开来，吸收了绝大部分阳光。

到了秋季，白昼变短，气温转凉。森林中回荡着雄性马鹿发情时的吼叫。候鸟也开始回迁，一些非迁徙性的动物则四处奔忙，为冬季做准备。刺猬和榛睡鼠储存了大量脂肪准备冬眠，松鼠和松鸡也忙着储藏食物。树木开始落叶，回收养分；树汁也不再流入树叶，树叶内部发生的化学变化把森林染成了五颜六色的。在潮湿和腐败的环境中，伞菌开始大量繁殖。伞菌是覆盖整个森林的丝状真菌网络中唯一可见的部分。

随后，森林陷入了一片阴森的寂静中。大部分昆虫已经死去，只留下虫卵。虫卵将在天气转好时，延续整个种族的生命。来年的叶子还处于生长停滞状态，

北美，秋季，叶子在落叶之前的颜色。逐渐减少的白昼时间可能会激发温带树木的一种自有机制，即白昼变短时，树木会把叶中的养分回收，并在霜冻冻死叶子的细胞之前，将叶绿素分解掉。叶子后来的颜色则是由叶中残存的黄色类胡萝卜素和新形成的红色花青素所致。

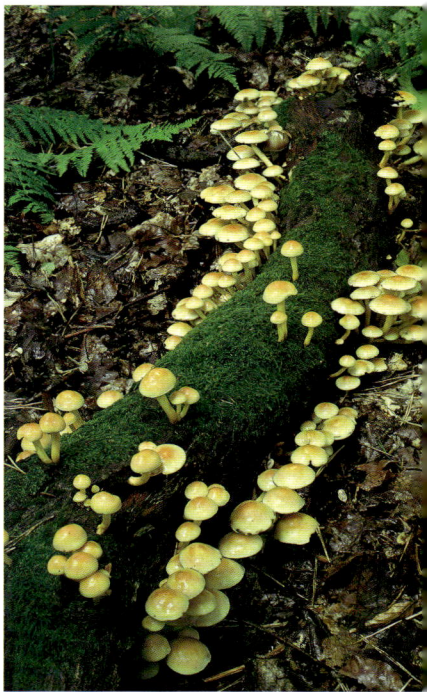

▲ 一种叫作簇生黄韧伞的真菌，是森林养分循环的高手，它们能将倒下的植物分解，并将重要的养分提供给树木。

▶ 太平洋沿岸温带雨林，为大量附生植物的寄主。这些植物直接长在树上，从雾气和大雨里吸收水分，从聚集的落叶层中汲取养分。

▼ 一只斑海雀在北美红杉的枝头上试图站稳，这棵树对它来说和悬崖峭壁一样，难以站立。它的父母正在海中捕鱼。

它们早在秋季尚未来临时，便被包进防水的叶芽。獾和伶鼬等哺乳动物还在四处游走，其他动物如榛睡鼠等已经开始沉睡。分解还在继续，但进度缓慢，因为分解的速度取决于温度。落叶会在两年内完全分解，落叶中的大部分矿物质会被树木再吸收。

雨林巨木

北美洲的太平洋沿岸地区分布着世界上现存最大的温带雨林。这片本应生长着阔叶林的土地却被针叶林覆盖，这里的针叶林是5 000万年前留下的物种，当时的地球比现在湿润得多，从欧洲到亚洲，到处可见这种能够适应湿润气候的针叶林（现代针叶林通过进化，能够适应干燥、炎热或者寒冷地区的生活）。人们总说这片森林状如大教堂，个中原因显而易见。在花旗松、铁杉、巨云杉和海岸红杉这些高大的树木之下漫步，让人不由得心生敬畏。

一部分雨林位于美国的奥林匹克半岛，这里的年均降水量能够达到381厘米，比雨林所需的水量还多3倍。再往南去，降水更具季节性，如果没有太平洋雾气的浸淫，这里的夏季将会十分干旱，高大的红杉也不会作为一种单独的林分一直向南分布，直到美国北加利福尼亚州的大苏尔地区。在"雾季"，红杉的针叶每天有一半时间浸淫在雾中，于是产生了一种奇怪的"倒流"现象：通常水分由根部吸收，再通过树汁输送给针叶，红杉却反其道而行之，由针叶吸收水分，再经树汁传送给根部。雾气还会在针叶上凝结，再顺着树干扩散到土壤，然后很快被地表附近的根吸收。红杉40%的水分都是这样从空气中吸收的。只是红杉如此依赖水分，限制了自身的分布范围。

和北方针叶树不同，红杉不需要长成圆锥状，以利于积雪滑落，相反，它呈现出一种比其他任何树种都要复杂的三维结构，即同一棵树在不同高度上有不同的树冠层。当从树干伸出来的树枝和水平面上的其他树纠结到一起时，就形成了巨大的平面，针叶落到上面去，其他植物也在上面安家，于是就有了所谓的多层树冠。这座由雾水浇灌的空中花园接收到的阳光远比地面要多，所以才能孕育出大量动植物。

这片森林中每0.01平方千米的生物总量高达2 000吨，超过了热带雨林，但其中的生物几乎只是为数不多的几种树木而已。林中很安静，只有松鸡的咯咯声和冠红啄木鸟笃笃的啄木声，在林子里清晰地回荡。这里还生活着一种很神秘的动物——斑海雀。这是一种在海上猎食的海鸟，所以针叶林中的食物紧缺对它们并无影响。别的海鸟会选择悬崖峭壁作为栖息地，而斑海雀却选择了巨大的红杉作为自己的栖息地。它们每窝只产1枚卵。父母为喂养幼鸟前去海中捕食时，小海雀大部分时间都是孤零零地栖息在树枝上。换毛之前，小海雀会将绒毛全部脱去，只留下飞羽。黄昏之后，它们从树枝上一跃而起，摸索着飞向大海。

▲（左）

图为加利福尼亚怀特山上的一棵狐尾松，至少已有1000年的历史。狐尾松生长在内华达山脉以西的雨影区内，那里每年的降水量只有不到30厘米，主要以冬季降雪为主，所以狐尾松长势十分缓慢。当然这也意味着竞争树种更少，真菌腐蚀也更少。

（右）

内华达山脉的东坡，环境湿润，巨杉就生长在这里。巨杉即便是超过1 000岁也还能生长，其柔软的纤维树皮能达到60厘米厚，可以助其抵挡严寒、大风、冰雪和大火。不过有时它们也需要山火帮忙，以清理入侵的冷杉和松树。

不管每座森林怎样千姿百态，我们都不能忘记，正是一棵棵树木成就了森林。同等质量下，树木比钢铁更强大，并且它能够呈现各种让人叹为观止、心生敬畏的形态。它们要经受天气的雕琢，要和其他树木争抢阳光，还要拼命躲避各种动物的蚕食，树木简直是自然界最不可思议的构造。

对于世界各地的树木爱好者来说，加利福尼亚树木朝圣之旅必不可少。在那里，他们可以看到世界上现存最大、最高、最古老的树木，这些树木都集中在几百千米的范围内。

世界上最高的树位于美国加利福尼亚北部，极有可能是红杉树国家公园的洛克菲勒森林中一棵被称为"同温层巨人"的海岸红杉，树高112.8米，不过附近还有很多高度和它差不多的大树（编者注：数据截至2006年，2019年人们在美国雷德伍德公园发现了一棵高达116.07米的海岸红杉）。体积最大的树则是"巨杉纪念馆"中的"谢尔曼将军树"，它生长在南内华达山脉的斜坡上。这棵树高82米，但树底直径却达到了11米，轻而易举地就摘得了"体积最大"的名号。将军树的外皮厚超过1米，能够助其抵御森林大火，但也正是因为森林大火，它才能够生生不息地繁衍下去。

最古老的树可能是一棵生长在加利福尼亚怀特山的狐尾松，它同时也是现存最古老的生物之一。这棵狐尾松已有4 700岁高龄，比埃及金字塔都要古老，比耶稣诞生还早将近3 000年。很多狐尾松的树围一个世纪也长不了几厘米，甚至每根松针都能三四十年不落。它们生活在海拔3 000米的内华达山脉雨影区内。内华达山脉阻挡了所有从西面吹来的潮湿空气，使得这里成世界上最干旱的地方之一。这里的土壤主要是白云土，几乎没有任何养分。正是因为如此恶劣的环境，狐尾松才生长得如此缓慢。

▲ 一棵将近100米高的红杉。它一度是世界上最高的红杉树，同时也曾是世界上最高的树，其高度超过了112米。

◀ 为攀爬美国杰迪戴亚·史密斯红杉树国家公园中的一棵高高的海岸红杉所做的准备工作，其最低的树枝也在60多米高的地方。

▲（左）
小山猴是生活在南方海岸雨林中的众多哺乳动物之一。它们相当罕见，相关的研究也很少。小山猴和榛睡鼠一样，喜好夜间活动，主要生活在树上，遇到时节艰难时，便会蛰居起来。但和所有欧洲哺乳动物不一样的是，它们的尾巴善于抓握，并在育儿袋中哺育幼崽。

（右）
瓦尔迪维亚海岸雨林的另一种生物，喜好夜间活动的南美林猫，也是西半球最小的猫科动物。

南北对称

从赤道往南，夏季的时间和北半球一样，也变得越来越短，因此南半球的季节对于森林分布的影响与北半球也颇为相似。但由于南半球没有像环绕北极的北方森林那么广大的陆地，所以人们并没有意识到南北半球的森林分布其实完全一样。不过，海拔对植物生长季的影响是一样的，所以智利和阿根廷南部的森林线区域长满了耐寒的针叶林。

最闻名遐迩的针叶树就是猴谜树，即南洋杉。它们的外表就像是史前植物，叶子呈爬虫鳞片状。这种植物从恐龙时代就已经存在。南洋杉在安第斯山脉积雪覆盖的火山坡上生根繁衍，形成一片超凡脱俗的景象。和北方森林中的树木一样，猴谜树角质的叶片很坚韧，且不可食用，能有效地保护水分不流失。它唯一可食用的部分就是种子，要由细嘴鹦哥从球果中取出来才可食用。细嘴鹦哥是个中好手，与北方的交嘴雀和星鸦很相似。

如果顺着山坡往下走，虽然纬度上是向着赤道行进，但接下来遇到的森林则与北美洲太平洋沿岸的森林相互对应。位于智利和阿根廷的瓦尔迪维亚海岸雨林是继美国西北部雨林之后的世界第二大温带雨林。瓦尔迪维亚常年浸在雨中，太平洋的湿润空气沿着安第斯山脉爬升，产生了大量的降雨。即使是查尔斯·达尔文（Charles Darwin）这种吃苦耐劳的野外考察能人，也会忍不住要抱怨这里"阴沉而无尽的雨天"。

在这片原始森林中，有一种树脱颖而出，尤其显眼，那就是山达木，或称智利乔柏。它能够长到50米高，寿命可达3 500年。智利乔柏和红杉一样，是十分珍贵的木材，而且特别稀少。在阿根廷，这种树都被保护在卢斯阿莱尔塞斯国家公园之类的地方。

　　瓦尔迪维亚海岸雨林很是奇特，这里空气潮湿、雾气浓重，到处都是牵连缠结的矮树，偶有一些智利乔柏脱颖而出。林中的空地通常也无法通过，因为上面长满了大叶蚁塔（大根乃拉草）。这种草（园丁都很熟悉）叶子巨大，多刺的茎部在潮湿的环境中会长得很大。大根乃拉草自成一个"低冠层"，只有小型动物才能从下面通过。

　　普度鹿是世界上最小的鹿科动物，站立时仅有30厘米高，鹿角不超过10厘米。这种鹿行迹隐秘，独来独往，所以很难见到，只有在它们后腿站立取食高处的植物时才能被发现。到了晚上，找到另外一种小型动物小山猴的概率要稍大一些。小山猴属南美洲有袋类哺乳动物（有育儿袋的哺乳动物），和榛睡鼠的大小差不多，是古老的微兽目中最后的幸存者。凡是能捕食到的东西，从昆虫到青蛙，小山猴来者不拒，而且它们还是攀爬高手，卷曲的尾巴使它们能在茂密的灌木丛中随意攀爬。

　　小山猴和普度鹿在夜晚活动更频繁，所以它们要格外小心南美林猫———一种有着优美花纹的猎食性猫科动物，它们的体形和家猫相近。虽然一直有人说南美林猫是群居动物，但直到今天，人们对它们的习性还是了解得相对较少，就如同人们对这一地区很多动物的习性都知之甚少一样。

▼ 安第斯山脉的某处斜坡。长在山毛榉上面的，就是已有几百年树龄的猴谜树。大约两亿年前，猴谜树完成进化后，就再也没有过任何改变。

▲ 鸳鸯。虽然这种鸟在欧洲的山谷里很常见，但是其实它们起源于中国、日本和东西伯利亚一带。伪装起来的雌鸳鸯（第一张图）将卵产在很高的树洞里。等到所有幼鸟都孵出来后，雌鸟就在地面上呼唤幼鸟，然后幼鸟一个接一个从洞里跳出来，经过几乎是自由落体的过程掉落下来，几经弹跳之后，最终落到地面上。

▶ 一只雌远东豹。远东豹是最为濒危的猫科动物之一。黑龙江流域的阔叶混交林中，这种豹子只剩下不到40只。必须要提的是：树木被砍伐，远东豹赖以生存的鹿也被不断地偷猎和捕杀，致使远东豹在野外的生存前景令人堪忧。

亚洲混交林

作为世界上面积第一大和第三大的国家，所有主要的森林类型都能在俄罗斯和中国境内找到，从北方森林到热带雨林，无一不有。俄罗斯和中国的温带森林里，树的种类颇为丰富，那里有常绿树、阔叶树和温带针叶树，3种树混交在广袤的森林中。

阔叶林在中国南方地区分布尤其广泛。位于中国西南部的四川省地形多山，海拔多变，因此树种类型和森林类型会在很短的距离内发生剧变。然而，金丝猴（仰鼻猴属）却在这里如鱼得水。这种长相奇特的动物在海拔4 500米或更高的地方生活，成为世界上栖息地海拔最高的猴子。它们厚重的皮毛能够抵御严寒。它们的肠胃中有很多复杂的囊，里面长有特殊的细菌，几乎能消化包括纤维素在内的任何东西。和大多数以水果和昆虫为食的猴子不一样，金丝猴对食物不那么挑剔，能以大量青苔、针叶甚至是树皮为食。当然，它们吃的东西会因时节和所处森林的不同而有所不同。冬季来临时，食物紧缺迫使它们不得不以小群落聚居，这种小群落一般有二三十只猴；而在夏天，它们则以大型群落的形式出现，最大的群落有多达600只猴。

俄罗斯阿穆尔地区的阔叶混交林与西欧和北美的阔叶林颇为相似，林中除了常见的树外，还生活着很多松鸡、花栗鼠和鹿，但那里的顶级掠食者却比较不为人所知。西伯利亚虎在这片林地里四处捕猎，主要以鹿为食。同样生活在这里的远东豹也捕食鹿，这种动物主要以狍子、獾和貉为食。远东豹是30种豹之中最珍稀的，野生的远东豹已不足40只。冬天，远东豹的皮毛极其华丽，如果不是皮毛呈深橘色且缀有花环形状的斑点，它们很容易让人想起雪豹。

炎热的森林

　　向赤道继续南移，冬天变得更温和，而且一年中的大部分时间都有日照，所以夏天也更加炎热而干燥。没有了冬霜对树叶的摧残，常绿阔叶林便随之出现，如木兰和冬青栎，它们的树叶终年不落。现在最关键的问题变成了留住水分，所以这些树的叶子都偏小偏薄，且表层有蜡质，令叶子显得亮闪闪。在最干旱的地区，针叶树重新调整自身以适应环境。蜡质包裹着的针叶让它们在缺水的寒冷北方存活下来，并再次让它们取得优势。地中海的很多地方本来都有欧洲栓皮栎或橄榄树之类的常绿树，还有柏树之类的针叶树。然而，如今这些树木不是因为早期农垦被砍伐了，就是因为被如桉树等外来树木入侵取代了。

　　在热带，昼夜长短的季节性变化已然消失，太阳从头顶直射下来，散发的热量达到最大值。哪里有水，哪里就能孕育出雾气蒸腾的热带雨林——世界上最富饶的森林。但地球的气候系统十分复杂，即使是赤道地区也会出现一年中大部分时间都没有雨水的时候。一旦发生这种情况，炽烈的阳光将导致显著的旱季。

　　如果给你看一张旱季印度柚木林的图片，你可能会以为那是隆冬时节的北方阔叶林。但若真去到那里，你马上就会纠正刚才的想法。酷热的天气已经横扫一切，落到地上的柚木叶干燥松脆且易燃，叶中的水分早在落下之前就被枝干全部吸回。你还可能会忽然听到鸟鸣，如正在求偶的孔雀发出的声音。如果你去不多的水坑之一附近蹲守，或许能看见一群长尾叶猴或水鹿来到这里喝水，甚至还有野狗或老虎。

　　印度南部的柚木林是拉迪亚德·吉卜林的《丛林之书》的场景原型。真正激发了吉卜林灵感的柚木林位于本杰保护区，是一片750平方千米的柚木混交林。本杰虽然靠近赤道，但却有着很鲜明的季节性气候特征，几乎所有降水都集中在雨季的几个月中。森林最干旱的时候，很多动物都在寻找树荫，并尽力留住体内的水分。但印度野牛这时进入了发情期。高大的发情公牛会耸起宽大突出的肩部，像做鬼脸似的翻起嘴唇。这种现象被称为裂唇嗅行为，该行为貌似能让公牛专心嗅闻附近母牛的气味，判断其生殖水平。如果大型野牛之间没有清晰的等级制度，它们就会通过打斗将这种等级确定下来。当然打斗是最后的选择，野牛的尖角会给打斗双方带来致命伤，更何况此时正值艰难时节，应该尽量避免体力耗费。此时的森林一无所有，野牛的大部分食物和水分都来自柚木的树皮。这种情形在5月的时候会稍微缓和，因为一种特别的树会成为这种状况的救星。长叶马府油树在最干旱的季节开出了美味多汁的花朵，把林中的动物悉数吸引过来。花开到最繁盛的时候，树上满是巨嘴鸟、长尾小鹦鹉、松鼠，还有好几种猴子。树下则聚集着野牛、水鹿和白斑鹿，它们在捡食掉在地上的花。黄昏时分，还经常能看见懒熊也加入阵营。这种奇观无疑在告诉我们，森林中的所有生物都离不开水。阳光的多少对于森林的繁荣十分关键，但能否获得淡水同样至关重要。

▲ 生活在纳加尔霍雷国家公园中的一头印度野牛。生长在阔叶混交林中的有些大树，如柚木和红木，为避免水分流失，会在夏天落叶。印度野牛通过啃食它们的树皮来填饱肚子，并取得水分。

◀ 一只印度孔雀在干树叶搭成的"舞台"上开屏。它通过故意抖动翎羽，制造出瑟瑟的响声给它的表演增添些音效。

北美野牛。

迁移途中的牛羚。

第4章

辽阔原野

平原覆盖了地球1/4以上的土地。这些丰饶、广阔无垠的土地依赖牧草提供的养分，供养着地球上各个地方的野生动物群。

▲ 中国西藏大草原。远处有一群牦牛。

几乎每个大陆都有平原与高原。它们从炎热的非洲大草原延伸至寒冷的北极洲苔原，从一望无际的北美大草原延伸至蒲苇丛生的南美潘帕斯草原，从肥沃低洼的印度冲积平原延伸至海拔极高、环境严酷的青藏高原。平原覆盖了地球上1/4的土地。中亚大草原更是独占了全球接近1/3的草原面积。平原上的物产也十分丰富。在其他任何地方都没有如此庞大的动物聚集群，150万头牛羚聚集在东非的塞伦盖蒂平原，多达200万头的羚羊漫步在蒙古大草原，超过300万头的北美驯鹿聚集在北美苔原。数以百万计的食草动物成为数以千计的草原食肉动物们的盘中餐。这些食肉动物，包括非洲的狮子和鬣狗、美洲和亚洲的狼和鹰。尽管草原的名称可能各有不同：干草原、热带草原、北美大草原和南美潘帕斯草原，但这些草的海洋都有两个共同点：第一，它们出现在年降水量在250~750毫米的地方，这些地方的年降水量不足以供养森林，却也不至于形成沙漠；第二，它们有一个明确的生长季，当热带暴雨和温带夏季来临时，草会迅速占据整片土地。

迁徙之旅

一路往北穿越丛林，便来到了北极苔原地区——一片北风呼啸的原野。这片苔原包围着地球最北部的北冰洋，其面积远远超过澳大利亚。在寒冷黑暗的冬季，这里几乎无人居住，全无生命气息。到了夏季，苔原上的情形则发生了变化。当土温回升到0摄氏度以上的时间长到足以使冰雪融化时，阳光、温度和水分一下子都有了，被冰封在冻土里的养分也得以释放。等到冰雪消融，第一丛草的嫩芽便长了出来。于是，白天就有了足够丰富的食物。这里极其偏远，很少有食肉动物，再加上夏季24小时的日照，这些条件使得苔原成繁衍后代的宝地。于是，有数以百万计的动物，包括迁徙到遥远南方过冬的鸟类和哺乳动物，都被吸引到这里来。

世界上最大的畜棚场

回迁的动物几乎可以在一夜之间彻底改变苔原的荒芜景象。5月初，尽管很多雪已经融化，但位于加拿大北部班克斯岛上的蛋河似乎依旧是地球上最空旷的地方。眼前的苔原在被冰和风磨压侵蚀了数千年之后，已经变得十分平坦，上面

▶ 非洲象和水牛，穿越沙尘漫天、异常干燥的博茨瓦纳草原，历经千辛万苦，寻找水源。

除了一块块积雪外，可以说毫无特点。这里唯一的声音就是风声。但是这一切马上就要发生变化了，就在一夜之间。

5月末的一天，一阵异常嘈杂的声音忽然响彻天空。这种嘎嘎的求偶声，宣告着成千上万只小型雪雁的到来。这里是它们此次迁徙的终点。它们从过冬的地方出发，沿着墨西哥湾和美国南部地区一路飞来，历时12个星期，行程达4 000千米。蛋河周围一下子就从空旷的苔原变为一个巨大的畜棚场——近50万只雪雁形成的繁殖群落长约20千米，宽约5 000米。

雪雁以夫妻形式成对生活，它们每年都会回到同一个繁衍地孕育下一代，于是这里就形成了世界上最大、最密集的水鸟巢穴集中地。它们的巢穴在苔原上散布开来，之间留有10余米的距离。这个距离足够远，可以避免它们与邻居产生争执；这个距离也足够近，可以方便它们抗击掠食者的侵袭。从远处看，成对的雪雁就好像是成千上万个高尔夫球散落在地面上一样。

雪雁一次通常会产下4～5枚蛋，这些蛋由雌雪雁孵化。在接下来的一个月，雌雪雁一动不动地卧在蛋上，其间它的体重可能会减少1/4。它的伴侣则负责守护它和它们的巢穴，防止其他雪雁的入侵及掠食者的侵袭，这些掠食者包括鸥和常期住在这里的北极狐。鸥类专门偷食无人照看的蛋；北极狐通常会两只一起行动，把洞穴安在雪雁巢群里或是周边，它们只有一个月的时间来享受这种送上门来的美味。

偷蛋也是个技术活。北极狐一接近雪雁巢，警报就拉响了。整个群落一阵骚动之后，雄雪雁开始连拍带咬地攻击北极狐，北极狐落荒而逃。当北极狐选定一个目标巢穴，它就会在附近躲躲闪闪，到处徘徊，努力把发怒的雌雪雁从蛋边引开。一旦雌雪雁也加入战斗，北极狐便猛冲向前，叼起一枚蛋就迅速逃跑，而雌雄雪雁则在后面惊慌失措地追赶。偷来的蛋一部分被北极狐吃掉，另一部分被它们拿去喂养幼崽，剩下的蛋则作为后半年的储粮，被它们埋了起来。北极狐在很偶然的情况下也会抓住成年雪雁进行一场真正的捕杀。

雪雁的孵化几乎同时进行。安巢23天后，整个群落会突然挤满毛茸茸的黄色雪雁幼鸟。北极狐几乎都聚到这里，它们从雌雄雪雁的身边偷走幼鸟，带回去给它们的幼崽吃。光景不错的时候，北极狐能养活15只幼崽，但是它们的盛宴不会持续太久。

48小时内，小雪雁就能够在父母的带领下离开巢穴，前往分布在苔原各处的更为安全的湖泊和河流。雪雁群和来的时候一样，几乎一下子就消失得无影无踪。蛋河再一次成为地球上最寂寥的地方。雪雁群散落在整片苔原上，它们将在这里度过接下来的两个月，其间它们将以昆虫和青草为食。而留在原处的北极狐则要依靠它们在食物丰富时期成功储藏的食物和积累的脂肪，还有罕见的松鸡、旅鼠、北美驯鹿和其他动物的尸体生存下去。

▲ 一只北极狐盗窃雪雁蛋未遂，被雄雪雁追击。雄雪雁的喙可以对北极狐造成致命伤害。

◄ 蛋河边上的巨大畜棚场。巢穴之间的距离适中，既方便雪雁集体抗击掠食者的侵袭，又能避免邻居间的争执。

地球上最大的动物群

在雪雁向北前进的同时，近300万头北美驯鹿踏上了地球上最漫长的陆地迁徙之路。一路上它们将穿过林海雪原，跨过冰封的河流，还要抵御黑熊和狼群的攻击，最终到达它们的目的地——横跨阿拉斯加州和加拿大北部的苔原，整个迁移里程有3 000千米。

它们像雪雁一样，迁徙到苔原来哺育下一代，并在尽可能远离掠食动物的地方抚养幼崽。怀孕的驯鹿带领整个鹿群，一天最多能行走50千米。6月中旬时，它们终于抵达了繁衍地。每年它们都会回到一个大致相同的区域，具体的地点则取决于当时的天气、雪量及雌驯鹿的身体状况。要知道，有些住得足够偏北的黑熊和狼群，会赶在驯鹿的产崽期趁火打劫。但是，驯鹿幼崽的适应能力很强，几乎刚出生就能站立，一天之内就能学会奔跑。

驯鹿平均地分布在这块繁衍地，它们在这里停留1～2周后，便聚集成群向新的草场前进。此时，幼崽已经能和雌鹿一起趟过湖和河了，它们一天的行程可达14千米。但这次它们迁徙的目的不只是寻找新的草场，还包括躲避无论走到哪里都摆脱不了的蚊群。在无风温和的夏天，蚊群非常稠密，甚至你吸气的时候都会吸进去几只，而你唯一能做的就是不停地移动。驯鹿群迎着风走或者向有微风的高地奔去，或是寻找残留的雪，总之寻找任何可以让它们摆脱蚊群的东西。这场持续的迁徙，再加上错过了进食时间及被昆虫叮咬造成的失血，导致驯鹿的体重在最需要增加的时候下降了。等到常有昆虫骚扰的夏天过去，幼崽并没有长到足够高大，只有极少数幼崽能在接下来的寒冬中幸存下来。

苍蝇和蚊子可以咬穿厚重的棉布衬衫，所以如果想要在苔原坐等6月末的驯鹿奇观，就只能用蚊帐罩住整个身体。加拿大北部荒地的巴瑟斯特驯鹿群离开繁衍地时，那景象蔚为壮观。天气好的时候，多达6万头驯鹿的驯鹿群会紧紧地挤在一起，像一个整体一样从地上走过。驯鹿们之所以挤在一起，是为了防止蚊虫的叮咬。驯鹿群不以直线前进，也不按照事先既定的路线移动，而且一直保持着移动的状态。所以即使是数量如此庞大的驯鹿群在广阔的苔原上也很难被人类定位到。但是，如果你发现有一群驯鹿正向你的方向奔来，你只需安静地坐下，驯鹿群可能会从你的左右两边跑过，在你伸手可及的距离之内。雌鹿和幼崽一直都向彼此发出咕噜声，以免走散。驯鹿群以有节奏的步调迅速穿过贫瘠的苔原。

狼群是一个持续的威胁。而且对于某些驯鹿群来说，死亡的幼崽中有70%都是被狼群杀死的。有时候驯鹿群实在太大，以至于前方的驯鹿仍在吃草，对后面的威胁竟然毫不知情。一旦有幼崽落单，这场捕猎就变成了一场耐力赛。狼会一直追着落单的幼崽，直到有一方精疲力竭而放弃，这场耐力赛的里程甚至可长达8 000米。

等到短暂的北极夏季结束，驯鹿群便一路往南，在森林里寻找庇护和食物，以度过寒冷的冬季。很快，苔原再次回归空旷。穿过一片片荒地，你偶尔会遇到一头迷路的驯鹿幼崽在往错误的方向奔跑。它看到你后，会急切地叫唤，最后却发现你并不是它的母亲。驯鹿群在迁徙途中要蹚过河流，要抵御狼群攻击，所以很多驯鹿幼崽会因此走散或是被杀。它们的尸体会成为食腐的渡鸦、黑熊和北极狐的美餐。

▲ （上）
奔跑的驯鹿，它们在躲避蚊群，而不是狼群。

（下）
北极狼。这些狼在北极举步维艰。当成年狼群在苔原上艰苦跋涉、狩猎驯鹿幼崽时，幼狼不得不独自度过漫长的时间。

▶ 驯鹿长途迁徙，穿过苔原前往繁衍地——图中的豪猪驯鹿群（编者注：以豪猪河命名的驯鹿种群）正在穿越北极国家野生动物保护区（位于阿拉斯加）。

▲ 斑鬣狗的幼崽守在洞穴中。成年斑鬣狗为了捕捉迁徙途中的羚羊，不得不离开它们的幼崽数天。

始终保持领先

在非洲大草原上，季节性的热带降雨意味着充足的牧草和水源会在不同的时间、地点出现。在旱季的东非，有超过150万头羚羊为了寻找食物和水源横穿炎热的大草原，并蹚过有鳄鱼袭击的水域。在雨季，它们会迁徙到富含矿物质磷的新鲜草场。它们需要磷来产奶，同时促进骨骼健康发育，这一点对于新生幼崽至关重要。它们通过不停迁徙，始终领先大多数掠食者一步。狮子、猎豹、豺狼和豹子没法尾随它们迁徙，为了保护领地和幼崽，这些捕食者们不得不待在特定的区域。然而，斑鬣狗仍然坚持在洞穴和迁徙的羚羊群之间往返，全程长达140千米。因此，斑鬣狗母亲不在幼崽身边的时间可能会长达4天。在塞伦盖蒂平原，这种策略非常成功。斑鬣狗已经成了这片平原上数量最多的大型食肉动物。

在苔原上，北美驯鹿要迁徙到尽可能远离狼群的地方，以保护它们的幼崽。所以在此期间，同样也有幼崽要照顾的北极狼，也像斑鬣狗一样，必须把幼崽单独留在洞穴中，而自己则往返于洞穴和迁徙的驯鹿群之间。在广阔的苔原上寻找驯鹿群需要极大的耐力，因为整个狩猎路程可达200千米。

蒙古大草原上正在上演亚洲地区最后的大迁徙。多达200万头的瞪羚正从它们的冬季繁衍地迁徙到夏季的产崽地。它们迁徙的原因有很多，如躲避掠食者的侵袭，远离昆虫的骚扰，寻找矿物质和更丰美的草场，以及顺利度过冰封的冬季等，不过具体的原因仍在研究之中。

▲ 短暂的夏季，一只北极地松鼠正在吃草籽。

草的超级生命力

地球上共有大约10 000种不同种类的草。它们覆盖了平原和高原，养育了巨大的动物群。这种植物是地球上分布最广和最旺盛的物种，也是最顽强的物种之一。草能够承受火烧、冰冻、洪水、干旱、啃食和践踏。和树、灌木丛还有其他开花植物不同，草的叶子是从根部长出来的，这实际上便是它们的生存秘诀。所以，当它们的上部遭到啃食或者其他致命性摧残之后，它们仍可以从下面继续生长。

草不仅是伟大的生存者，还是机会主义者。自然条件转好时，它们能充分利用太阳的光照疯狂生长。在苔原上，当短暂的夏季来临时，冰雪融化，草用其储备的能量，仅在数周之内，就能生长出全叶。

有些草类可以不通过结籽传播，而是在靠近地面的地方长出纤匐枝，短茎和叶子可以直接从上面长出来。到了冬季，它们并没有死去，只是停止生长，等待好时机再次到来。还有很多种草撤退到地下，以根茎的形式保持一种休眠的状态。以淀粉形式储存在其根部的养料将帮助它们在有利局面下重新破土而出。不过非洲大草原的大多数草类都是一年生植物。它们在旱季回归结籽，并以这种状态生存下去。只要雨季一到来，草籽就开始发芽，仅在数天之内就能长出新叶，甚至一阵小雨都能滋润出一片青绿。

繁荣与衰败

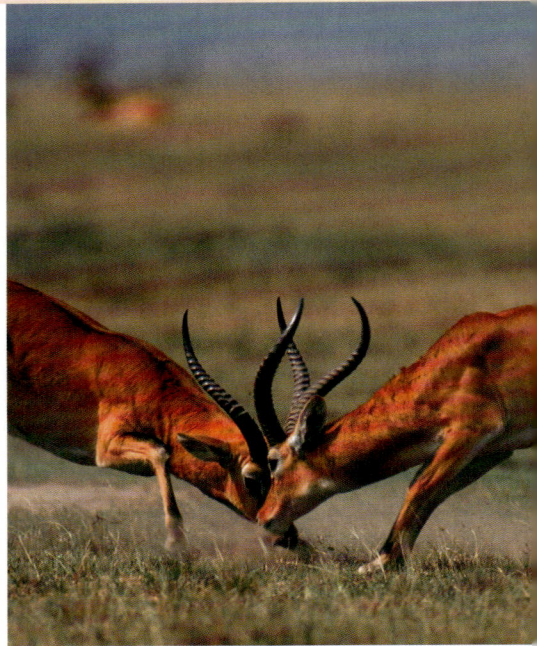

现在的许多大迁徙都只是以前盛况的一个缩影。许多物种濒临灭绝，很大程度上要归因于人类的侵犯。几百年前，草地的面积几乎是如今的两倍，但现在，大部分草地都变成了农业用地或畜牧业用地。

狩猎也是原因之一。漫步在北美大草原的北美野牛曾一度超过6 000万头，但狩猎导致这个物种几乎灭绝。这是草原上最著名的过度狩猎的例子。尽管最后时刻的保护使得野牛的数量回升到35万头，但是野牛至此之后就只能在若干保护区和国家公园里活动了。

在南苏丹，每年都有大约100万头非洲水羚（一种大型羚羊）进行一场超过1500千米的迁徙，这壮观的景象完全可以和东非大草原的迁徙匹敌。尽管它们的现状我们并不知晓，但目前水羚数量正急剧减少。

在19世纪的南非，曾经有多达1 000万头跳羚艰苦跋涉，穿越非洲大草原。然而今天，跳羚群的数量甚至很少超过100个，它们的很多迁徙路线都被栅栏阻断了。

长角羚（又称藏羚羊）仍然会进行穿越青藏高原的大迁徙。具体迁徙原因尚不为人所知。它们遥远的产崽地直到几年前才被揭开神秘的面纱。以前藏羚羊的数量可能有几百万头，然而今天只剩下不到75 000头。藏羚羊也是时尚的牺牲品。藏羚羊的绒毛俗称羚羊绒（音译为"沙图什"），可以编织成华丽的披肩。这种披肩在纽约和伦敦的价格高达15 000美元，不过羚羊绒贸易已经被叫停。青藏高原已经开展了保护藏羚羊的行动。

赛加羚羊

要说近些年来，种群数量遭到最大冲击的大型哺乳动物，那恐怕就属生活在中亚平原的赛加羚羊了。在20世纪90年代初，它们的数量还在100万头以上，可仅仅15年之后，它们就只剩下不到30 000头了。

赛加羚羊的大小和体形都和山羊相似，但它们有巨大而灵敏的球状鼻子。这个鼻子看似滑稽，但有十分重要的功能。由于赛加羚羊生活在气候干燥多尘，地域横跨俄罗斯、蒙古和哈萨克斯坦的中亚平原，其巨大的鼻腔已经进化出了能在空气进入肺部之前对其进行过滤、湿润和暖化的功能。

每年秋季开始降雪时，赛加羚羊会迁徙到它们常住地区的南部，那里的降雪较少。它们在那里交配，春季来临时再回到北部去产崽。数千年来，它们一直重复着这种迁徙。为了羚羊的肉、皮和角（它们的角可以作为一种消炎药），数千年来人类一直对它们进行大量捕杀。

汽车和枪支的发明与使用造成了过度狩猎。到1920年，赛加羚羊的数量已经锐减到几近灭绝。之后，捕猎赛加羚羊的行为被禁止。到20世纪50年代，赛加羚羊的数量有了显著的增加，恢复到超过200万头。赛加羚羊很能适应捉摸不定的环境，所以数量会回升得如此之快。在干旱的年份和降雪特别多的时候，会有多达80%的赛加羚羊被饿死；而在好的年份，赛加羚羊可以迅速繁殖。雌性赛加羚羊经常产下双胞胎，这在羚羊中是十分罕见的。幼羊长到8个月大的时候就已经性成熟，待到冬季发情期开始时就可以交配。

近些年来，赛加羚羊又受到打击。20世纪90年代初，在一场对拯救犀牛的呼吁中，一小部分环保主义者提议将赛加羚羊的角作为犀牛角的替代品。后来关于禁止交易赛加羚羊角的法规被终止施行，于是狩猎又再次猖獗起来。

期待着赛加羚羊数量奇迹般恢复的环保主义者们最近被一个发现震惊了。狩猎者之所以只捕猎雄赛加羚羊，是因为只有雄赛加羚羊有角。这就意味着，雌赛加羚羊在数量上占据绝对优势，所以整个种群的数量没法快速回弹。蒙古的赛加羚羊极有可能在2006年就全部灭绝。如果不对非法狩猎加以控制，其他地区的赛加羚羊也同样难逃此劫。

▲（左）
正在迁徙的跳羚。南非跳羚大迁徙已经成为一种逝去的景观，跳羚的数量已经锐减。如今的草原到处都是栅栏。

（右）
一头赛加羚羊正在展示它与众不同的鼻子。亚洲赛加羚羊与北美野牛的遭遇如出一辙，它们都是因为非法狩猎而导致种群数量锐减甚至几近灭绝。

高原

4 000万年前,印度次大陆板块与亚洲大陆板块发生碰撞。随着时间的流逝,
这片土地向上突起,直插云霄,超出地面8 000多米,形成了珠穆朗玛峰和喜马
拉雅山脉。现在,这条山脉将两种情形完全相反的地貌分隔开来。站在珠穆朗玛
峰顶峰向北看,如果没有云层的遮挡,你会看见干燥荒凉的青藏高原——世界屋
脊——一直蔓延至亚洲大陆的内部;向南看,你会看见一片繁茂而富饶的低洼区
域,贯穿了整个印度——这就是恒河平原,地球上人口最稠密的地区之一。中国
西藏在山脉的阴面,只有极少量的降水;而恒河平原在山脉的阳面,季风会带来
大量的降水。青藏高原曾经是一片古老海洋的海底,你能在其海拔4 000米以上的
地方找到海洋生物化石。今天,它是一片一望无际的高原,面积几乎是法国的4
倍,绝大部分地区的海拔都高于欧洲最高的山峰。

来到这里,你首先注意到的就是自己的心跳。当血液在体内加快循环以补偿
稀薄空气中氧气的缺乏时,你会感觉晕眩,而且头会抽痛。其次,你还会发现这

里几乎没有人或动物。的确，你偶尔会遇到由牧民照看的羊群，但是这里的植被是如此稀少，淡水来源又是如此分散，以至于几乎见不到大群牲畜或是很多人。这片高原异常干燥，风能吹走所有水分，使你一直口干舌燥。如果在这里扎营，你会发现在一个又一个万里无云的日子里，除了你和宇宙间的深蓝色天空，整个世界空无一物。

　　然而，即使是在如此贫瘠的地方，草也能生长。高原上超过70%的面积都是草地，而且这里的植物用来供那些顽强的动物们维持生命已经足够了。站在远处，牦牛看起来像是巨大的黑色长毛奶牛。它们异常害羞，但如果你缓慢靠近，你就会发现它们有多么美丽。它们长长的毛发足以盖到脚部，看上去彷佛盖上了一条蓬松的毯子。雌牦牛和幼崽生活在一个多达200头牦牛的群体里，而雄牦牛通常会选择独居。它们漫步在草原上，大而宽的头部低低垂下，厚实的口鼻紧紧贴近地面，一点一点地啃食着牧草。如果它们突然抬起头来发现了你，在跑开之前，会以一种骄傲的神态炫耀它们的角。20世纪50年代前，生活在中国西藏的牦牛还有100多万头，而现在，这个数字减少到不足15 000头。

▲ 一头在惊慌中竖起尾巴的野生牦牛。野生牦牛现在仅生存在青藏高原的某些偏远区域。它们的数量可能不足15 000头。

▲ 一头有着标志性白脸的西藏棕熊正用长而有力的爪挖鼠兔。

▲ 一只正在寻找鼠兔的藏狐。在白天，它利用浅洼地作为掩护进行狩猎。它跟踪猎物时会把立起的耳朵放平。

在高原，无云的夜晚格外寒冷。但是一旦太阳升起，温度最多可以升高27摄氏度。空气稀薄，天空晴朗，意味着裸露的皮肤易被晒伤。黑色的毛发可以保护野生牦牛兔受强烈的太阳紫外线的伤害，不过也有很罕见的金毛牦牛存在。牦牛很能适应严酷的高海拔生存环境，它们是世界上生存地海拔最高的大型哺乳动物。与同样大小的奶牛相比，野生牦牛有着更大的肺和心脏，它们的血液能够运输更多的氧气。冬天，它们结满霜花的厚重毛发，可以抵御连续不断的冷风和低至零下40摄氏度的严寒。

黑色嘴唇的鼠兔同样顽强，它们和牦牛一样生活在海拔大约6 000米的地方。作为兔子的近亲，这些小型的食草动物看起来像是天竺鼠和老鼠的杂交品种。它们被当地人称作喜马拉雅鼠兔（以下简称鼠兔）。鼠兔聚居的密度高得惊人，足球场大的区域能容纳多达300只鼠兔——不过它们一生的大部分时间都在地下活动。如果你安静地坐在满是鼠兔洞穴的高原上，就能等到它们出现。鼠兔蜷缩在它们的地下洞穴附近，蓬起皮毛以抵御严寒。稍有一点动静，几百只鼠兔便从洞穴中逃出，整片地区因此又恢复了生机。鼠兔家族利用地下洞穴躲避残酷的自然环境和天敌。但是和其他生活在严酷环境中的小型哺乳动物不同，它们不冬眠，但会储存足够多的食物，然后全年保持活跃状态。

健康的鼠兔对于高原上的其他生命至关重要。在这种无树的环境里，它们的洞穴为许多动物提供了居住地。这些动物包括蜥蜴和多种巢居的鸟类，比如雪雀和西藏地山雀。高原上的掠食者如狼、雪豹、秃鹫和狐狸等，都以鼠兔为食。最让人意想不到的鼠兔掠食者居然是西藏棕熊。西藏棕熊被认为是传说中的"雪人"（传说中喜马拉雅山区的生物）原型。现存的西藏棕熊已经为数不多了，它们分散在高原周围的山脉中，它们的生活习性至今仍是一个谜。

尽管中国西藏地区自身十分干燥，但它巨大的面积和特殊的位置对整个亚洲的降水和河流都产生了巨大的影响。夏季，太阳温暖着西藏平坦、广阔的大片区域，而高原更像是一个迅速升温的巨大电炉，迫使暖空气上升，并将来自印度洋的潮湿空气吸引到山脉的南方，于是云层形成。当云层遇上喜马拉雅山脉时，雨季就在山脚下、恒河平原和此处以南的广大区域到来了。在异常的年份，青藏高原夏季会降雪。如果这种情况出现，巨大的白色"雪毯"会把太阳光反射回去，于是高原就需要更长的时间来升温，也就耽误了雨季降雨。所有亚洲的主要河流——恒河、雅鲁藏布江、黄河、印度河、伊洛瓦底江和长江都起源于作为"世界屋脊"的青藏高原。它们为世界上将近一半的人口提供了水源。

▲ 一只黑色嘴唇的鼠兔正处于高度戒备状态。作为绝大多数西藏食肉动物的主要猎物，它需要保持这种状态。它的地下洞穴同样也是许多鸟类的巢穴、很多爬行动物的避难所，所有这些都使得鼠兔成为高原上最重要的哺乳动物之一。

◀ 秋季，昆仑山脉边缘。这里盛产鼠兔，牦牛则沿着溪流啃食莎草。

▲ 一头生活在阿萨姆邦马纳斯国家公园的侏儒猪，它是世界上最罕见的、体形最小的猪（身长不足65厘米），只生活在高草中，采食根、块茎和其他食物。它还能利用草筑窝。

草更绿的地方

沿着雅鲁藏布江离开青藏高原，来到恒河平原。当青藏高原在喜马拉雅山脉的一侧形成时，恒河平原则在另一侧诞生。恒河平原是一片大洼地，积满了数百万年来从山上冲刷下来的沉积物。据说在某些地方，沉积物厚达13千米。每年的季风雨会给这片土地带来充沛的降水，使得它青葱繁茂。它也因此成为世界上最肥沃的平原之一。

一直沿着雅鲁藏布江走，最终会抵达印度卡齐兰加国家公园，它位于印度北部的阿萨姆邦。这里是地球上老虎最集中的地方之一，这里的老虎大约有90只。不过，因为某些地方的草能高达5米，所以你不大可能看到它们。偶尔能看到的高过草的动物都是体形巨大的食草动物，如水牛（1400头）、大象（1000头）和大型独角犀牛（1600头）。这里的大型独角犀牛看起来像是"铠甲版"的非洲犀牛。

离卡齐兰加国家公园不远的地方就是马纳斯国家公园。和卡齐兰加国家公园一样，马纳斯也被繁茂的长草占据。这个公园是一种体形较小的平原动物——侏儒猪的起源地，它是地球上最罕见的、体形最小的野生猪。它用长长的草搭建茅草窝，这种茅草窝在雨季能避雨，天热了还能纳凉，而且还可以变成能容纳多达10头小猪的"育婴室"，每头小猪都小到能坐在你的手掌上。

非洲热带大草原

　　东非经常被描述成一片无边无际、到处是食草动物群的大草原。这话虽老套，但却是真的，最大的草原就在这里。这片热带草原从撒哈拉沙漠的南部边界开始，呈一个巨大的弧形，从西边的大西洋海岸一直延展到东边的印度洋，然后延伸至非洲南角，覆盖了这块大陆1/3的土地。这片广阔的热带草原十分肥沃，养育着很多大型动物的群落。在东非每年的动物大迁徙期间，20万头的斑马、40万头的汤氏瞪羚和超过150万头的牛羚都要艰苦跋涉，穿过大草原。

　　非洲热带大草原不仅十分肥沃，其供养的野生动物还是所有平原中种类最多的，包括大约100种食草动物。非洲热带大草原能拥有如此多样的生态环境，是因为数种栖息地都交织在一起，如塞伦盖蒂的无树平原和恩戈罗恩戈罗火山口的金合欢草地。而草是永恒不变的主题，有些草和大象一样高，有些草低得只能藏下一只蚂蚁。

　　驾车横跨非洲，经过这片各种景色交错的草原的时候，能看到哪种热带草原风景完全取决于植物、动物和自然环境之间复杂的相互作用史。野火、土壤类型、降水还有地形轮廓这些因素，在塑造不同的热带草原风景的过程中扮演着重要的角色。每种栖息地都有不同的主角，从热带稀树草原中灵活的长颈羚，到开阔平原上懒散的转角牛羚，每一种生物都与环境相得益彰。

▲ 塞伦盖蒂平原上的平原斑马。它们属于大平原上最依赖水的物种，每天都会长途跋涉去寻找水坑或河流。在旱季，它们和牛羚一起被迫迁徙。

◄ 一头大型独角犀牛在印度阿萨姆邦冲积平原上的卡齐兰加国家公园吃草。这是它们最后的栖息地。

塞伦盖蒂平原因其供养的庞大草
原动物群而闻名。数以百万计的
牛羚穿过大草原，追随雨水和草
的生长而迁徙。

▲ 正在涉水穿过奥卡万戈三角洲的狒狒，这意味着它要时常直立行走。

热带草原的循环

随着许多动物的到来，草原上出现了成堆的粪。但是热带草原是个动态循环的地方，营养物质会迅速进入新一轮循环。甚至在粪堆变冷之前，雄蜣螂（俗名屎壳郎）就已经飞了进去，努力地把粪堆改造成能够控制的球状物，再把它们推到雌蜣螂面前，雌蜣螂会把卵产在粪球里。蜣螂会把粪球埋在地下1米深的地方，以便为它们刚孵化出的幼虫提供现成的食物。在塞伦盖蒂平原，3/4的动物粪便都是由屎壳郎来分解的。在分解的过程中，土壤中的养分得以增加。

频繁的更新和循环能确保这片大草原年复一年地供养数量庞大的食草动物。数量最庞大、影响力也最深远的食草动物是常被人们忽视的白蚁。在白蚁巨大的地下聚集区中，通常能有多达数十亿只白蚁。据说，在非洲热带大草原，白蚁消耗的物质远远超过其他所有食草动物的总和。

草也许随处可得，但是它很难消化。白蚁和大型的食草动物都借助它们肠道中的细菌和真菌等微生物来分解最难消化的部分。如果包括养育在特制"空调房"中的菌圃在内，白蚁聚集地里的微生物的质量据说与一个有700万只白蚁的蚁群相当。在地面之上，较大的食草哺乳动物供养着包括狮子、豹子和鬣狗在内的掠食者。食肉动物一番杀戮之后，食腐动物们（包括豺和秃鹫在内）开始清扫残局。

雨季和旱季

非洲热带大草原地跨赤道，所以和苔原的温度变化不同，但是同样有巨大的季节性变化。苔原和北美大草原有夏季和冬季之分，非洲热带大草原则有雨季和旱季之分。每年有很长一段时间，非洲热带大草原都要被太阳炙烤。但是一场大雨之后，干透的土地能在几天内就变成丰美的绿色草地。热带的光照条件和季节性的雨水，能够给小到柯氏犬羚大到大象在内的亿万只食草动物提供随处可得且可再生的食物。跟随这些食草动物而来的是一大群大型草原食肉动物，包括狮子、猎豹、野狗和鬣狗。非洲热带大草原异常肥沃多产，它所供养的动物数量是同样面积大小的热带雨林所能供养的200倍。但是在非洲热带大草原，动物们同样面临食物要么极为丰富要么极为短缺的两种极端。

降水的时间和量无法预测，所以干旱很常见。一旦下雨，一整年的雨水可能会在几周内就全部倾泻完。有时，土地被大肆炙烤或是雨量太大，都会导致地面几乎没能留下一点水。强烈的热带阳光将多达80%的雨水都蒸发了，而残存下来的水分要在这一年剩下来的时间里让大草原上的生命存活。非洲热带大草原上的动植物必须及时应对气候变化。草可以一直保持着休眠状态，直到情况好转再返青，而依赖草生存的动物们就只好选择迁徙了。一年一度的干湿交替造就了非洲大迁徙。

▶ 博茨瓦纳的旱季。旱季来临时，就连长颈鹿都被迫长途跋涉，寻找河流和水坑。

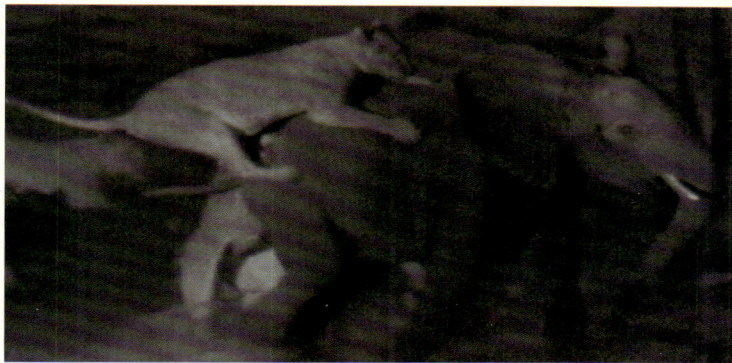

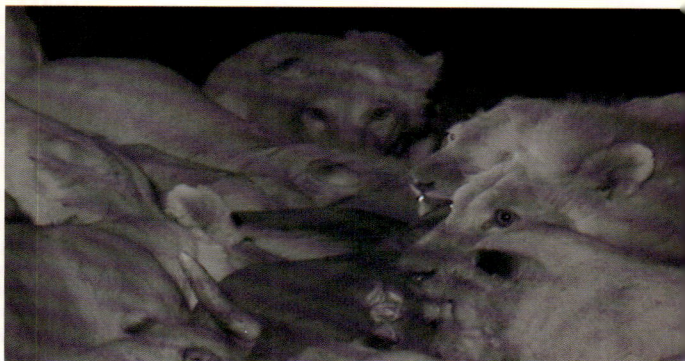

猎食者和猎物

有时，个别动物群会根据独特的环境进行自我调整。在非洲的绝大部分地区，狮子和大象倾向于避开彼此。然而，在位于博茨瓦纳北部的乔贝国家公园里，情形却大不相同。那里的狮子会在夜色的掩护下袭击大象。

在旱季，8个月不下雨也有可能；温度一路走高，达到会造成动物衰竭的50摄氏度。到了10月，大草原变成了沙尘之地。大象不喝水只能走几天的路。于是，在最干旱的几个月里，成千上万头大象从干旱的腹地涌向有长期水源的地区，如乔贝河和奥卡万戈湿地。数以千计的大象行军团中每一队都有多达100头大象，它们一拨又一拨地沿着同样的路径迁徙。反复的脚步锤击在地上留下了深深的凹坑。博茨瓦纳北部是13万头大象的家园，世界上1/4的大象都居住在这里。从重达6吨的成年象到瘦小的只有一周大的小象，所有象都要穿越沙尘暴频发地带和经历令人窒息的酷暑向水源前进，为此它们每天的路程长达80千米。

乔贝国家公园的一处地方有一群小水坑，这里是大象去往远方河流途中的休整地。到达水坑时，它们为挤出喝水的地方互相碰撞推挤。在这个喧闹的集体边上坐着一群狮子。狮子要喝水就要经受住象群的左右夹击，围拢到象脚的周围。狮子会遭到反反复复的驱赶，成年象会守住位置，踏起沙尘，用它们的鼻子将这群狮子打散。但最终，狮子还是成功地喝到了水。狮子寻找食物的难度远大于寻找水。因为雨季居住在这里的牛羚、斑马和野牛早已离去。

夜幕降临，凉爽的微风缓和了紧张的氛围。一切看似十分平静。大象喝水时，你可以听到它们有节奏的咕噜咕噜声，还有厚实多毛的皮肤间彼此相互摩擦的刮擦声。它们向在夜色中后续来到水坑的象群低沉地打招呼。有小象的象群似乎更喜欢在凉爽的夜间行走。日落之后，狮子变得更加舒服，更加自信，也更加警觉。一种平衡开始被打破了。

▲ 象的死亡。小象在前面跑，母狮在后面追，母狮一跃而起，扑上小象的臀部。一旦抓住了什么，母狮就会全力攀爬。母狮趁小象在灌木丛中胡冲乱撞时，爬上了小象的背。此时，另外4～5头母狮抓住了小象的后腿就不放。当小象放慢速度之后，越来越多的狮子跳到了小象的背上，直到把小象压倒。此时，一头母狮咬住了象鼻的根部，这既能限制小象的呼吸，也能控制小象十分危险的"武器"。

▲ 水坑，象群的中途休整站，也是狮子的伏击点。

◄ 对峙。白天，大象统治着乔贝国家公园的水坑，驱赶着狮子。但是在夜里，权柄易主。

▲ 非洲食蚁兽是一种在夜晚活动的非洲平原动物，主要以白蚁为食。强有力的腿和镰刀状的长爪使得这种食蚁兽能够在炙热的土中挖出螺栓状的深洞，直达白蚁堆内部。

▶ 美洲的叉角羚是地球上持续奔跑速度最快的动物，能够以每小时67千米的速度持续奔跑1 600米。叉角羚的下肢肌肉强健，轻盈的四肢能飞速跃出很远的距离，最适合在平原上奔跑。它眼睛突出，可双目并用，能够轻易地发现猎食者。叉角羚的这种变化可能是由于它曾经被一种现已濒临灭绝的超级掠食者捕杀，那就是同样拥有顽强耐力和惊人速度的猎豹。

这里的狮群都异常庞大。在非洲，狮群中通常有10～12头成年狮子，而水坑边的狮群中至少有30头狮子，有时甚至能达到50头。入夜，狮群占好位置，在两处水坑中间大象常走的小道上呈扇形铺开，不给大象让路。这看起来像是一次失败的伏击。它们慵懒地伏在凉爽的沙地上，三两头母狮会盯着走过去的象群细细观察。静静地坐在狮群中间的车中，你能明显感觉到气氛很紧张。大象会偶尔失足踏进狮群，因为大象的夜视能力没有狮子强，所以在黑暗中显得笨手笨脚的。狮子不会留意高大的公象和庞大的象群，因为这些象群强壮且防御性很强，狮子不敢招惹。

偶尔会有一两头断奶不久的小象经过，它们还没发育完全，肩高仅2～3米，且没有和象群在一起。等到小象走近，狮子便一跃而起，冲向小象。大象发出惊惶的吼叫，狮子兴奋地低吼，非洲夜晚的宁静被打破了。一场惊心动魄的追逐开始了。小象在前面跑，这30头狮子则在后面"极速追捕"。一头母狮扑上小象的臀部开始撕咬，其他的狮子马上加入，纷纷扑到小象身上，直到把小象压倒在地。整个过程持续20～30分钟后小象才会死去。

狮子通常捕食小一些的猎物，如牛羚和斑马，当然在非洲的某些地方，只要有机会，它们也会捕杀幼象和受伤的象。由于水坑边没有平常的猎物，狮群似乎已经摸索出了一套捕杀小象的方法。这样冒险的袭击一定得有一个大狮群一起行动。有的母狮会在追猎中受伤，有些小象会不断转圈甩掉身上的追捕者，或者是在母象的帮助下成功逃生，如果母象在附近的话会试图用象鼻和象牙扑打狮子。

经过6周的观察，每4次捕杀中会有一次成功。大狮群能在不到2天的时间内把一头大象吃掉。有时猎物还没吃完，它们就又开始连夜捕杀。整个旱季，狮群能够捕杀30～40头大象。

空旷平原上的地下生活

缺少遮盖物是生活在空旷平原上的最大挑战之一。这里树木很少，几乎没有能够遮阳挡风的树荫和躲避猎食者的地方。于是很多哺乳动物转入地下，因此有些草原第一眼看上去仿佛没有任何生命。这一点在蒙古大草原上表现得最为明显，在空旷的草原上开车，很久都看不到一个动物。但事实上，在地下生活着无数小型穴居哺乳动物，包括土拨鼠、仓鼠和沙鼠，甚至还有一种穴居猫科动物——兔狲。

穴居动物在所有大平原都很常见，比如青藏高原的鼠兔、苔原的旅鼠、南美的兔鼠，还有美国的地松鼠。最大的地洞出自非洲食蚁兽。食蚁兽能掘出长达10米的地洞，洞口大得连人都能爬进。生活在北美大草原上的土拨鼠拥有数量最多的地洞。这种啮齿类动物的聚落（类似于人类的镇）十分庞大，能容纳几百万成员并延伸到很远。

　　废弃的土拨鼠洞有时会被穴小鸮占据。在没有树的草原上，穴小鸮会选择在地洞里筑巢。除此之外，穴小鸮还有一手绝妙的高招：在某些地方，雄穴小鸮会将野牛和家牛的粪便放在洞口外做诱饵，引来蜣螂以进行捕食。

提高速度　增加数量

　　在开阔平坦的草原上，奔跑对于猎食者和猎物来说都是上策，所以草原动物毫无意外地成为奔跑速度最快的动物之一。在非洲，猎豹的速度纪录是每小时103千米，鸵鸟则是每小时72千米。在美洲，叉角羚的速度纪录是以每小时88.5千米的速度冲刺800米，以及以每小时67千米的速度匀速飞驰超过1 600米的距离。

　　食草动物无法到地下寻找遮蔽，便通过大量群居来保护自己，蒙古瞪羚的群居数量甚至高达10万头。数量越多，就有越多双眼睛可以提防狼之类的猎食者。瞪羚和雪雁、北美驯鹿、牛羚还有其他的草原动物一样，产崽的时间高度一致，几乎都集中在6月的一周内。如果一个地方挤满了幼崽，那么猎食者在幼崽会跑之前能捕杀到的幼崽就只有一小部分。从北极苔原到青藏高原，再到非洲热带大草原，动物们通过大量群居来养育幼崽，于是就形成了地球上最壮观的野生动物大集聚。

纳米布沙漠特有的沙漠象。

第5章

奇幻沙漠

陆地上最后的荒野——
世上最酷热干燥的地方，
狂风侵蚀，变幻万千，
时而炙热，时而寒冷。
只有最坚强的生物，靠着其独有的特性，
才能在这里生存。

宇航员环绕地球后返回地面时，关于进行近地面环绕时才能看到的画面，他们居然有一个共同的观点。他们印象最深刻的不是白色的极地冰盖，也不是纹路错杂的河口三角洲，更不是雄伟壮阔的喜马拉雅山。相反，最让他们印象深刻的是地球上的各处沙漠，这十分出人意料。他们描述了澳大利亚大沙沙漠的暗红色彩，那是纳米布沙漠巨大沙丘形成的美妙图章——即使从太空都清晰可见，令人无法再对其他景象产生深刻印象。正是这样纯粹的沙漠景观让他们难以忘却。也许这并不为奇，沙漠和半沙漠地区构成了地球上面积最大的自然景观。包括沙漠在内的荒漠区域面积达5 000万平方千米，超过地球陆地总面积的1/3，且每年还在不断扩大。

尽管在太空中很容易看到沙漠，但是究竟何为沙漠？这可不是那么容易定义的。英语中的沙漠desert一词源于拉丁语中的desertum，意为被废弃的地方。植物学家认为，沙漠是没有耐久植被广阔覆盖的大片区域；气候学家则认为，沙漠的关键要素是缺少降雨和高温，以及随之而来的水分蒸发。然而沙漠的界定绝非仅此而已。戈壁沙漠的气温通常能降到零下40摄氏度，而卡拉哈里沙漠有许多树木和灌木。在欧洲，提起沙漠，人们通常会想到撒哈拉沙漠的无尽沙海，而在北美，任何未被耕作的干燥地区都可以被称为沙漠。最实用也最广为接受的对真正干燥沙漠的定义是年均降水量少于50毫米的地区。这一定义包括极地地区，例如年均降水量只有20～50毫米的南极地区。

全球沙漠带

沙漠在地球上的分布呈对称形式，大多集中于南北回归线附近的两大地球环绕带。在北半球，有北美洲的沙漠和半沙漠，有世界最大的沙漠——撒哈拉沙漠，还有面积相当于美国那么大的阿拉伯沙漠和中亚沙漠。在南半球有智利的阿塔卡马沙漠和巴塔哥尼亚半沙漠、非洲的纳米布沙漠和卡拉哈里沙漠，以及澳大利亚的沙漠——澳大利亚是人类居住的最干燥的大陆，其总面积的80%都是干旱或半干旱区域。

这些沙漠都分布在热带边缘，主要是因为地球的大气循环。大气层像一台加热机器，由太阳提供永久动力不停地运转。在赤道，太阳永远位于头顶垂直上方，因此在赤道附近的区域吸收到最多的太阳辐射。地上的空气因此变暖、膨胀、上升，同时携带了大量来自热带海洋的水汽。在上升过程中空气会降温，失去浮力，向南北流动。温度的下降导致空气携水能力减弱，湿气聚集，形成热带地区特有的滂沱降雨。失去水分的大气继续向南或向北行进，并开始下沉。下沉的同时，不断流动的空气开始压缩，并再次升温。因此在南北回归线附近，地表空气多炎热、高压。这样的大气循环和风互相作用，便是世界沙漠沿南北回归线对称分布的主要原因。

◀（上）
盐分在乌尤尼盐沼蔓延。乌尤尼盐沼是玻利维亚的盐漠，是高纬度湖泊蒸发后遗留的结果。

（下）
这片降雪后的戈壁荒原，面积有荷兰那么大，夏季极热而冬季极寒。

▼ 澳大利亚辛普森沙漠上沙丘的卫星视图，辛普森沙漠拥有世界上最长的沙丘群。

▲ 地球上最干燥的沙漠——沿智利海岸分布的阿塔卡马沙漠。太平洋寒流在其边缘形成了永久雨障，唯一能到达内陆的水汽是雾。

▲ 一种长在阿塔卡马沙漠边缘的壶花柱属仙人掌，针叶上挂满的露珠来自于早晨海面上的大雾。

雨障

其他一些当地的因素也可能形成沙漠。高山能迫使空气上升，降低空气中的水分含量，在背风坡形成雨影区。落基山脉和内华达山脉影响了北美大部分沙漠地区。例如，加利福尼亚州的莫哈韦沙漠位于内华达山脉和圣贝纳迪诺山脉的雨影中，这两大山脉挡住了太平洋吹来的潮湿气流。正因如此，莫哈韦沙漠的降水量为北美沙漠中最少的，它是北美大陆最热的死谷，每年仅有40毫米降雨。在南美洲，安第斯山脉也阻挡了太平洋的水汽，因此形成了巴塔哥尼亚半沙漠地带。喜马拉雅山脉阻挡了印度雨季的降雨向青藏高原蔓延，也导致了沙漠的形成。大陆的面积也对沙漠的形成有着影响。中亚有大片沙漠，就是因为离海太远，无法接受到湿气。

令人惊讶的是，一些地球上最干燥的地方就临近海洋。南美洲的阿塔卡马沙漠、非洲西南部的纳米布沙漠，以及下加利福尼亚半岛的索诺拉沙漠都是在大洋寒流的影响下形成的。它们都位于大陆的西海岸，大陆西海岸盛行的离岸风将地表的水分吹往海面，地表水分被深海涌上的冷水取代，冷水域上方吹过的潮湿气流则会因此变冷。水汽在海面上凝结，形成降雨或海雾，而内陆的干旱沙漠几乎没有降雨。因此，阿塔卡马等沙漠是地球上最干燥的沙漠。从时间上看，这里的平均降水量为每年1～5毫米，而某些地方已经数年没有见过一滴雨了。阿塔卡马

沙漠为细长带状，离赤道仅有400千米，本应该终年处于热带的湿润中，但却形成了沙漠，这就说明了局部地形因素对沙漠的形成也十分重要。

最热之地

沙漠是地球上最热的地区，几乎没有云层覆盖，炙热的太阳能将沙漠烤到40摄氏度，甚至有时会达到50摄氏度，而这只是气温。沙土和岩石的表面温度可高达75摄氏度，这样的温度足以让你脚底发烫。即使习惯了高温的人也很难在正午的沙漠上待很久。所以沙漠人——撒哈拉沙漠的图阿雷格人和阿拉伯沙漠的贝都因人——深知用头巾保护头部的重要性，他们一般都选择在相对凉爽的早晨或傍晚出行。

那么，地球上最热的地方在哪里？对于该纪录的精确度还存在争议。有人认为这项纪录应该属于加利福尼亚州的死谷，在1913年7月，那里测量到了高达57摄氏度的温度。但人们普遍所承认的纪录保持者是利比亚的埃尔阿兹兹亚，记录显示在1922年9月13日，其温度高达57.8摄氏度。

纵观所有沙漠，地球上最热的沙漠地区是撒哈拉沙漠南部的低洼地带，而最冷的则是戈壁沙漠。戈壁一年中有2个月被积雪覆盖，冬季气温可降至零下40摄氏度，但在夏季却可超过40摄氏度。

▲ 浓雾席卷非洲纳米布沙漠边缘，这样的浓雾为这里特有的动植物群落的生存提供了足够的水分。

雕刻之力

　　水和风在沙漠比在任何其他环境中都更能彰显其侵蚀的作用，二者相结合的力量造就了世界上最奇特的景观。没有了植被的保护，炙烤的艳阳、寒冷的夜晚和强风的侵蚀令土地裸露在外，多少代的探险者都无法拒绝这原始地貌的诱惑。甚至在汽车大量代替骆驼的今天，穿越沙漠仍是与众不同的经历。

▲　马里绵延起伏的沙丘。沙丘占据了世界沙漠面积的20%。

　　几乎每周都有几辆古老的卡车离开马里的廷巴克图（通布图的旧称），向北行进穿越撒哈拉沙漠。他们运了羊群，准备到阿尔及利亚南部的市场去卖。经历折磨人的5天行程后，他们又装满椰枣，回到廷巴克图贩卖。搭上这样的车，你就会体验到沙漠的全部景观。离开廷巴克图不久，你将会穿越一条宽阔平坦的岩石路，岩石已被风磨平。这便是大部分撒哈拉南部沙漠景观的特征。幸运的话，你可能会经过一群高大的石柱，它们装点了一望无际的荒凉景观。在三四天的辛劳行进后才会看到大家都期望看到的沙丘景观。这片巨大的南阿尔及利亚沙海让卡车显得十分渺小，只有借助脚掌宽大、身体健硕的骆驼才可以穿越这里。

沙海

　　即使在最干燥的沙漠，岩石中也会有少量的水分。沙漠的气温波动很大，因此这些水分便不断地被冻结和融化，经过上千年的冻结与解冻，即使是再大的岩石也会被分解成越来越小的碎片，直到变成粉末随风而逝。沙砾被风吹走，与峭壁相撞，沙砾之间又互相摩擦，于是变得光滑，且表面附上了红色的氧化铁。沙砾继续在沙漠中前进便聚成了沙丘，在今天，世界上20%的沙漠面积都是由沙丘构成的。

▲ 北美洲半荒漠地区的荒山。这里先是被古老的河流侵蚀，之后又被强风和罕见的强劲暴雨侵蚀。

　　沙丘绝对是沙漠景观中最具吸引力的特征。强风将沙吹成了最自然、最美丽的流线雕塑，既有小丘，也有超过300米高、绵延起伏几千米的大山。大量的沙丘形成了美丽绵延的奇观，这便是沙海，随处可见巨大沙雕的沙海绵延至天际。地球上最大的沙海位于阿拉伯半岛的鲁卜哈利沙漠（英文为Empty Quarter，译为"空白之地"），它的面积达560 000平方千米，比法国的面积还大。

　　各地气流状况和沙源不同，形成的沙丘类型也不尽相同，最常见的是一列列平行的线性沙丘，形状就像是朝岸边拍来的波浪。线性沙丘在澳大利亚的沙漠中很常见，其中澳大利亚南部的辛普森沙漠中有着世界上最长的沙丘群，长达300

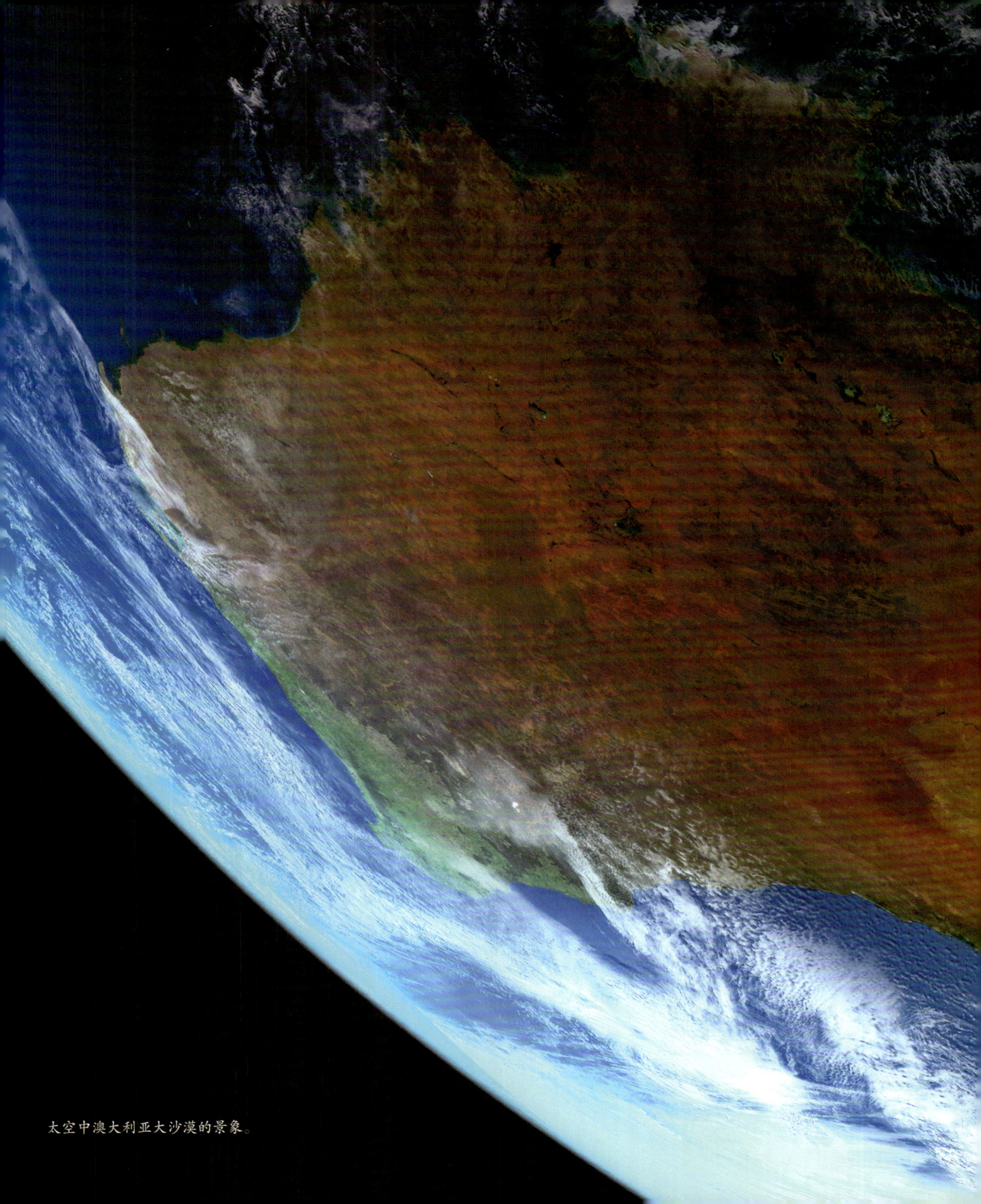

太空中澳大利亚大沙漠的景象。

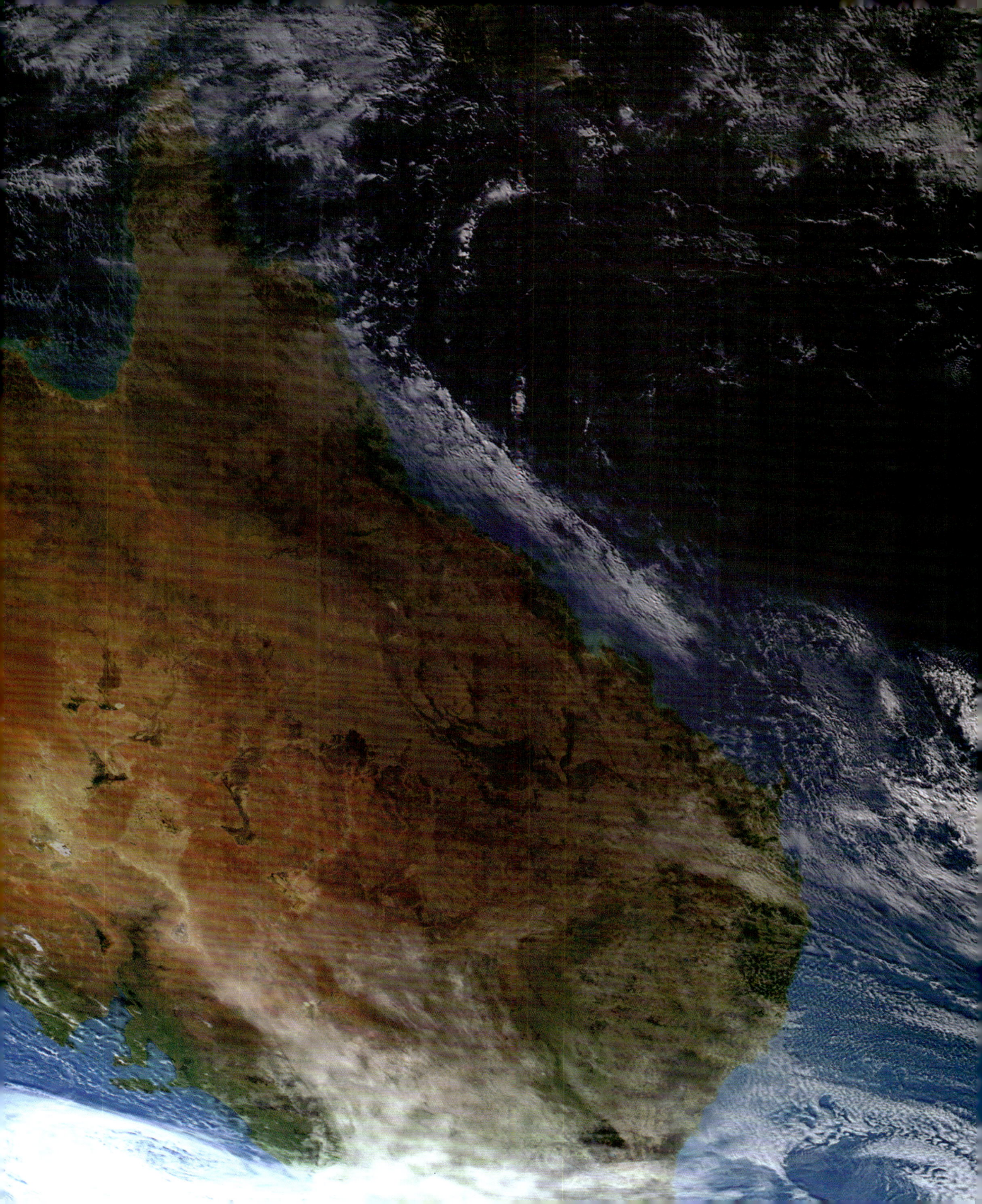

▲ 白垩岩菇——埃及西部沙漠古代海床的遗留物，现在被自然侵蚀，形成独特的景观。

千米，绵延着平行状红沙山脊，这片格外美丽的沙漠是澳大利亚最干燥的地区。纳米布沙漠中壮丽的索苏斯盐沼也绵延很长，但这里不断变化的沙砾堆得更高，形成了世界上最大的几座沙丘，高达300米。在风的作用下，这些流体雕塑慢慢地在地表移动，其中的大部分每年移动10～20米，有些则可每年移动50米。

风之神工

　　风具有一种强劲的力量，尤其是当风中含有沙砾的时候。在一些地方，风也缔造出了十分特别的景观，小规模的便是风中的沙砾将岩石侵蚀成风磨石，而大规模的风力侵蚀则会雕刻出雄伟壮丽的石柱和小丘——雅丹地貌。埃及西部沙漠中有着最壮观的雅丹地貌。整个古代白垩海床被风侵蚀成各种奇异的形状，许多像是巨型的白色蘑菇，石柱底部被摩擦成流线状的锥形。在伊朗的卢特荒漠，雅丹地貌被风雕刻得像一座座建筑，被当地人称为"沙漠中的城市"。

风暴之力

　　沙尘暴对沙漠地貌的转变是其他力量不能匹敌的，季风卷起大量沙尘，吹过沙漠，席卷村庄，令天空失色。为数不多的能应付沙尘暴的动物都有着自己相应的调节方式，比如骆驼拥有超长的睫毛和多毛的长鼻孔，可以分别关闭。在撒哈拉沙漠，漫漫黄沙形成的移动沙墙可超过1500米高，在太空中都清晰可见。仅撒

水之力

　　水在沙漠景观的形成过程中扮演了十分重要的角色。数百万年前，古老的河流冲刷出岩石平原，如今这些河流已经干涸很久了，但它们当年的冲刷力形成了许多壮阔的景观。最好的例证之一便是在北美洲西部，稍软的岩石或是黏土被侵蚀，形成了沙漠荒原。

　　北美洲西部荒原上形状非凡的方山、孤丘、刀状山脊、荒漠里的石柱和石柱群，以及北美沙漠的大峡谷都是以这种方式形成的。在美国犹他州的布赖斯峡谷（左图），曾经的石灰岩高原上较松软的岩石被古时的河流冲刷，便形成了如今这样粉色的塔状物。现在雨水对沙漠中软岩的侵蚀仍起着一定的作用。由于植被稀少，土壤稀薄，再加上暴雨冲刷往往短而急骤，半荒漠地区承受着地球上最严重的水力侵蚀。

哈拉沙漠每年就会产生3亿吨扬沙，有些扬沙甚至能到达格陵兰和南美洲。这可以算是世界上最大的尘土之源，并且在世界生态环境中扮演至关重要的角色，造就了美国佛罗里达州的风暴和大西洋浮游生物繁生，甚至使亚马孙变得肥沃。

热锅中的生活

对于想在沙漠中生存的动植物来说，有两项关键的挑战：匮乏的水资源和极端的温度。尽管数量不多，但几大类群中还是几乎每类都有很多的植物已经适应了这样严苛的生存条件。

植物别无选择，只有待在原地，因此沙漠中植被稀少也就不足为奇了。面积900万平方千米的撒哈拉沙漠仅发现有1400种不同的植物。沙漠中主要植物的生存策略只有两种，一是耐旱，二是避旱。耐旱植物终年生长，与干旱作斗争；而避旱植物生命周期很短，只在条件适宜时出现。

留住水分

为留住仅有的少量水分，避免干枯，耐旱植物进化出了一系列特别的本领，比如强化储水功能或是减小水分蒸发率。通常，耐旱植物的叶子都很小、很简单，叶表有不可渗透的涂层，以使水分流失最小化，有的植物甚至没有叶子。纳米布沙漠的生石花便是采用了这种策略的一个极端。这些植物看起来像是一把灰色的小卵石，这样能隐蔽自身不被食草动物吃掉。它们圆滑的表面只有一小部分裸露在外，

因此有效地减少了水分的流失。

　　沙漠植物的根茎部有3个特性：大量的、浅表的多纤维根系能很好地吸收和储存突如其来的沙漠降雨；球茎可以储存地下水分；此外，它们还有很深的直根。大部分沙漠灌木和树木都很小或很矮，却拥有庞大复杂的根部，可以深入很深的地下汲取水分。在撒哈拉沙漠，有一棵地标性的金合欢孤独地树立在那里，为骆驼队和游客指路。这棵孤木死去时，人们发现它的根竟然延伸到了地下35米处。牧豆树和柽柳等其他沙漠树木的根部位置更深，可达50米。

　　北美石炭酸灌木（三齿团香木）的根部系统能有效地提取其周围的每一点可利用的水分，在它们附近没有其他植物生存，即使是它们自己的幼苗也抢不过它们，这就使这种灌木的繁殖成了难题。解决的方法不是通过撒种占据周围的土地，而是将自己的根茎向周围缓慢延伸形成根茎网。向外延伸的同时，处于内部的根茎便会死去，如此一来，灌木便形成了一个环状灌木丛林，且不断扩大。其中有一株被测出已经生长了11 700年，这是地球上已知的存活时间最长的生物体之一。

用刺解决

　　沙漠中的典型植物仙人掌的根部呈很浅、很密的纤维网状，能延伸到很远的地方，但都离地表很近。这样是为了更快地吸收仅有的降雨，因为降雨一般刚到地下很浅的地方时就已蒸发完毕。

▼ 沙尘暴的形成。沙尘暴移动速度极快，而且几分钟内就会从无到有，卷起的沙砾可能会落到世界的另一边，比如，撒哈拉沙漠的扬沙可能会落到繁茂的亚马孙丛林。

▶ 最著名的仙人掌——索诺拉沙漠上的巨人柱仙人掌，比其他仙人掌类都要高。

▼ 一只大角鸮把仙人掌当作树的替代品。许多动物在仙人掌上筑巢，并以仙人掌的花和果实为食，这些花和果实能令正在迁徙的鸟类和蝙蝠恢复体力。

仙人掌将叶片变为针状，不仅可减少水分流失，而且能有效地避开食草动物。口渴的食草动物对沙漠中的植物来说是个很大的威胁，因此沙漠植物一般不是有毒就是有针刺，以此来保护自己。

全世界大约有2 000种在地面生长的仙人掌，这些种类都可以在美洲找到。它们形状大小各异，但都是为了在相同体积下尽可能地减小表面积，从而降低水分流失。植物的气孔（用来吸收二氧化碳的孔洞）会散失珍贵的水分，因此仙人掌类的气孔很小也很少，在炎热的白天处于关闭状态，只在夜晚吸收二氧化碳。二氧化碳气体以有机酸的形式储存在溶液中，在白天有阳光时完成光合作用。许多其他的沙漠植物也学会了这种储存二氧化碳的好办法。

可以说仙人掌最擅长的就是储存水分。北美索诺拉沙漠拥有的仙人掌在种类和数量上都是世界之最。在27种仙人掌中最著名的要数柱状的茎像烛台一样耸立的巨人柱仙人掌了，它也是索诺拉沙漠的象征。它的茎上有一系列褶皱状的沟槽，生长75年后才会长出分支。在长达200年的生命中，单棵巨人柱仙人掌会产生超过4 000万颗种子，但只有一颗种子可以发育成熟。这种仙人掌可以长到15米高，质量甚至会超过15吨，而且会有多达50个分开的枝杈。它庞大的根部系统也可以延伸到与其身高一般的距离，在突降骤雨的天气它一天就可以吸收重达1吨的水分。降雨过后，水将会占据其80%的质量。夜晚，巨人柱仙人掌会开出大朵漂亮的白花，吸引蝙蝠来传播花粉。它的花和果实是蜂鸟和长鼻蝠等迁徙动物十分珍贵的食物，没有了巨人柱仙人掌的供养，这些动物大多无法穿过沙漠。

动物的妙招

能在沙漠中生存的动物在很多方面都比植物要出色，它们不仅要避免水分流失，还要保持体温恒定。哺乳动物尤其无法忍受极高的温度和极大的温差，因此它们在寒冷夜晚的生存能力也同忍耐白天的炎热一样重要。

▲ 索诺拉沙漠的强刺球属仙人掌，背后是大王阁仙人掌和巨人柱仙人掌。美国亚利桑那州的索诺拉沙漠拥有世界上最多种类的仙人掌。眼前的一幕景象繁荣，因为一场大雨突至，让沙漠开遍鲜花。大量处于休眠状态的种子都发芽开花了，包括亚利桑那罂粟。

永恒的生命和复活

▲ （左）
千岁兰——拥有世界上最古老的叶子的植物。千岁兰生长于纳米布沙漠，但距离海岸比较近，能够利用夜间从大西洋涌入的大量雾气吸收水分，并将多余的水分输送到根部。

（右）
沼泽百合，孤挺花属，生长于卡拉哈里沙漠，通常在夏日下雨之后开花。它们对付沙漠的方法也是在鳞茎中休眠，待到大雨降临便迅速开花。

千岁兰是世界上最为奇异的植物。它生长于纳米布沙漠，吸纳着清晨绝大部分的雾气，而这些雾气来自大西洋海岸。经过数百万年的进化，千岁兰便拥有了如芜菁类植物一般肥大的根部，长有两片颇为怪异的叶子，并分裂成许多破布一般、长达9米的长条。千岁兰能够存活1 500多年，在此期间，它们仍然可以持续生长，叶片的前端在狂风中被肆意抽打裂成细条。尽管它们的叶子好似一堆破布条，却依然能够吸收水分。叶片表面覆盖着有吸收性的纤维，能汲取雾气中的水分。叶片通过气孔吸收一部分水分，其余凝结的水分则顺着叶表沟壑到达植物中心和根系。

在极度干旱的情况下，一些植物会立刻放弃地面上的部分。这些地下芽植物，如馥郁芬芳、夜间开花的仙人掌类，主要依靠地下的球茎、块茎、根瘤或根状茎而生。草本植物则通过庞大复杂的根系维持生存。待到雨水降临，这些沉睡的植物便

能在数日之内苗壮成长起来。

在阿塔卡马沙漠中，还有一种特别的植物居然完全没有根。空气凤梨这种气生植物的叶子粗硬而富有弹性，在沙漠中随风呈球状滚动。当雾气弥漫时，它们特有的结构便开始吸收来自太平洋的凉爽水分。

繁花盛开的沙漠

原本荒芜一片的沙漠一夜之间会变为繁花的海洋，这正是大自然的奇妙魔术之一。这是那些生命短暂的植物为逃避干旱而上演的一场奇妙演出。实际上，它们是偶尔才能以植物形态生存的种子，但它们会找准播种时机，在沙漠被暴雨浇透时一夜之间便破土而出。短命物种中如罂粟花、岩蔷薇和野草是植物世界中如同蝗虫一样肆意生长的植物。通常季节性降水只够植物苟延残喘，但有时降水会十分丰富，整个大地都会焕发出新的面貌。有些在炙热的土地中潜伏了长达30年的种子会

突然萌发出来。

为了确定某场倾盆大雨不是昙花一现，这些植物种子的种皮上含有一种特殊的化学抑制剂，只有遇到足够量的雨水时方可溶解萌芽。这一刻也许好几年都不会遇到，所以时机一到，它们便拼命地生长，伸展出大片的叶子，绽放出艳丽的花朵。

鲜艳的花海几天之内便可以覆盖整个沙漠，而这种繁荣的景色也许几周之后就会不复存在。所有的植物都拼了命地在此期间进行传粉，继而生成数量庞大的种子。这些种子可能潜伏数年而不发——在一家博物馆中保存着一颗来自大漠的短命植物的种子，它已经沉睡了250年，但是如果有水的话，它仍然具备发芽的能力。

复活效应

充沛的降雨和繁茂的植被可以让所有的生命形式都焕发出新生。在亚利桑那沙漠，

一场大雨就可以让整个大地都骚动起来。锄足蟾蜍可以将自己埋在干裂的泥浆中休眠长达10个月，也可以在几小时内启动自己的生命循环。它们出来后，便开始此起彼伏地发出震耳欲聋的叫声。如同沙漠中的花朵，它们只有很短的时间进行繁殖，直到炽热的太阳逼迫它们的后代也回到藏身之处。

一些昆虫，如沙漠蝗虫也会采取休眠的策略应对长时间的干旱。它们的卵可以存活20年，直到遇到适合孵化的条件。届时它们的数量暴增，繁殖出惊人的大群后代。曾有记录显示，有的蝗虫群体能覆盖超过200平方千米的面积，而这只是大约包含5 000亿只蝗虫的几个蝗虫群之一。一只蝗虫每24小时会消耗掉与自身质量相等的食物，所以蝗虫群必须不断地到处移动，其迁移速度可达到每天130千米。一群蝗虫就能吃掉一片新鲜的绿地，很快沙漠就会重新变成干旱的荒芜之地。

▲〔左〕
沙漠马鞭草，分布于美国南部，每年绝大部分时间都处于种子形态。但是一旦雨水来临，它们便会在几周之内为整个沙漠铺上花的地毯。它们叶片和茎上的茸毛可以在叶片和炙热的空气中隔离出一个相对潮湿的地带，起到缓解干旱的作用。

〔右〕
一株挂满钟状沙铃花的肉质植物龙舌兰，这种植物分布于沙漠中，每年都会经历一次由于大雨带来的极其快速的生长过程。

炽热的一天

　　高温和足以烤肉的地表对绝大多数动物来说，除了完全避开白天，实在别无选择。在这种情形下，小的好处便体现出来了。即使在短短几小时的日出时分，大部分的沙地表面也已经火烧火燎起来。但是只需在沙子中往下挖几厘米，便会出奇地凉爽。一些小型沙漠动物，如昆虫、蝎子、爬行动物和啮齿类动物都深谙此道，它们学会了在沙漠表层下或石头下求生直到夜幕降临。体积小巧的优势使得种类繁多的哺乳动物也进化到能够在沙漠中生存。比如，在撒哈拉沙漠就生存着约40种啮齿动物，包括沙鼠、老鼠和跳鼠。这些动物中很多都拥有发达的后肢，这样当它们出门探险时，可以飞快地跑过烫热的沙子。囊鼠显然进化得更厉害些。极热和极度干旱时期，它们会隐蔽在自己的洞穴中陷入休眠状态，这叫作夏眠。

　　如果某种动物的生存方式迫使其不得不走到光亮中去，那么能够生存的唯一方式就是找到阴影和能够散热的方法。非洲地松鼠将自己毛茸茸的尾巴当作遮阳伞，并不断地调整角度好让自己的身体时刻处在阴影之中，它们尾巴上的毛蓬松舒展，可形成足够宽敞的"伞盖"。其他哺乳动物在炙热日光下的生存之道则是将自己身体的一部分变为散热器——美国的长耳大野兔、撒哈拉的耳廓狐和澳大利亚的袋狸都是将自己的耳朵变为巨大的散热器官。

　　流汗或喘息也能让水分蒸发，降低体温。澳大利亚的一些有袋类动物在体温上升时便能大量分泌唾液，然后用舌头将唾液涂在身上，当唾液蒸发时，便能为它们带来凉爽。袋鼠的前臂也有一块特殊的降温区——这块皮肤表层下有毛细血管网——当气温升高时，它们便在这块区域上涂上唾液。

▼ （左）
避日蛛是蜘蛛的近亲，它们有着很厚的表皮以防止水分流失。它们夜间在沙上行动，用其巨大的下颚杀死蝎子、蜘蛛和其他昆虫。

（右）
铲吻蜥正在白天捕猎。为了不让自己的四足被灼伤，无论何时，它们都不会将两只以上的脚同时放在炽热的沙地上。

　　一些大型的沙漠哺乳动物拥有出奇厚密的皮毛，使得身体内外相隔离，它不仅能在夜晚起到保暖的作用，还是有效的隔热层。例如，骆驼蓬松的最外层皮毛的温度比它的体温要高30摄氏度。

　　瞪羚和羚羊没有厚厚的皮毛，所以在似火骄阳下，它们会被快速地烤热，十分危险。它们可以通过排汗和喘气散热，可这会消耗掉大量的水分，所以它们会使自己的体温提高至46摄氏度。这种程度的体温放在其他动物身上甚至会导致脑损伤。大羚羊或长角羚则利用鼻孔和复杂的血管系统为流入大脑的血液降温，可使大脑温度比身体其他部分低上几摄氏度。

滴水难求

　　即使在正常的气温下，动物们也需要把握好所需水分与呼吸、排汗所耗水分之间的平衡。在沙漠中，这种平衡显得更加至关重要，尤其是体形较小的动物，这种问题尤为尖锐。它们的体表面积比总体积在数值上要大，这就使得它们更容易流失水分。相比之下，昆虫和蛛形纲动物（蜘蛛、蝎子及类似动物）则在这方面更具备优势。它们是沙漠中数量最多的动物，利用不透水的外骨骼对抗干燥的气候。沙漠昆虫甚至长有更厚的蜡质角质层，以减少水分的流失。但是昆虫和蛛形纲动物还是很容易受到沙漠极端气候的伤害，所以它们很少会在大白天的沙地

▲ 一头野生的双峰驼和它的幼崽正在戈壁滩中寻找水源。双峰驼是世界上仅存于中国和蒙古国的极度濒危物种。在极热、极寒和干旱环境中，它们都能够适应生存。在冬季，它们长出厚厚的皮毛（此处母骆驼正在褪毛），并通过吃雪来获取水分。在夏季，它们调控自己的体温，以避免出汗。它们排出干燥的粪便和极少的尿液，好在体内储存足够的水分。它们的眼睫毛和紧紧封闭的鼻孔可以隔绝沙尘侵袭；分开的、有厚实肉垫的脚掌有助于它们在烫热的沙地上行走。

▲ 一只亚利桑那沙漠锄足蟾蜍正在用它强劲的后肢进行挖掘。在地下，它们披着一层厚厚的茧皮，保护自己不被干死，并且蛰伏到第二年夏季降雨时。到那时，它们将开始交配，并在临时的小水洼中产卵——蛙卵在两天内即可孵化成蝌蚪。

▶ 大羚羊是沙漠中仅有的几种大型食草动物之一。它们会充分利用自己找到的所有植物，不断啃食或挖出植物的根和块茎（一种水分来源），同时可以长途跋涉寻找水源。

上待太长时间。比如蝎子，它们极少喝水，水分流失也极少，大部分体液补充都是来自食物。它们在白天通常栖息在石头下面或洞穴中，只有在夜晚才出来捕猎。

皮毛之厚

单薄而透水性良好的皮肤使得两栖动物在沙漠中的生存尤为艰难。能够存活的物种大部分时间都待在地下。在澳大利亚沙漠，至少有20种犁足蛙，它们大部分拥有铲形的后肢以便挖掘。它们的身体表面还长出一层死皮细胞组成的厚茧层，帮助它们在地下保持水分。下雨时，这些蛙类便倾巢而出，大规模地繁殖。小水洼通常是它们繁殖的重要地点，但是个头极小的西澳大利亚沙丘蛙解决繁殖问题的方法是将自己的卵产在沙地底下的潮湿空间中。

在脊椎动物中，将沙漠环境利用得最为得心应手的就是爬行动物了。它们在世界上的所有沙漠中都有迹可循，仅在撒哈拉沙漠中就有将近100个物种。它们的关键优势就在于厚厚的不透水的皮肤。它们都属于冷血动物，所以并不需要通过食物摄取保持体温，同时可以在沙漠中物质紧缺的地方生存。爬行动物需要阳光的热量来温暖身体，它们会在白天进行狩猎，这跟沙漠中其他动物的生存模式大相径庭。不过即使是它们，在沙漠的极端环境中也还是会面临问题。纳米布沙漠的铲蜥一次只将两只脚放在地面上——一只在前，一只在斜后方。通过间歇性规律地交替四足，铲蜥可确保不会将超过两只脚同时放在炽热的沙地上。

飞鸟之水

鸟类比哺乳动物更能适应沙漠环境，它们体温较高，能够长时间内忍受高达45摄氏度的高温。绝大部分沙漠鸟类，如百灵和燕鸻，体形都比较小，并且大部分在白天相当不活跃。它们具备飞行的优势，可以在沙漠中四处飞行寻找水源。在澳大利亚沙漠，虎皮鹦鹉会进行大规模的迁徙——这种色彩斑斓的鸟群始终追随着变幻无常的降雨。

当成鸟抚养自己的雏鸟时，寻找水源的问题就愈发严峻起来。雏鸟从成鸟喂的食物中获取水分。如果食物水分不够，它们会从其他途径获取液体。那马瓜沙鸡的雏鸟面临的正是这个问题。有时成鸟会给它们带来水，但最近的水源离鸟巢的距离也会长达40千米。而一个精巧简单的生理结构设计就解决了这个难题。雄性那马瓜沙鸡成鸟胸部特殊的羽毛就像海绵一样，吸水性非常强。它们在到达最近的积水处后，首先会先将自己灌饱，之后便使胸前的羽毛在水里浸湿直到吸饱了水分。等它们一飞回家，雏鸟们便争先恐后地从它们的羽毛中吸取水分。

在亚利桑那沙漠和墨西哥沙漠，走鹃为饥渴的雏鸟获取水分的方式有点特别。它们在仙人掌或荆棘灌木丛上搭鸟巢，并孵育2～3只雏鸟。雏鸟吞食和消化的食物总量很是惊人，极为幼小时，它们便可以争抢着吞食昆虫甚至蜥蜴。但是当成鸟将食物喂给雏鸟时，奇怪的事情发生了。看起来似乎双方都不想松开口中的食物。这种进食中的争夺是一种重要的喂养习惯。当昆虫或蜥蜴被拉扯得直直的时候，成鸟可利用它将口中的水分输送给雏鸟——这些水分是成鸟特意为自己的子女消化而成的。只有喝完水后，雏鸟才可以开始享用食物。

自力更生

饮食中含有高蛋白质的哺乳动物面临着一个问题。蛋白质中含有氮，并会代谢成尿素，如果在体内积聚会是高毒性的毒素，所以必须随着尿排出来，这就意味着流失了珍贵的水分。一些沙漠动物通过在体内正常代谢中产生"代谢水"弥补这一点。更格卢鼠等一些沙漠哺乳动物，由于水分供给太过紧张，它们白天通常藏在凉爽的洞穴中，同时将洞穴的开口用泥土塞住。但是它们仍然会呼吸和蒸发掉大量的水分，所以洞穴都很潮湿，甚至它们储存的种子都含有水分。更格卢鼠的生存方式其实是极度危险的，而且产生这种代谢水也是一种一搏生死的生存方式。

脂肪之用

如果有绿色植被，骆驼可以几个月不喝水。但是在夏天的撒哈拉沙漠，只有干粮，而且还极为匮乏。通过消耗储存在广为人知的驼峰中的脂肪，骆驼可以在没有水的情况下行进10天，或在没有食物的情况下坚持一星期。利用氧气代谢脂肪时，每0.5千克的脂肪可以分解出同等质量的水分。当骆驼再度饮水时，它们能够在极短时间内饮入相当于自身体重30%的水——几分钟内便可饮入50升——并储存在胃中。富有脂肪的驼峰和构成隔热层的厚厚体毛使得骆驼很少出汗。这种隔绝层对双峰驼尤为重要。它们主要生活在中国和蒙古。戈壁滩一天中的温差可达到32摄氏度，一年中有两个月，这片最寒冷的沙漠会覆盖上皑皑白雪。对于骆驼来说，不幸的是这里实在太干旱了，雪从不会融化，直接就在空气中升华了。所以骆驼别无选择，只好吃雪。大量吞食雪可能会很危险，但是雪会在地上停留很长时间，所以骆驼们会把握分寸，每天吃的雪约等于10升水。

▲ 一只走鹃正在通过独特的方式给雏鸟喂水。它让雏鸟紧紧衔住食物，但自己并不放开，这样自己喙中的水分会通过食物滴落到雏鸟喙中，直到雏鸟喝足水为止。

◀ 侧行蝰，正在急速地在沙地上侧行。它们能够完全适应非洲西南部纳米布沙漠的流动沙丘。在白天最热的时候，它们在沙子的表面下蜿蜒移动，保持凉爽，同时它们蛰伏其中等待猎物，只露出鼻子和眼睛（几乎都在其头顶）。

▶ 纳米布大象。它们依靠难以寻
觅的食物存活——通常只是些
沙漠草类的根茎——体形也变
得比普通平原象要小，脚掌却
变得更大，帮助它们在沙地上
行走，寻找所需的食物和珍贵
的水。

▼ 纳米布狮子，现存狮群的一
部分，至今仍在这片沙漠中
生存，并拥有很大的活动范
围——比非洲其他狮群的活动
范围要大。它们的主要猎物就
是大羚羊。

沙漠巨头

　　在沙漠中很少出现大型食草动物，但是在马里共和国的撒哈拉沙漠边缘和靠近非洲西南海岸的纳米布沙漠，还有数量很少的象群。这些动物已经适应了沙漠生活，相对于非洲象来说，它们的体形略小，脚掌较大。宽大的脚掌可帮助它们穿越松软的沙地，每天跋涉长达64千米的距离寻找食物和水。在纳米布沙漠，大象学会了刨开沙地表面寻找沙漠中的草根，这是它们最主要的食物。跟平原上每天都需要饮水的大象不同，沙漠象可以5天之内只喝一次水。

　　更令人惊奇的是，纳米布沙漠中还有一小部分狮群，它们以捕猎大羚羊为食。它们也已经适应了现有的残酷条件。相对于其他的非洲狮群来说，它们的活动范围更大，狮群规模却较小。令人讶异的是，在如此低密度的环境中，沙漠狮群的繁殖率却很高，幼崽生存率也是非洲狮群中最高的。至少就目前来说，哺乳动物已经加入了不起的沙漠生存者队伍中。

智利百内国家公园，安第斯山脉的一部分。

埃塞俄比亚高地的狮尾狒。

第6章

雄伟高山

山是荒野的缩影——
这里是遥远的高海拔地区，
只有最顽强的生物能禁受住这般寒冷。
然而在岁月的打磨，以及
流水和冰雪的侵蚀研磨之前，
形成之初的山体曾是一片火热。

　　每座山脉都有不同的特征，独特的历史变迁造就了其各异的形态。喜马拉雅山脉中年轻的高峰覆盖在冰雪之中，那里天寒地冻，生物无法长存。而古老的非洲埃塞俄比亚高地则山峰低矮，郁郁葱葱，为多种野生生物提供栖息地。其他高大山脉处在这两个极端之间，每一座都是地球表面数千万年变化的产物。

　　山的特色取决于周围的景色和观看者的欣赏角度。美国新泽西州沃昌山脉足有120～150米高，而喜马拉雅山脉3 600米高的凸起在中国的西藏人眼中只算是山麓小丘。所谓山的"永恒"，那要看你对时间如何理解。18世纪哲学家伏尔泰，这位最具理性和怀疑精神的人，他的科学家朋友布丰认为在法国的土地上山丘也不可能会常在，伏尔泰却觉得这个观点十分可笑。布丰对自己在法国山坡岩石下发现的贝壳很感兴趣。他十分好奇这些贝壳是怎么出现在那里的。由此，他相信海洋生物曾经生活在山脉所在的地方。海洋松软的沉积物把贝壳埋住，使其嵌在浅海的岩石中，随后岩石升高到海平线以上。而伏尔泰却认为这不可能，他猜测是海边的朝圣者将贝壳带到了山顶。

　　在布丰生活的时代，地质学还处于发展早期，距离进化论的产生还有上百年。如今，我们知道山脉不是永久不变的。它形成之后会进入充满活力的壮年期，再经过长时间的成熟期，随后迈入老年期，最终因侵蚀作用消失殆尽。

山的形成

　　地球表面是一层破裂成7个部分且像七巧板一样可以拼在一起的岩石层。这几块岩层，或者说构造板块，以极慢的速度（每年1～10厘米）在地表上移动。随着板块的分离，新的海底形成；板块碰撞时，岩石向上拱起形成山脉。如果你乘直升机从埃塞俄比亚的达纳基勒洼地上空飞过，就像从时光机器向外看地球的形成过程，课本上构造板块的图解鲜活地展现在你脚下。

▲ 埃塞俄比亚，达纳基勒洼地，由宽干谷火山爆发形成的裂缝中涌出的酸液和硫矿床分布在东非大裂谷的断裂线上。

◀ 肯尼亚，东非大裂谷。剧烈的地内活动造成地壳分裂，使大块的地壳沉入平行的两条断裂线中间，并形成火山链。

▲ 数量稀少且濒临灭绝的埃塞俄比亚狼，生活在埃塞俄比亚高地上零星的高山草原和生长着欧石南的荒野。它们的祖先可能是类欧亚狼，习性却更像土狼，主要以小型啮齿动物为食。

达纳基勒洼地是地球上地质活动最活跃的地区之一，在这里，新的火山链在不断扩展，变黑的岩浆蔓延到沙漠中。从空中鸟瞰，宽干谷火山的喷发并不显眼，沙漠中的一圈深橙色有别于周围地区。但是，当直升机降落，你会发现自己进入了地球上最奇特的地方。

首先冲击你的是一阵炙热，高温会让身体的每个毛孔极需水分。这里日间平均气温为48摄氏度，是世界上最热的地区之一。灼热的含硫蒸气刺激着眼睛，令你仿佛进入一个类似火星地表的环境之中。现在，你正站在海拔相当于海平面以下50米的火山口内。如果有一天火山爆发冲出地表，一座新的山脉将会诞生。

达纳基勒洼地位于东非大裂谷的北端，东非大裂谷是巨大的地壳裂缝的一部分，几乎把非洲一分为二。1亿年前，两块大陆板块向相反方向漂移，逐渐形成这个洼地。在地壳向不同方向拉伸的过程中，大量火山爆发。现在，整个东非大裂谷沿线都有火山分布。裂谷会不断扩大，最终红海的盐水会穿过这片沙漠，非洲之角会完全脱离这片大陆成为一个新的岛屿。

非洲屋脊

埃塞俄比亚高地是非洲最大的山区，其中包括非洲高峰之一——海拔达4 620米的拉斯达什恩峰。20亿年前，这些高地如达纳基勒洼地般平坦，但数千年之后，炙热的火山岩浆从地心上升，顶起横跨1 000千米地域的穹顶——非洲屋脊。坐落于北部地区的瑟门山脉1万年前受到冰川侵蚀作用，被冰雪和雨水雕琢出了奇特的峡谷和峰峦景观。

在约4 000米高的地方生活着瓦利亚野山羊。在冰期时，两个大陆由冻土连接，它们便自欧洲进入这里。这些罕见的山羊只在偏远高地生存，它们强韧的蹄子可以攀过陡峭的石壁到达有草的地方。分享这片高地的还有狮尾狒群，它们同样视峭壁为无物，并拥有同体形灵长类动物中最强壮的手指。

狮尾狒仅以草为生，尤其是只在这一海拔的高山上生长的高蛋白质草类。保温和存储能量在高山生存中十分重要。狮尾狒有厚厚的鬃毛，它们把臀部由一片草地挪到另一片草地，以坐立姿势摘草采食。灵长类动物经常用生殖器作为发情信号，但由于雌性狮尾狒需要长时间坐在地上，因此它们用胸前裸露的皮毛代替了毛色艳丽的臀部，用肿胀并变成艳红色的胸斑作为发情信号。

化石表明狮尾狒曾遍布非洲，甚至出现过一种猩猩大小的巨型品种。有人认为，由于在炎热的非洲热带大草原捕食困难，同时受到其他灵长类动物尤其是人类的排挤，狮尾狒被迫迁移到偏僻的高地。瑟门山脉草地充足，竞争者少，有便捷的途径通往绝壁上安全的休息地，因此成为理想的避难所。尽管如此，狮尾狒仍为潜在的危险而不安，并且经常与瓦利亚野山羊群一起进食。瓦利亚野山羊个

狮尾狒，非洲屋脊的另一物种。这里相对安全，远离天敌，没有同样以高山草类为食的竞争者。悬崖在夜间为其提供避难所，在早晨则是晒太阳的好地方。

头更高，在较长的草中更容易发现捕食者。另一方面，瓦得亚野山羊可以受益于狮尾狒群灵活的眼睛和灵敏的耳朵。在雨季结束时，一群狮尾狒的数量能达到800只，这大概是地球上最庞大的猴群了。

以前，同样在高地出没的埃塞俄比亚狼是瓦利亚野山羊和狮尾狒的主要威胁。现在，仅存的500只狼是非洲数量最稀少的大型捕食者。埃塞俄比亚狼是捕鼠专家，通常单独进行捕猎。它们用灵敏的耳朵、细长的鼻子和尖利向外的前牙搜寻快速奔跑的鼠类，将它们从地道中捕出。

上一个冰期之后，随着气候变暖，这些动物赖以生存的亚高山植物只能在海拔更高的地区找到。但是这些寒冷山巅的降水量是35千米外的低地的3倍，充沛的水分把这里与干旱贫瘠的埃塞俄比亚其他地区区分开来。不过，随着非洲气候的持续干燥，狭窄的高山草原带和生活在那里的动物不得不迁移到更高、更孤立的非洲屋脊。

▼ 智利，巴塔哥尼亚高原，百内国家公园。太阳从拉哥裴赫湖和柯尔诺德裴恩上升起。安第斯山脉绵延在南美洲西部边缘，这些山峰是其中的一部分。太平洋板块向南美洲板块下方的滑动造成了这里持续的火山活动。

地球上最长的山脉

　　世界上最高的活火山位于安第斯山脉，即智利6 550米高的图蓬加托山和厄瓜多尔5 897米高的科托帕希火山。火山活动是安第斯山形成并延续至今的证据。密度更高的太平洋地壳向南美洲板块西部的下方滑动，从而弯曲变形，最后熔化并借助火山爆发被喷向地表。

　　安第斯山脉也是地球上绵延最长的山脉，纬度纵跨67度，这影响了高度效应。沿着安第斯山脉南下，你会发现一个奇特的现象：越往南走，森林线越靠近山脚。在热带地区玻利维亚的安第斯山上，树木生长在高达4 000米的高山上；而在近极地的火地岛，森林线几乎与海平面平行。

　　当地人说，若想欣赏巴塔哥尼亚高原的风景，你只需要站直，它就会迎面扑入你的眼帘。在安第斯山脉的最南端，最先遇到的一定是迎面而来的风，凛冽的寒风风速大于每小时160千米。三片巨大的冰原占据了整个区域，覆盖面积超过18 130平方千米，这是除极地之外最大的冰层，导致该地区形成了独有的天气。

南美洲的脊梁安第斯山脉北起赤道、南至7 000千米以外的火地岛，距南极洲仅1 125千米。

冰原上没有任何生命，即使在其边缘地区生存也需要极大的耐力。智利百内国家公园的3座著名的高山都位于冰原的边缘地带。在山中有超过40种哺乳动物，它们要忍受地球上最不稳定的高山天气。暴风雪在冰原上形成并从高山间的空隙呼啸而过。即使在盛夏，风雪也会使温度骤降，把动物围困在冰天雪地之中。美洲驼的祖先、骆驼科的原驼拥有密实、绵软的皮毛，十分适应这类变化多端的气候。百内国家公园里就有许多这样的原驼。北美和其他地区常见的山地动物——野山羊和绵羊却没有生活在这里，在两个美洲相连后，这些动物并没有南迁。

安第斯山上的狮子

印加语中的美洲狮是"puma"，意为"力大无穷"，它完美地诠释出巴塔哥尼亚美洲狮的特点。美洲狮在美洲比其他任何陆生哺乳动物的分布范围都要广，从加拿大育空地区南部到麦哲伦海峡都有分布。美洲狮有超过25个品种，目前体形最大的是巴塔哥尼亚美洲狮，庞大的身体能帮助它们在寒冬中保存热量。智利百内国家公园的美洲狮是独居动物，最大的狮群仅限于母狮和几只幼崽，而这些小狮子会在18个月后离开妈妈。为了找到足够的食物，母狮需要在方圆100平方千米的区域中搜寻，公狮则需要更大的地方。公园周围牧场的羊群对这些饥饿的大型猫科动物来说无疑是难以抗拒的诱惑。尽管智利实行合法保护，大农场主仍然或高额悬赏，或雇佣猎人捕杀美洲狮。据估算，百内国家公园中栖息着25头美洲狮，但由于它们出没不定，这一数字有待确认。但随着美洲狮主要的猎物——原驼数量的回升（目前已经超过3 000头），美洲狮的数量可能会相应增加。

◀ 4头未成年的小美洲狮在百内国家公园中分食母狮猎杀的原驼，这是极其少见的场景。

◀ 一群原驼在百内国家公园中的3座高山下吃草。这些"高山骆驼"能很好地适应安第斯山脉极端的温度变化和贫瘠的草地。

北美洲的脊梁

从太空中俯瞰，美洲主要的山系——科迪勒拉山系如同脊柱般纵贯南北美洲大陆西部。从靠近北极圈的阿拉斯加开始，这条山脉蜿蜒曲折，几乎没有断开的地方。人们曾认为，落基山脉和安第斯山脉组成了一个连续、活跃的山脉带。随着大洋地壳不断向南美洲大陆西面下滑，安第斯山脉在继续上升；与之不同的是，落基山脉已经停止活动并进入衰退期。向北美洲下部滑动的板块的能量已经消耗殆尽，因而曾使洛基山的岩石产生断层、褶皱以至于它们呈现起伏波浪状的活跃造山运动也随之停止。

冬季避难所

冬季的落基山脉覆盖在冰雪之中，在某些地方年降水量达60米。与地面角度在35度到45度间的斜坡极易出现雪崩，最危险的是38度斜坡。精确的山坡倾角对在山上过冬的动物十分重要。灰熊倾向于把洞穴挖在30度的斜坡上，这个角度能为它们提供合适的窝顶，就算洞口有厚厚的积雪也不会坍塌。

灰熊在10月或11月进入洞穴，在随后的6个月中它们会一直住在里面，直到体内存储的脂肪耗尽。它们会进入一种冬眠状态，平均每分钟呼吸一次，心跳下降到每分钟10次。母灰熊在春末交配，但在冬眠时胚胎才开始发育。若它们没有积攒足够的脂肪支撑自己和后代过冬，胚胎不会着床。幼崽会在1月降生，三四个月后才会离开洞穴生活。洞穴周围的陡坡不易攀爬，这使得比母熊大一倍的成年公熊难以接近并吃掉幼崽。但是，由于在这种高度母熊很难找到食物，它们不得不带着出生仅几周的幼崽离开安全的育儿所去觅食。超过半数的灰熊幼崽在出生后第一年内会因其他动物的捕食、成年灰熊的杀婴行为、意外、饥饿或疾病而死亡。

在夏季，山顶脱去积雪，显露出落基山脉的原貌。海拔较高地区被雪羊等善于攀岩的动物所占领。生活在高山上的雪羊并不是山羊的一种，它们与麝牛关系更近。在北美所有的大型哺乳动物中，雪羊体质最强壮，最适于在崎岖的山峰生存：它们身上的双层皮毛具有极好的保温效果；蹄子上既有柔韧的胶质便于攀爬光滑的石头，又有尖而硬的角质层边缘可以在极小的缝隙中找到落脚点。

目前，大多数灰熊都在海拔较低的山坡过冬，但不是所有的灰熊都这样。有一些会爬到峰顶去寻找意外的美食，那就是数以百万计的夜蛾。每年夏季，成群的夜蛾迁移到高山地区，在夜间以高山花朵的花蜜为食。在白天，夜蛾栖息在碎石之下，但会被灰熊翻出来吃掉。虽然这些夜蛾还不足以让灰熊填饱肚子，但食用大量夜蛾就同食用产卵期的鲑鱼所获取的营养一样丰富。

▼ 灰熊母亲带着它的两只幼崽离开过冬的育崽洞。母熊必须带着它们从高海拔且冰雪覆盖的育崽洞前往有丰富食物的低海拔地区。

▲ 落基山脉的一部分，位于加拿大艾伯塔。落基山是贯穿北美洲的山系。不同于南美洲的安第斯山脉，这些山脉是"死的"。

◀ 雪羊，肺活量大，肩部肌肉发达，腿较短，蹄上有特殊的摩擦垫，是天生的攀登者。长而厚的皮毛能够帮它们度过最严酷的冬季。

高山破坏者

　　河流是强大的整平机，它在山地雕刻出深V形山谷，裹挟被侵蚀的山石流入大海形成沉积。喜马拉雅山脉的主要河流——印度河和恒河——平均每年带走10亿吨沉积物。若要用卡车装载这些沉积物，车队总长可以绕地球40圈。这造成了世界上最大的沉积体，即孟加拉海底扇，其覆盖面积达56 980平方千米。

　　随着冰雪在高山上不断积累，多余的冰雪会形成巨大的冰雪瀑布——雪崩。这种冰雪瀑布的下滑速度达每小时400千米，破坏力巨大。大量的冰雪会顺着最便捷的路线涌向山下，因此每年的雪崩都会沿同样的路线下行，在山坡上形成了独特的瀑布。若降雪量过大，冰雪瀑布会变宽；在降雪量较小的年份中，雪崩会阻碍树木生长。

冰川

　　降雪在洼地或冰斗积累，会在自身重力作用下变成冰，从而形成冰川。地球上7%的淡水储存在冰川中，而冰川覆盖了陆地表面积的10%（在上一个冰期这个比例为32%）。若这些冰全部融化，海平面会升高约70米。

　　巴基斯坦的巴尔托洛冰川长达60千米，最宽处达6 000米，包含30多个支系冰川，是世界最大冰山体系的一部分。随着冰川从山坡向下滑，表层冰块会破碎，形成深深的冰川裂隙。从山附近地区掉落的碎石或形成冰川两侧的冰碛（侧碛），或被冰川吞没成为终碛（即在相接的两条冰川中间、由侧碛汇成的黑色带状地区）。随着时间的流逝，当冰晶中的空气被挤压出去，冰会变成蓝色。同一冰山体系中的库台冰川是流动速度最快的冰川：1953年，它在3个月内流动超过12千米，平均每天移动约130米。

　　在流动过程中，冰川对山体有侵蚀作用，因为它会冻住山石并携带其向前移动，并且不断地磨损基岩。这是地球上最强大的侵蚀力量。当融化的水在冰川内部流下，会形成垂直的竖井。所谓的冰体壶穴为冰川学家研究冰川内部提供了窗口。冰川内的流动速度并不一致。由于阻力的影响，冰川中部比边缘处流动速度快，就像河水的流动一样。越靠近冰川深处，流动越慢。既然现在我们可以精确地计算出冰川的流动速度，一个略带残忍的计算问题就此产生：被掩埋在冰川中的尸体什么时候会重新出现在不断融化的冰川表层呢？1956年夏天，在瑞士魏斯峰脚下的冰川中发现了保存完好的19岁德国攀岩者乔治·温克勒的遗体，他于1888年从山顶坠落身亡。68年后，冰川才携带着他的遗体从约1 600米以外的地方移动到终点。

　　世界上最早研究冰川特性的是瑞士科学家，他们发现瑞士冰川是12 000年前覆盖北欧的巨大冰原的残余。目前的研究表明，阿尔卑斯山的冰盖深度达1 600米。这意味着整个国家曾被掩埋在数百万吨的坚固冰层之下，只露出几座最高山

◀ 粉状雪崩自喀喇昆仑山脉的加舒尔布鲁木山倾泻而下。喀喇昆仑山脉呈锯齿状排列。死于此山中的人比其他山都要多。

▼ 巴基斯坦的巴尔托洛冰川，在向下流动过程中侵蚀山谷。这些痕迹是中碛，由冰川边缘摩擦山脊产生的物质汇入冰河形成，在某些地方宽度达6 000米。

▲ 世界最高峰——珠穆朗玛峰，凌驾于其他喜马拉雅山峰之上。当季风向喜马拉雅山脉爬升，到达8 848.86米的珠穆朗玛峰时，气流中几乎没有水分留存，因此金字塔形的山顶没有积雪。峰顶食物稀缺，寒风凛冽，没有生物可以在此长存。

▶ 喜马拉雅山脉卫星图。珠穆朗玛峰是中心处最大的三角形山峰，占据的范围是地球周长的1/6。在过去的5 000万年里，它一直在升高，尖锐的山脊尚未被侵蚀变得平滑，表明这座山峰相对还很年轻。

的山顶。在20世纪，冰川体积持续缩小，相应地，世界上其他冰川也在同步缩小。近几十年，地球上某些地区的冰川因降水增加而体积增大，但大多数都在加速融化。

地球最宏伟的景观

喜马拉雅山脉拥有很多世界之最：最高峰、最高的垭口、最深的峡谷和生存在海拔最高地区的动植物。很多山区都被公路、铁路贯穿，唯独喜马拉雅山脉内很少有道路可以通行。巨大的山脉只能从飞机上俯瞰却无法穿行而过，只能攀爬却无法征服，只能标注在地图上却无法居住。正如前印度勘察队长肯尼思·梅森所说的，它们是"地球上最宏伟的景观"。

在恐龙仍占领地球的时期，印度板块在南半球自由地漂移。7 000万年前，它越过赤道，最终与亚洲大陆相撞。随着印度板块继续向北推进，两块大陆的边缘相互挤压并重叠，最终形成了喜马拉雅山脉，即两块大陆中古老岩石的交错混合，以及在特提斯大洋底的新近沉积岩，该大洋一度将印度板块和亚洲板块分隔

开来。直至今天，印度板块仍在向北移动，这也解释了喜马拉雅山脉持续增高及该地区地震频发的原因。

在世界地势图上，你会注意到喜马拉雅山脉并没有像阿尔卑斯山脉或安第斯山脉一般清晰的弧度或线条。它形状曲折，山体众多。这一庞大山系对气候和动植物的生存造成了巨大的影响，堪称世界之最。

大风

山体众多的喜马拉雅山脉对全球气候的形成有着深远的影响。印度板块与亚洲板块的相撞造成亚洲板块抬升，形成了青藏高原。这片高原地势平坦，大小相当于美国国土面积的一半。在海拔5 000米处，青藏高原大量吸收太阳辐射和从印度洋刮来的海洋空气，从而形成季风，为每年旱季过后的印度带去舒缓的雨季。现在科学家认为，在2 000万年前喜马拉雅山脉还只有2 000~3 000米高时，这一地区的季风就已经显著增强，显著扩大了青藏高原与印度洋之间的温差。

站在喜马拉雅山脉脚下，身处30摄氏度的印度丛林中，你会汗流浃背。而山顶却是一片冰天雪地，瞬时速度能达到每小时160千米的寒风呼啸着，温度低于

▲ （上）

当夏季青藏高原北部（上部）开始升温的时候，季风挟带印度洋（右部）的潮湿空气，产生大量云团自东穿越次大陆。

（下）

季风向西到达巴基斯坦，受喜马拉雅山脉阻碍无法向北移动，导致青藏高原常年干燥。

卫星显示季风挟带雨云穿过印度。

零下70摄氏度。若向上攀爬到8 000米，你会经历一系列迥然不同的气候和自然环境，就像是赤道与极地间的不同。而地球上没有其他地区能在如此短的距离内有这样大的海拔变化。

喜马拉雅山脉还为你展现出另一种多样性。山的最东边的南坡是云雾林，生长着各式各样的兰科植物及其他东洋界物种，而最西边的北坡却变成了荒凉的沙漠。这种鲜明的对比是由山脉和季风的交互作用造成的。

印度季风是携带着雨水的风。4月至10月，季风沿喜马拉雅山脉攀升并向周围扩散，气温随之下降。随后水蒸气凝结成小水滴，雨水便从南坡上倾泻而下。6 000米以上的高度降水稀少，这是珠穆朗玛峰顶无雪的原因之一，只有一块黑色的金字塔形岩石矗立在云端之上。随着季风向西移动，含水量下降，当到达兴都库什山脉和喀喇昆仑山脉时，水分完全消散。

喀喇昆仑山之死亡

喀喇昆仑意为"黑色沙石的山"，以此形容其类似沙漠的特征，却与我们所想象的规模完全不同。珠穆朗玛峰让人敬畏，而这座黑色的山峰让人感到恐惧。在这座山上遇难的人比其他山都要多，这一点也不让人惊讶。

乔戈里峰（又称K2峰）坐落于喀喇昆仑山脉，海拔8 611米，是仅次于珠穆朗玛峰的世界第二高峰。世界上的30座高峰中有10座位于喀喇昆仑山脉，乔戈里峰就是其中之一。珠穆朗玛峰地区的山峰庄严宏伟，而乔戈里峰周围的山峰则荒蛮原始。峰巅尖锐高耸，山岩形状各异，岩壁陡峭凶险。这里完完全全是一个垂直的世界，山石上一秒还在原处，下一秒就不知滚落何处。印度板块和亚洲板块间的碰撞一直在影响着这些山的生长走势和所包含的生存环境。

1841年的地震引发了南伽峰北部的滑坡。山谷的一侧全部坠入印度河，河水完全断流，形成长达32千米的大湖。最后横在河中的石坝决堤，把驻扎在下游480千米处的锡克军队全部淹没。

2005年10月8日早8时50分，克什米尔发生地震。7.6级的强震袭击了穆扎法拉巴德附近的地区，强度可与2001年的古吉拉特地震和1906年的旧金山地震相比。据估计死亡人数超过100 000人。山区内伤亡人员最多，至少有300万人因地震而无家可归。

高峰与雪豹

吉德拉尔国家公园位于巴基斯坦西北边陲，这里干旱偏远，接近垂直的山坡上星星点点地生长着冬青栎和刺柏树。这里的山脉远离主要的季风区，因此水分的获取依靠冬季大量的降雪。冰雪将山谷与人类隔绝，却为野生动物提供了栖息地。

▶ K2峰，仅比珠穆朗玛峰低237米，远高于喀喇昆仑山脉北部巴基斯坦境内的各个山峰。

要进入这片保护区的中心十分艰难，途中要穿过陡峭的碎石山坡，躲避随时可能掉落的山石。走进保护区公园，你会看到一幕非常奇怪的景象：一群体形庞大的山羊在啃食高处的冬青栎。它们是捻角山羊，虽然仅有几百只，但大概在所有地区中这里是数量最多的。在冬季，多达70只的山羊会聚集在矮坡上啃食所剩无几的植物。它们会引来许多捕食者，让我们有机会一窥栖息地海拔最高的陆地捕食者——雪豹。

雪豹一般在洞中产崽，洞中会铺着它们的皮毛。在幼崽能够自己捕食之前，母豹会每隔几天外出猎食喂养它们。据说雪豹可以猎杀、拖拽相当于自身体重（30～45千克）3倍的猎物，但它们通常还是选择可以控制的猎物，例如年幼的山羊，或者在夏季出没的土拨鼠和野兔。雪豹肩高只有1米，比普通豹类小，但由于长而厚的皮毛和接近身长的尾巴，它们会显得体形较大。长尾可帮助它们保持平衡，并在裹住身体时有保温的效果。为了更好地适应环境，雪豹腹部覆盖着12厘米长的厚实的皮毛，大大的爪子利于它们在冰雪中行走和攀爬，扩大的鼻腔和胸腔有助于其在空气稀薄的高海拔地区呼吸通畅，而强有力的胸肌使其在攀爬时更有力量。雪豹较短的前腿降低了身体重心，以便于在陡坡上行走；更长的后腿则利于扑住猎物。

雪豹在中亚高山地区分布范围广，大部分在森林线以上约6 000米的地方，但总共只有4 000～7 000只。雪豹处境很危险，不仅偷猎者觊觎它们的皮毛和骨头（可用作药材），当地放牧人也讨厌这些动物，因为要时常防御雪豹捕食他们放牧的牲畜。随着人类不断侵占其领地，雪豹的猎物逐渐被家畜所替代。在吉德拉尔地区，毒品交易猖獗。巴基斯坦和阿富汗边境以前一直是海洛因走私贩主要的交易通道，他们发现将雪豹脂肪涂抹在毒品上能逃脱缉毒犬的搜寻。在过去10年，雪豹数量急剧下降，很有可能会和印加虎一样濒临灭绝。

通向东方之路

在喜马拉雅山脉最东端，板块间的剧烈碰撞产生了一条通路，多种多样的动植物得以向东迁徙。春天，山坡上满是盛开如火的杜鹃花。从极小的植株到18米高的树杜鹃，这种尼泊尔的国花会将整个山坡染红。现在杜鹃花在西方国家的花园中十分普遍，这都要归功于19世纪的植物学家将杜鹃花移植到欧洲。

春意盎然，公野鸡向母野鸡展示自己炫目的羽毛，林下层也变得色彩斑斓。最令人惊艳的当数红胸角雉那绚丽多彩的求爱表演，它们会展开喉部靛蓝色的皮囊，竖起头顶一对厚实的肉角。而雄棕尾虹雉只在受惊时才会竖起全部的彩色羽毛，你会看到一道蓝、红、金交错的模糊影子以百米每秒的速度从你面前掠过。

▼ 吉德拉尔国家公园的一只雄捻角山羊。这种喜马拉雅山脉的大型山羊的角可长达2米，它们生活在高山地区，以草、树叶和嫩枝为食。虽然它们的幼崽是雪豹的食物，但更危险的是人类的捕猎、栖息地的减少，以及内陆动物带来的骚扰及疾病。

落地之后，雄棕尾虹雉会爬回山坡，因为它们的翅膀力量不够，无法完成完整的飞行。雄血雉身上有深红色纹路，雌鸟却色调单一。血雉十分耐寒，栖息地在同类中海拔最高。即使在冬天，它们也居住在2 000米以上的地区，到了夏天，它们在森林线之上的地域生活得非常舒适。

特殊种群

在喜马拉雅山脉的东部山林中，最引人注目的哺乳动物是两类熊猫。英文——"panda"（"熊猫"）一词源自尼泊尔语的"nigalya ponya"，意为"吃竹子的动物"。大熊猫99%的食物都是竹子，而小熊猫的食物就没有那么单一，它们会补充一些蛋类、昆虫和小型啮齿类动物。这两种熊猫都有食肉动物的内脏，缺乏从植物中吸取营养的能力。因此，为了生存，它们必须食用大量竹子。大熊猫的食用量相当于自身体重的1/5，而小熊猫的食用量则是体重的45%（每天约200 000片竹叶）。

▲ 一只雪豹和一岁大的幼崽在兽洞中。母豹已经好几天没有捕食了。在它外出捕食的三四天中，幼崽一般都在洞里或洞口睡觉，或以逗弄附近的喜鹊为乐。母豹回来后，幼崽会和母亲蹭蹭鼻子，叫上几声。

▲ 滇金丝猴是除人类以外栖息地海拔最高的灵长类动物。这种濒危猴类只在中国的西南云岭山脉和西藏的一个地区被发现。它们像大熊猫一样食性特殊，只以松树树皮上的地衣为食。

小熊猫现在被单独划分为一科。它们脚上有气味腺，以吸引异性，脚底厚重的皮毛有防寒作用。小熊猫在大树洞中产崽，每胎一般是1~4只。这些幼崽会在父母的照料下在洞中生活3个月。尽管小熊猫在喜马拉雅山脉和中国的森林中分布广泛，但它们的数量仍在急剧下降。据统计，每年有10 000只小熊猫死亡，其中7 000只死于森林退化，其他死于皮草交易。

最近，DNA研究表明大熊猫和熊类也有亲缘。虽然体形和体重与美洲黑熊相近，但是大熊猫既不冬眠，也无法利用后腿行走。它们产下的幼崽比有袋类动物以外的哺乳动物的幼崽都要小，仅是母亲体重的千分之一。母大熊猫每胎会产一到两个幼崽，但一般只有一个存活下来。初生的大熊猫幼崽通体无毛，没有视力和牙齿。产房通常是树洞或者树根处。母大熊猫会照料幼崽3个星期，每天喂奶12次。幼崽生长十分缓慢，因为食用竹子产生的乳汁十分稀少。初生的大熊猫幼崽身体小而虚弱，但声音十分嘹亮。到第3周结束时，它们会长成迷你版大熊猫的样子，到4~8周时眼睛才会睁开，直到第5个月才能自己活动。

野生大熊猫只剩下不到1 000只（编者注：最新数据为1 800多只）。到20世纪为止，它们的踪迹在中国南方的8个省市被发现。化石显示，在早期它们甚至繁衍至中国北京、缅甸和越南北部。而随着农耕的发展，古老的竹林及针叶林都遭到

▲ 中国陕西省秦岭，一只野生母大熊猫和仅3个月大的幼崽。

破坏，只有在喜马拉雅山脉东面海拔较高、坡度较大的人类难以到达的地区（主要在中国部分山区），它们才幸免于难。如此挑食的特性也让大熊猫变得十分脆弱。竹子的生长周期十分独特：每60～120年同一种竹子会同时开花、结籽，然后死亡。在现在看来，人类对于古老竹林的侵蚀是毁灭性的，一旦竹子死亡，大熊猫们只有被饿死。现在，由于独特的食性，大熊猫只能被困在逐渐缩小的栖息地中。

穿越世界屋脊

从空中俯视，珠穆朗玛峰地区一片重峦叠嶂。随着不断攀登，你会发现它们分成各有特色的几座不同的山峰。在8 000米高处的周围仍是重峰环绕；而攀爬到8 850米——相当于20座帝国大厦的高度时，眼前就只剩下一座山峰——世界最高峰珠穆朗玛峰。传统的登山运动起源于18世纪的阿尔卑斯山。随着攀登技巧的进步，登山成为一种文化。在阿尔卑斯山各个主峰被征服后，人们将目光转向了更高更远的地方。于是，珠穆朗玛峰成为他们的目标。但直到第二次世界大战后，世界13大高峰才陆续被征服，而珠穆朗玛峰是在1953年才被埃德蒙·希拉里爵士和登津·诺盖攀登成功的。现在，在珠穆朗玛峰的攀登者中，每10个人中仍有一个人会丧生于此。

▲ 一只野生小熊猫在喜马拉雅山脉东部森林的地上吃竹子。它们喜独居，行踪神秘，栖息在树上，只在夜间活动，因此难得一见。

登津·诺盖曾说过，夏尔巴人形容珠穆朗玛峰为"鸟儿无法飞越的地方"。每年有50 000多只蓑羽鹤要开始地球上最具挑战的迁徙旅程，它们要从出生地中亚飞行3 000千米到达在印度的过冬之地。由于无法飞越珠穆朗玛峰，蓑羽鹤不得不用代代相传的方法绕路通过，飞过世界最深的峡谷——古老的喀利根德格河谷。印度板块与中国西藏地区相撞抬高了曾被埋在特提斯海底的软岩层，同时，喀利根德格河冲刷被抬高的软岩层形成此峡谷。峡谷将道拉吉里峰和安纳布尔纳峰分割开来，这两座山峰的峰顶都在雪线以上，即7 850米处。峡谷最宽处达22千米，在中心点，河床距峰顶距离为5 600米。几个世纪以来，尼泊尔人和中国西藏人一直把这一峡谷当作公路，这是仅有的几条能穿过喜马拉雅山区域的通路之一。这一峡谷不仅是河水和鸟儿的通道，还是数世纪以来的交通要道。中国西藏的盐商由此去往印度进行贸易，印度教和佛教的朝圣者也由此到达西藏朝拜。

对于一些鸟来说，这是它们第一次穿越喜马拉雅山脉，但对于另一些鸟，则是最后一次。将近中午，速度为每小时145千米的大风在峡谷中咆哮，迫使蓑羽鹤不断升高飞行高度。但它们很快就遇到阻碍，飞行队伍被冲散，只好原路返回作计划外的短暂停留。不幸的是，峡谷中的动物正等着它们自投罗网。在如此的高海拔地区，生存极具挑战，当地的动物才不会愿意和这些路过的蓑羽鹤分食山上稀少的作物。

当蓑羽鹤利用上升暖气流重新返回飞行高度时，金雕正伺机而动。面对如此丰富的美食，金雕通常成对行动。它们将幼鸟驱逐出鸟群，若幼鸟逃走，另一只会把它捉回来。鸟群奋力抵抗，它们必须在天气变恶劣前飞过8 000米的高峰。在最后的攀爬上升中，空气中的含氧量仅为在海平面高度的1/4，每扇动一次翅膀都要耗费巨大的力量。最终，鸟儿们到达顶峰。但如同所有高山的攀登者一样，它们不敢多作停留便又继续向远方飞去。

◀ 蓑羽鹤排成V字形，从中亚飞越喜马拉雅山脉前往位于塔尔沙漠的过冬地。鹤群必须忍受饥饿和极端天气，冒着被鹰追击的危险方能到达那里。

卡尔斯巴德洞穴

黄昏，在泰国，数十万只皱唇犬吻蝠争相从石灰石洞穴飞往雨林觅食。

第7章

洞穴迷宫

对于富有探索精神的人们来说，
没有任何地方能比洞穴更具挑战性。
洞穴是陆地上人类了解最少的地方，
这里孕育了千奇百怪的生物，
也为探索者带来无与伦比的胜景与惊心动魄的体验。

▲ 一丛顶部尖利的石灰岩，被称为"尖岩林"，位于马达加斯加黔基·德·贝玛哈拉自然保护区，那里遍布洞穴，是世界遗产地之一。

大多数人都对自己脚下隐藏的世界浑然不知，那里充满了骇人的神秘和令人窒息的美丽。这个地下世界规模庞大，深洞、小道、隔洞和凹穴连成一个巨大的网络。没有人知道洞穴到底延伸到何处。现在已经被探索过的洞穴网络大概有8万千米长，可以绕地球两周，但这可能仅仅是这个地下世界总长的10%。

洞穴的标准定义是人类可以进入的地表以下的自然空间。换句话说，如果一个洞穴还没有被人类探索过的话，就不是真正意义上的洞穴。这当然也就引起了一个疑问：如果一个洞穴没有被发现，我们如何知道下面有洞穴呢？我们当然不知道，但我们能预测哪些地区可能会有洞穴。而由于这些地区的大部分都还未被勘查，专家们有理由认为还有大量的地下空间有待发现。

很多地方都能产生洞穴，从冰山、砂岩地区，到花岗岩、火山岩地区，但最为普遍的还是在石灰岩地区。石灰岩在所有大陆上均有分布，包括南极洲。石灰岩覆盖了10%的地表，也因此成为地球上最为常见的岩石。尤其是在中国，石灰岩的储量比世界其他地方的总和还多。石灰岩是一种沉积岩，在水下一层一层地沉淀叠加。石灰岩之于洞穴最重要的地方便是它的成分。石灰岩的主要成分是碳酸钙，贝类和珊瑚从海水中吸收这种矿物质，用于形成贝壳和骨骼。这些生物一代代死去后，它们的残骸堆积在海床上，其中的矿物质被挤压形成岩层，而随后的地质活动又使这些岩石暴露出来。

虽然石灰岩非常常见，但是对于常人来说，即使踩到一块石灰岩上也未必能看出来。世界上也有非常明显可见的例子，其中最著名的莫过于中国桂林和越南下龙湾的石灰岩林。同样让人叹为观止的还有约克郡河谷的石灰石大道，以及马达加斯加岛和加里曼丹岛的石灰石尖岩林。这些被自然雕琢出的景象或许会告诉我们为什么石灰岩中容易出现洞穴。

石灰岩一般非常坚硬，但是有一个致命缺点——岩石中的碳酸钙极易被碳酸溶解，而混有二氧化碳的雨水就可以形成碳酸。

雨水下落的过程中要穿过空气和土地，会吸收很多二氧化碳变成弱酸性。碳酸的酸性比汽水强不了多少，但是足以溶解石灰岩中的钙。

起初，大陆板块抬升和移动会在岩石间形成裂缝，雨水便顺着缝隙渗入。在几百万年中，酸性雨水会慢慢将这些细小的缝隙"拓宽"成隧道和小径，直到洞

▶ 一座座巨大的石灰岩山，位于越南东南部下龙湾，也是一处世界遗产地，分布着很多壮丽的洞穴。

穴形成。当水流裹挟着沙子、岩块和卵石经过缝隙中时，巨大的摩擦力会将缝隙进一步"拓宽"，并从洞壁上冲走更多石灰岩。这个过程非常缓慢，但不同情况下腐蚀速度会有很大的区别。在热带地区，腐蚀速度会比寒冷地区快20倍，这是由于在热带地区有更多的雨水和植物，这些植物释放的二氧化碳与有机酸会溶于雨水中。

绝大多数洞穴系统相对较小，长度很少超过1 000米，深度不超过100米。当然也有些特例，它们迷宫般错综复杂的深洞、小道、隔洞和凹穴，简直让人难以置信。例如，位于马来西亚加里曼丹岛巫鲁国家公园的沙捞越洞穴，可以容下40架波音747客机；墨西哥燕子洞的钟形深洞，可以放得下帝国大厦；世界最长的美国肯塔基州猛犸洞延绵563千米，约等于伦敦与爱丁堡之间的距离。

黑暗中的生命

如果没有在洞穴中熄灭火把体验一把完全的黑暗，你就不会知道什么才是真正的黑，或许只有宇宙深处的那种黑暗才稍能比拟。但是也有一个简单的方法：等到夜晚来临，拉上自家的窗帘，关掉所有灯光，再戴一个飞机上的那种眼罩，钻进卧室的柜子里并关上柜门。虽然这样还达不到洞穴中的黑暗程度，但这是个不错的模拟方式。人在黑暗的洞穴中，连伸在眼前的手指都看不见，更不用说分清方向了（在洞穴中，如果没有光源，无论你对这个洞有多熟悉，基本上都不可能找到出路）。

洞穴是为数不多的接受不到阳光直接照射的地方。从洞穴口往里，要不了多远就无法进行光合作用了。由于没有植物，洞穴中的食物链只能依靠从外界带入或者流入的养料维持，其中最常见的"给养"是由一些"临时住户"带来的。蝙蝠往往会大量聚居在洞穴中。加里曼丹岛沙捞越的鹿洞中大概居住着300万只皱唇蝙蝠。每天晚上，这些蝙蝠都飞入森林猎食，吃掉好几吨昆虫。到了早晨它们返回洞穴，排泄的粪便就会在洞底堆积，成为一个复杂的食物链的基础。螨虫、弹尾虫、甲壳虫、蟹类和蟑螂以这些富含养分的粪便为食。而另一方面，这些小生物又是一些大蜈蚣、洞穴蟋蟀、蜘蛛和其他食虫动物的美味。

热带洞穴中巨大的蝙蝠粪堆尤其令人难忘。拿手电一照，到处都在闪着微光，这其中便有成千上万只以粪便为食的生物。它们正在努力寻找更新鲜的粪便。这是一种没有停歇的觅食活动，因为每次蝙蝠捕食归来，都会有更多的粪便排泄在洞穴的地面上。

但是这些以蝙蝠粪便为食的生物会对蝙蝠有感激之情吗？当然没有，如果一只蝙蝠或金丝燕掉到粪堆上，这些贪婪的生物会非常乐意将它吃掉。

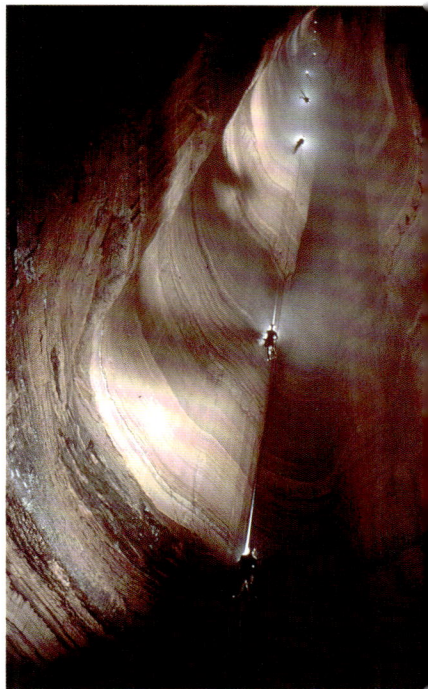

▲ 奇异的洞穴——位于美国佐治亚州埃利森洞穴中的险坑，深176米，攀岩爱好者正顺着绳索下洞。

◀ 一个跳伞爱好者纵身跳进世界上最深的洞穴——位于墨西哥的燕子洞，一个深376米的石灰岩陷穴。

同时蝙蝠处于另一个食物链的底端。尽管鹿洞这样的洞穴能让蝙蝠远离很多天敌，但它们仍然逃不过一些专门"猎手"的捕杀，如异常灵敏的能够在几乎垂直的洞壁上爬行的溶洞蛇。美国得克萨斯州的布拉肯洞穴是世界上最大的蝙蝠聚集地，大概有2 000万只墨西哥犬吻蝠生活在这里，一些非洞穴动物会在蝙蝠的繁殖季节来这里捕食它们。

洞穴中的臭鼬和蝙蝠点心

臭鼬和浣熊会下到洞穴底部，在一团漆黑中摸索着掉到洞穴地面的新生蝙蝠。洞底充满了蝙蝠粪便生成的氨气，几乎能让人窒息，但好像对这些捕食者没有什么影响。不过人类在这种环境中必须戴防毒面罩，面罩可以滤掉空气中的氨气，同时保护佩戴者免受组织胞浆菌病的侵袭（蝙蝠粪便是这种可能致命的真菌的温床）。臭鼬或者浣熊发现小蝙蝠后，会将蝙蝠前后翻滚几圈。这无疑是个妙招，因为黑暗中看不清吃的是哪边，这样可以防止被蝙蝠尖利的牙齿伤到。

臭鼬和浣熊到底如何寻找蝙蝠，这仍然是个谜。它们的嗅觉因为氨气的味道肯定已经失灵，几百万只蝙蝠叽叽喳喳的叫声也将掉落蝙蝠的尖叫声完全淹没。而答案可能很简单，就是运气加耐力。但是蝙蝠真正面临威胁是在集体离开洞穴时，这么多蝙蝠同时出动必然会引来很多注意。

鹿洞的蝙蝠在下午5点左右离洞（具体时间由当天的天气决定，如果下雨的话，它们有可能不会出来）。起初，出洞的蝙蝠不多，但就如同城市的上下班高峰一样，蝙蝠数量迅速增加。不到半小时，出洞的蝙蝠群可宽达20米，高达好几米。从地上看，蝙蝠群密密匝匝，仿佛能遮天蔽日。毫无疑问，鹿洞蝙蝠的出洞奇观是世界上最为壮丽的自然景观之一。

在鹿洞高达90米的出口外，蝙蝠群摆成一个巨大的"烤面包圈"阵，这个过程每次都会持续几分钟。蝙蝠这么做的原因尚不清楚，可能是为了迷惑捕食者。棕腹隼雕看到这个景象后，确实会有些不知所措。当蝙蝠聚集到一定数量时，这个蝙蝠阵就会慢慢散开，或组成另外一个阵，或飞向森林之中。从下方看，数百万只蝙蝠翻飞旋转，宛如一体，像是在表演一场盛大的空中芭蕾。

对蝙蝠来说，集体活动更安全一些，单独行动的话，很容易成为捕食者如食蝠鸢的美餐。食蝠鸢堪称鸟类中的战斗机，可以非常轻易地在空中捉到蝙蝠。但是对于这种鸟来说，捕猎只能在有光的时候进行。所以它们得手后将蝙蝠团成一团，边飞边吃，然后再去捕捉新的蝙蝠。但不管有多少食蝠鸢，都不会对蝙蝠的总数有太大影响。当清晨到来时，绝大部分蝙蝠都会回到相对安全的洞穴中。

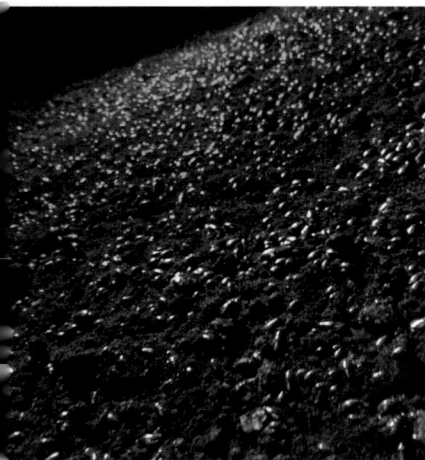

▲ 加里曼丹岛的鹿洞中，有数十万只蟑螂生活在300万只蝙蝠排泄的粪便堆里。

▶ 夜幕降临之时，泰国的数百万只皱唇犬吻蝠从白日栖息的洞穴飞出。洞穴对蝙蝠至关重要。一只蝙蝠一晚上可以吃掉3 000只昆虫，这也就意味着像这样规模的蝙蝠群可以吃掉几吨重的昆虫，包括蚊子之类的害虫。

▲ 一只年幼的澳大利亚绿树蛙嘴里塞着一只蝙蝠，这只蝙蝠在飞出蝙蝠裂缝溶洞的时候被捉住。蝙蝠裂缝溶洞是埃特纳火山溶洞中最负盛名的洞穴。这个石灰岩溶洞中存在着已知最大的蝙蝠繁衍地。成年蝙蝠外出捕猎时，还未长毛的年幼蝙蝠留在溶洞的穹顶上和闭合的竖井中，以保持体温。

大开杀戒

在澳大利亚昆士兰岛的蝙蝠裂缝溶洞中，南长翼蝠还另有天敌。巨蟒和棕树蛇会在洞口处等候，试图在蝙蝠出洞的时候实施捕捉。虽然出洞的蝙蝠很多，但是真正捕到这些蝙蝠却并不容易。蛇的成功率很低，原因很明显，在没有光的环境中，要想捕捉到这些快速移动的蝙蝠可以说相当困难。但是这些蛇有秘密武器，它们有热感受器，可以通过探测飞行中蝙蝠所散发的热量，确定蝙蝠的位置。

与此同时，在这些石灰岩中还隐藏着一种特立独行的蝙蝠猎手。一些巨大的树蛙会等待被强风吹到石灰岩洞口的幼年蝙蝠。当这些晕头转向的幼年蝙蝠准备重新起飞的时候，等待中的树蛙会突然跳起，将蝙蝠一口吞下。蝙蝠向来以捕食蛙类闻名，不过在这里却出现角色大逆转，着实令人称奇。

不是所有洞穴都像鹿洞一样有蝙蝠生存，或者蝙蝠的数量多到能供给如此众多的昆虫。对于大多数洞穴居民来说，找到足够果腹的食物是最终极的挑战，而在一团漆黑中，这种挑战更加艰巨。为了能找到更多的食物，许多洞穴无脊椎动物如溶洞蟋蟀就进化出很长的触角，以提高自身的探测能力。还有一种动物进化出了一种非常独特的方法来适应这种贫瘠的环境。

死亡珍珠

置身新西兰北岛的芒加洼地考洞，你会怀疑这里是否真是一个洞穴。洞顶和洞壁上镶嵌着几千盏明亮的小灯，给人一种漫步在星空下的感觉。这应该是最令人难以置信的洞穴奇景了吧。这些小灯其实是洞穴萤火虫的幼虫。黑暗里能发光固然难能可贵，但这不是故事的全部。萤火虫悬在洞穴顶上，分泌出5~20厘米长的细线挂在洞壁上。这些细线很像蜘蛛丝，分泌自萤火虫嘴里的腺体，然后垂吊成珠状。这些珠线暗藏杀机，其实就像渔线，而萤火虫则是耐心的垂钓者。此时它们发光的本事就恰好有了用处。萤火虫的发光部位在身体后侧，由尾部特殊囊体中的化学物质发生反应而发光。昆虫本身就有趋光性，很容易被黏黏的细线粘住。接下来就是慢慢收网，享受生鲜大餐的时候了。这些萤火虫会像蜘蛛一样将猎物吸干。

误入洞穴的不速之客也是萤火虫食谱上的一部分。萤火虫总是在洞底的水流上方活动，所以可能会捕捉到从水中孵化出来的昆虫，如蜉蝣。蜉蝣的生命非常短暂，芒加洼地考洞蜉蝣的寿命不会超过20分钟——在这短暂的20分钟中，它只能晾干自己的翅膀，然后探索一下头顶的点点亮光。当然成年萤火虫在繁殖或产卵的时候，也会被粘到细线陷阱中，可萤火虫幼虫却"六亲不认"，它们会吃掉自己的亲属，结束这只成虫短暂的一生。

▲ 陷阱——从洞顶垂下来的细线以一串串黏液的形式悬挂于洞顶。

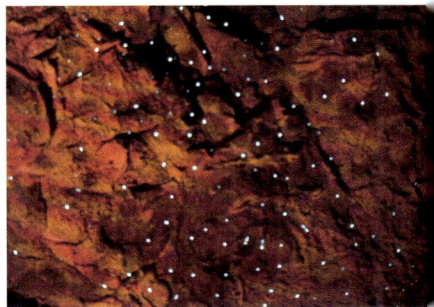

▲ 新西兰芒加洼地考洞、萤火虫的死亡灯塔，吸引昆虫甚至是同种飞虫粘到上面。

真洞穴生物

这里谈到的真洞穴生物不是我们所说的穴居人，而是生活在洞中的非人类动物。它们和另两种"洞穴居民"——喜洞动物和入洞动物——不同，喜洞动物可以在洞中和洞外"两栖"，入洞动物则生于地上，但会时常进洞，而这里所说的真洞穴生物永远都不会离开洞穴。很多洞穴如同岛屿一样，不仅与外界毫无联系，而且同其他洞穴也完全隔绝。这种情况下进化出来的很多生物长相十分怪异，有的没有眼睛，有的没有色素。一般来说，一个物种的眼睛需要数千年甚至数十万年才能退化消失，可见这些动物已经和外界隔绝很久了。

▲（左）
洞穴天使鱼，这种生于泰国的鱼类没有眼睛，居住在水下急流或者瀑布中，以细菌为食。这种鱼的翼状扁鳍下面长有细钩，可以钩住陡峭的岩石进行攀爬。

（右）
另外一种真洞穴生物德州盲螈，它们保留其幼体时的外鳃，只生活在圣马科斯区域，并终身生活在水下。

黑暗中的猎杀

其中最值得一提的真洞穴生物就是洞穴天使鱼，它们仅生活在泰国北部的两个小洞穴中。整个物种的个体数大概只有100只，这些鱼长10厘米，有着典型的真洞穴生物的特征：没有眼睛，通体呈粉色。没有人知晓它们的行为模式，它们只生活在洞穴中的瀑布里。正因为如此，很多专家认为它们是地球上适应能力最强的生物。

在激流中，这种鱼用扁平的翼状鳍（它们正是因此才得名"天使鱼"的）下面的钩子钩住岩石，然后捕食含氧水中的细菌。有了攀岩的本领，天使鱼便可以游出水面，甚至爬上陡峭的洞壁（它们可能就是这样从一个瀑布爬到另一个瀑布的）。它们看起来没有任何的天敌，所以即使像人类这样的大型动物靠近的时候，它们也几乎浑然不觉。不过也难怪，在这轰隆的瀑布声中，人恐怕连洞穴倒塌的声音都听不到。

在世界的另一边，另外一种真洞穴生物需要适应一套截然不同的环境。德州盲螈有水才能生存，而且要是静水环境。作为一种两栖动物，它们可以通过皮肤呼吸。但是为了能够适应长时间的水下稀氧环境，它们的外鳃长在耳朵外面。跟洞穴天使鱼一样，德州盲螈没有眼睛也没有色素，只生活在几个洞穴之中，种群的大小也类似（具体数字不得而知）。德州盲螈和鱼不同，它们皮肤中的感觉器官可以感应到水中非常小的波动，就连甲壳纲动物的微小动静都能被捕捉到。甲壳纲动物在这里非常少见，所以一旦遇到，德州盲螈就势在必得。德州盲螈可以在很长时间内保持静止，它们在不进食的情况下可以存活6年。

"鼻涕"

洞穴中有很多不寻常的东西，但墨西哥卢斯村洞穴中的"鼻涕"应该是最为怪异的一种。"鼻涕"是指类似黏液钟乳石的物质。它和普通钟乳石一样，也从末端滴落液体。但它们的形似之处也仅此而已，因为这些液体是硫酸，足以烫伤皮肤。同时，"鼻涕"这种物质对细菌来说是一个辽阔的繁殖地带，细菌群每天可以生长1厘米。

同样让人难以置信的是这些细菌居然可以在一个充满有毒气体的环境中快速繁殖。而墨西哥卢斯村洞穴最广为人知的就是它的毒性，洞穴爱好者在进入该洞穴之前，要戴上可覆盖整张脸的呼吸器和监控器。洞穴中的毒气浓度能很快上升到致命水平，所以携带预警设备非常关键。

有毒气体的源头在洞穴底部。硫化氢气泡从地壳中的油藏中冒出来，然后扩散到洞中，使得洞内空气不适宜人类呼吸。而细菌则从这些硫化氢中获取能量（这一点和绿色植物的光合作用类似），最后的硫酸就是这种反应的副产品。

在这种极端条件下生存的能力赋予了这些细菌"嗜极微生物"的称号。自从这种细菌被发现，便不断有更多嗜极微生物从其他洞中被人类探索出来，其中就包括生活在龙舌兰洞中的一种以岩石为食的嗜极微生物。洞穴科学进一步改变了我们对生命必需要素的认识。事实上，一些专家认为嗜极微生物的存在证明地上生物是由地下生物进化而来的，而不是相反。

▲ "鼻涕"，位于墨西哥卢斯村的有毒洞穴，这种分泌物由大量细菌组成。这些细菌吸收硫化氢后会分泌出硫酸。

富饶的洞穴

东南亚的洞穴中可能蕴藏着世界上最昂贵的食材。忘记白鲸卵或是黑松露吧，金丝燕的白色唾液鸟窝才真正是价值连城的。

它们是燕窝汤的基本原料，这道美食如果不加糖或者辣椒调味，几乎没有味道。不过它并非以味道出名，有些人认为燕窝汤是除人参之外最有营养的补品，甚至有人声称这种汤可以抗癌或者治疗艾滋病。但是化学分析表明，燕窝几乎没有任何营养价值。然而，人们还是愿意冒着生命危险去攀爬采集这些小小的鸟窝。

采燕窝人的采集方法随不同的山洞而随时调整，但都少不了要爬上令人晕眩的高处。在加里曼丹岛沙巴州的哥曼东洞穴，采集者必须攀上高达60米的藤梯，爬到一个由地面人员用绳子吊起来的竹架上。采燕窝人要保持平衡，并从洞壁上摘下燕窝。如果还够不到，人们会用类似三叉戟的竿子把燕窝戳下来。不管怎样，这都是一桩冒险的生意，没有任何安全措施，从这样高的空中坠落足以致命。

哥曼东洞穴的燕窝生意很重要，重点地方会有人把守，燕子不筑巢的时候也有人看着，以防止昼夜不停的偷猎。到哥曼东洞穴上层洞穴一游将会是一次难得的体验。洞底厚厚的鸟粪和蝙蝠粪上有高柱撑起的小木屋，以皱铁皮为顶，以遮挡持续不断的"粪雨"。守卫们就在人工灯光下生活。收获时节会有好几十人住在洞里。初来此处的人就仿佛进入了科幻电影的场景之中。

有记录表明这种燕窝生意已经延续了上千年，而鸟儿也已经习惯了在自己的窝被取走后立即开始重新搭建，这可能是最古老的对野生动物的可持续利用。然而近期情况有了变化。在加里曼丹岛沙巴州，燕窝区域的重新划分造成了过度采摘。有黑帮将原本一年2次的采摘增加到一年4次。有专家称，这种过度采摘可能会导致洞穴金丝燕在未来5～10年内灭绝。

◀ 在哥曼东洞穴上部布满了洞穴金丝燕的鸟巢。虽然采燕窝是一项危险工作，但暴利之下必有勇夫。现在，燕窝采摘正威胁着这个种群的延续。

在黑暗中哺育

穴金丝燕如此受关注有两个原因：第一，它们的鸟巢完全由丝状唾液粘制而成；第二，它们能够在完全漆黑的洞穴内找到自己的窝。对于人类来说，就好像在体育馆大小的空间内玩"给驴子贴尾巴"的游戏，而你完全不知道驴子图片挂在哪里，挂得有多高。

穴金丝燕是仅有的两种可以通过回声定位的鸟类之一（另一种是委内瑞拉的油鸱）。穴金丝燕在完全漆黑的地方能够发出一系列人耳可闻的咔嗒声，而它们正是凭借该声音的回声，模拟出洞内的三维地图。但它们如何将误差控制在几厘米内，从数百只鸟巢中找到自己的家，依然无人知晓。对于穴金丝燕来说，养育雏燕是个艰巨的任务。在缺少光照的条件下，巢中的幼鸟连自己的父母都看不到。而第一次飞行时，幼鸟要飞过一段迷宫般的黑暗通道才能抵达洞口，如果碰到洞壁或者坠地（这时有发生），便几乎不可能再飞起来。粪堆上的生物会解决掉它们。

　　说起溶洞时，最常见的问题是："是钟乳石倒挂在溶洞上还是石笋倒挂在溶洞上？"答案很明显是钟乳石。它会紧紧粘在溶洞上，而石笋是从溶洞底向上长。溶洞爱好者将二者统称为溶洞石。

　　正是由于溶洞石的存在，溶洞才从一个漆黑的窟窿变成充满神秘感的美妙所在。溶洞石是溶洞中非常常见的组成物（也称为溶洞装饰物或洞穴堆积物）。其他溶洞组成物包括流石、石柱、石幔、鹅管石、气球石、月奶石、爆米花石和石枝、穴珠、石花和水晶石。几乎所有的岩石组成物的主要成分都是方解石，这种方解石主要在溶解了石灰石的酸性水流入溶洞通道或者溶洞穴室时形成。

　　这些组成物的形成方式其实非常简单，就是石灰石溶解的化学反应的逆过程。当酸性水进入充满空气的空槽中时，酸性水溶液会释放出一部分溶解在其中的二氧化碳。由于酸性水中二氧化碳含量降低，钙在水中的溶解度下降，析出的钙会在溶洞顶形成方解石。大多数的方解石会先形成鹅管石，酸性水溶液会从中空的管中一滴滴地流下去。这个过程会持续到中空的管被填实，然后多余的水溶液只能从组成物外流下来，到此时组成物就变成钟乳石。如果这些酸性水流速很快，滴落在溶洞底部，就会形成石笋。

　　几乎所有的溶洞组成物形状不同的原因都是酸性水流动的速度不同。拿石枝举例，扁平、扭曲的纤维状组成物像卷曲的土豆根，这种组成物的成因是，当酸性水溶液流过非常细的裂缝时，毛细作用开始强于重力作用。这样的话，酸性水溶液的移动方向开始变得随机，方解石的形成方式开始具有反重力性。和石枝相反，穴珠是当一粒沙子长时间在积水的洼地受到扰动从而被方解石覆盖而形成的（形成过程和真正的珍珠类似）。

　　溶洞组成物的形成速度取决于水的体积和酸性。这个过程通常非常缓慢，但一旦成形便非常美丽。世界上最大的钟乳石在巴西，长达28米。最大的石笋高67米，非常惊人。

▲ （从左至右）

世界上最大的天然晶洞，位于
墨西哥奇瓦瓦的奈卡矿区中。
晶洞的主要成分是透石膏，最
大的晶体长度可以超过8米。

世界上最大的石笋，高67.2
米，位于古巴奎瓦圣马丁溶洞
中。一个身着红衣的溶洞爱好
者站在石笋旁作为参照。

位于墨西哥尤卡坦水帘洞中的
钟乳石和石笋。这些都形成于
千万年前，彼时这里还没有被
最后一个冰期的淡水淹没。溶
洞中安有一条长1 000米的观
光绳索，观光者氧气用尽前可
以通过这个绳索回到地面。

英国南威尔士地区的"板球
石"。这个板球石是在鹅管石
的基础上形成的，酸性溶液从
鹅管石上流下，由于水的重力
形成板球石。如果水位下降，
这块溶洞石就会断裂。

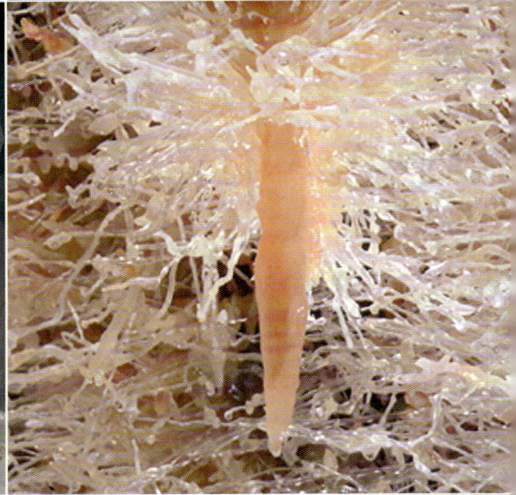

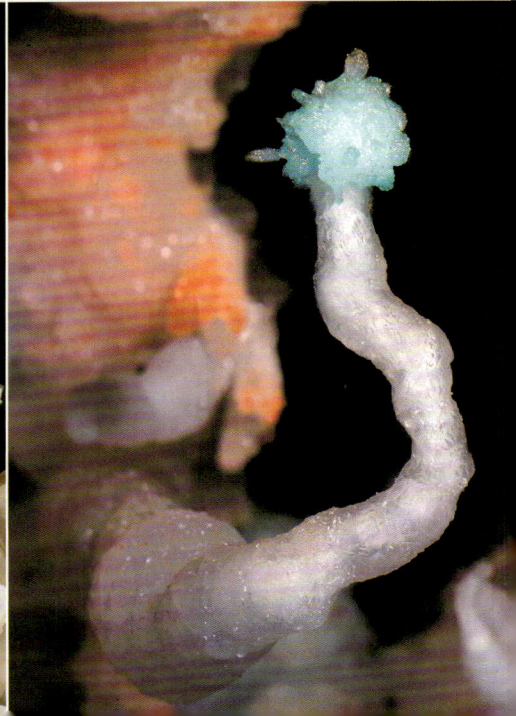

未经探索的奇妙所在

对于大多数人来说，进入一个没有宽敞入口、混凝土通道和电灯的洞穴很有可能引起幽闭恐惧症。如果可以克服相关症状，你就能在探索洞穴的同时，品味这前所未见的美丽。目前世界上大概有90%的石灰石洞穴还没有被探索过，它们可以被称为地球上最后的处女地。即使在人口众多的英国，也还有没有被探索过的洞穴。英国目前最大的洞穴通道于1998年被发现，最深的洞穴于2003年被发现。

如果你想探索尚未有人踏足的地方，而自己又没有财力去制造宇宙飞船和深海潜艇，那么探索洞穴将会是你最好的选择。的确，世界上最伟大的探索者是洞穴探索者。来自赫尔的安迪·伊维斯有可能是探索未知地方的第一人。他发现的地方比任何在世的人都多，这其中就包括世界上最大的3个石灰石洞室。在《牛津探索之书》（*The Oxford Book of Exploration*）中，他的名字与大名鼎鼎的航天员尼尔·阿姆斯特朗和巴兹·奥尔德林并列在一起。

然而有一点需要指出的是，忠实的洞穴爱好者都是天生的异类。来自南爱尔兰的蒂姆和帕姆·福格就是典型的代表。他们确信在一座山中还有未发现的新洞穴，所以利用周末空余时间在山腰上打洞。其中一个人负责躺在狭小潮湿的隧道中，徒手或使用小型炸药挖掘，另一个人则用绑在一根绳索上的托盘将碎石运出，俨然越狱行动的样子。目前他们已经干了18个月，但仅仅前行了10米。

探索新洞穴时，洞穴爱好者有时要从非常狭小的缝隙中穿过，这些缝隙往往只有一个人身体的厚度，有的时候里面还有水。作为一个洞穴爱好者，身材小是一个优势，但是身材小的人往往不得不成为钻洞先锋，需要处理最难以穿越的缝隙。这些小缝隙被称为夹缝。对于新洞穴爱好者来说，夹缝意味着极度的欢乐或恐慌，或者两者都有。夹缝往往是最容易夹住人的地方，而肩部是最容易被卡住的部位。一旦肩部被卡住，解决的第一步是用力推拉，如果无法奏效，就要将被卡者的锁骨打断。

如果能安全通过夹缝，你就可以深入探索那片黑暗之地。如果足够幸运，你还可以顺着洞壁爬下去，但这也意味着你将悬挂在半空，远离相对安全的石灰石壁。同时，在接下来几小时内，等待你的将是寒冷和潮湿。如果是在温暖的气候中，这种感觉将尤为明显。最后，当你开始后悔这样折腾，想重见天日的时候，你便意识到还得逆向重复这个过程，而这次是向上攀爬。洞穴探险考验探险者的身体和心智。在地下世界移动时，你要运用自身所有的肌肉，推、拉、爬、滑是家常便饭。洞穴探险是最极限的锻炼方式。但这些不应该是你退缩的理由。本章的作者在开始探险时也非常紧张，但是他完成这次耗时6小时的洞穴之旅后，仍然倍感快乐。他所去的洞穴是世界上环境最严酷的洞穴之一。

◀ 世上千奇百怪的洞穴组成物。

美国新墨西哥州，鸡蛋大小的方解石。形成条件：鹅管浸没在富含矿物质的水中（图中显示该结晶曾浸没在3种不同高度的水中）。
世界上绝无仅有的含镍绿钟乳石，位于法国。我们可以把水滴作为参考物。
一个花状石膏晶体。

第二排　从左至右
非常独特的钢青色针状霰石，宽13厘米，发现于法国某处。霰石主要成分是碳酸钙，但它的晶体结构不同于方解石，在它形成的环境中，渗出的水中富含镁。
由方解石结晶形成的三角锥形、中空的"溶洞杯"，高约10厘米，位于古巴贝拉马洞群。
一块由刺猬状水晶石枝覆盖的钟乳石，位于美国得克萨斯州索诺拉洞穴。

第三排　从左至右
来自法国南部一颗直径3.5厘米的洞穴珍珠。洞穴珍珠一般会在较低的洞穴池中成批生成。洞中的水滴析出方解石，这些方解石便在周围吸附沙粒或类似物，从而形成洞穴珍珠。
一块非常精细且不规则的树枝状方解石，高为6厘米，仅在古巴一个岩洞内有发现。
独特的顶端为蓝色的石枝，长在一个比较常规的石枝上，二者分别由单独的晶体构成，仅发现于法国某处洞穴。

▲ 一个国际探洞组织正在穿过狭窄的通道。这就是位于1647米深处的梦之路。这支队伍正在进行一次为期4周的世界最深洞穴——克鲁布拉山洞的探索之旅。

地心之旅

2004年10月，一次洞穴探险成就了一个里程碑式的事件。有史以来探洞者第一次打破了2 000米的纪录，也就是说深入地下2 000米进行探索。此次壮举将世界第一深洞的称号冠予黑海边西高加索的克鲁布拉山洞。为了完成目标，探索者们要爬下巨大的垂直陡坡，蹚过冰寒刺骨的洞内激流，炸掉崩塌下来挡住去路的砾石，同时还要携带5吨重的仪器。探索者们为最后一个洞室命名为"游戏结束"，表示这是他们可以抵达的最深处——地下2 080米。现在他们不能如此确定了，他们认为洞穴肯定还没到头。而这就是洞穴探索的妙趣所在。我们知道世界最高峰的高度、最长河流的长度、海最深处的深度，这些数字在未来几千年内几乎不会改变，但是对于洞穴，所有数据都只能说是截至目前的纪录，最长最深的洞穴纪录年年都会改变，而且并不仅仅是已知洞穴的延伸这么简单。或许在明年，就会有一个新的洞穴体系被发现，并且改变所有现有的纪录。

世界上最美的洞穴

1986年在美国新墨西哥州，探洞人打通了最后几米岩层，进入一个巨大的洞穴。这是一小群探洞者利用业余时间慢慢挖掘出来的结果，是20世纪最重大的探洞发现之一。如今，龙舌兰洞被普遍认为是世界上最美丽的洞穴，是探洞者心目中的圣杯，更不用提它还是世界上最深最长的洞穴之一。

而不幸的是，龙舌兰洞易碎的美丽使得它成为管制最严格的洞穴之一。它只对科学家和勘测洞穴的人开放，目前已探洞长达193千米。洞的入口也十分隐秘，进入者必须签订一份保密声明，保证不泄露洞口的位置。事实上要想泄露也很难，因为它位于一条20米深的窄缝底部，深藏在奇瓦瓦沙漠的僻静之处。但是如果你足够幸运被允许进入，你会发现有一个完全不同的世界在等着你。

龙舌兰洞在被发现之前是完全与世隔绝的。为了让洞中环境保持原样，人们在洞口安装了两道空气隔离门。如果一下将两道门同时打开，就会形成速度有130千米每小时的风，这么大的力道足以轻易破坏洞穴下面的脆弱结晶。穿过大门，你会进入一个很大的金属管，仿佛要走进粮仓，接下来30分钟的旅程并没有什么出彩的地方。然后你会看到博尔德瀑布，下面仿佛是个无底深潭，直看得人肾上腺素激升。继续向前，龙舌兰洞会带来一个又一个的惊喜。

▶ 龙舌兰洞独特的"枝形吊灯舞厅洞"。脆弱的"雪冰晶"自洞顶和洞壁垂下，很多超过6米长，这些冰晶的成分是亚硝酸盐（即透明石膏）。岩石中流出的石膏与水溶解，待水分蒸发后就形成了"雪冰晶"。

龙舌兰洞中的怪岩柱洞，拥有最
壮观的钟乳石柱。这些石柱形成
于洞内充满静水的时期。此时，
形成于水面的碳酸钙晶体被偶尔
落下的水滴砸中，沉入水底。成
千上万年来，这些晶体一点点凝
结成巨大的美丽石柱，塞满整个
洞穴。

▲ 龙舌兰洞，哈得孙湾，覆盖着纯白色的方解石。这种圆形物状似乳房，前方则是霰石丛林。

▶ 龙舌兰洞的珍珠湾，以浅水潭和数百枚洞珠命名。晶体覆盖的地面很脆弱，因此每个探洞者在通过时都要穿上全新的潜水袜来保护晶体表层，并且不能触碰这里纯净的水。

第一个是冰川洞穴，洞底仿佛由大型冰块形成。紧接着的几个洞室被首先到达这里的探险家分别形象地命名为白雪通道、浮华城、敬畏之地和冰刺房间。不知为什么他们没有选择类似于圣诞洞或者冬天幻境之类的名字，但是这些名字也完全符合。许多洞壁完全被霜状晶体覆盖，如果你被星际迷航式的光束一照而不知身处何处，肯定会以为看到的是一片白雪。怪岩柱洞宛如星际迷航的场景，充满了奇形怪状的圆锥体，有些高达5米，都覆有一层霰石晶体，就像是另一个星球上结霜的松树。而它们的形成方式也颇为特别。早期这个洞里有一半是水，每一个锥体都是一点点形成的。微量的方解石漂浮在水面，洞顶的滴水偶尔会砸中这些方解石微粒，并使其沉到洞底，最终形成结晶。整个过程需要成千上万年的时间。

最终，几十个龙舌兰洞的洞室造就了这个重大发现，其中的一个洞更是会让你叹为观止。大约6小时后，你会来到距离洞口2 000米的"枝形吊灯舞厅洞"。手掌般大小的晶体从洞顶垂挂下来形成6米长的一串，就好像女巫怪异的手指。这仿佛是另一个世界，任何事物都无法比拟。

在龙舌兰洞发现的一些晶体是由石膏（一种出自石灰岩的矿物质）组成的。如此大量的石膏让洞穴学家不禁要问，这个洞穴是如何形成的。据他们探测，这个洞穴不同于其他石灰岩洞穴，它是由硫酸而不是碳酸腐蚀形成的。这个发现甚至改变了我们对于洞穴形成的看法。沉淀在地壳深处的油藏气体从岩缝逸出，其中的硫化氢与地下水发生反应，从而产生硫酸。硫酸腐蚀石灰岩的速度平均是碳酸的5倍，反应后产生石膏，也就是龙舌兰洞的基本成分。但是洞穴学家的发现并不止步于此。

起初龙舌兰洞被认为是一个死洞，洞体不再扩张，也没有任何生命存在的迹象。但几年前，科学家们在洞壁上发现了一种以铁和锰等矿物质为食的特殊细菌。这种细菌在极端环境下的生存能力使得它们成为真正的超级细菌。它们的存在也是龙舌兰洞严格控制进出的另一个原因。进入洞中时要在塑料纸上进食，防止碎屑掉在地上，要把排泄物装袋带走。在几乎没有任何营养物的龙舌兰洞，即使半块饼干也能为人类带入的其他细菌提供可观的食物，从而打破这里脆弱的生态平衡。

但是除了这些规定，保护龙舌兰洞其实是一场持久战。洞穴被发现后，里面已经检测到与人有关的细菌，例如大肠杆菌。如果一个洞穴还没有被人类探索过的话，就不是真正意义上的洞穴。而在龙舌兰洞，人类每前进的一小步都会细微地改变着这里，至少会使微生物层面发生改变。

穴居人

对我们的祖先来说，洞穴是他们最初的家。如果没有这些洞穴，早期欧罗巴人［克罗马努人（又译为克罗马农人）和尼安德特人］在冰期的暴风雪中恐怕要吃尽苦头。事实上，一些欧洲洞穴已被人类使用达数千年之久，但生活在这里的并非只有人类。

洞穴也是穴居熊类的重要避难所。洞穴熊的体形是灰熊的两倍大，绝对是个可怕的对手。想象你进入一个漆黑的洞穴，却发现这里已经被穴居熊群占领，面对身长可以达5米、重达400千克的庞然巨兽，而你只有一支矛。现代人对洞穴的恐惧或许就来源于此。洞穴是克罗马努人至关重要的避难所，不管什么时候遇到这些巨兽，他们都只有拼死一战。事实上，很多证据表明，冰期末期，克罗马努人可能就是为了抢夺安全舒适的洞穴而将穴居熊消灭殆尽的。

克罗马努人留下了大量洞穴生活的痕迹，例如骨头、壁炉和武器。但是在部分洞穴中留下的另外一些东西在持久保存的同时更加摄人心魄。1994年，法国探洞人让-马里·肖韦、艾雷特·布吕内尔和克里斯蒂安·伊莱尔穿过法国南部一个悬崖下的碎石堆，取得了有史以来最重大的考古发现之一，再次证明我们知道的可能只是洞穴探险的皮毛。

深藏在现在已经以肖韦的名字命名的洞穴中的，是令人难以置信的史前岩画。墙上出现的动物画像不下14种，包括仅在此洞穴出现的史前豹图和猫头鹰图，以及鬣狗、山羊、水牛、狮子、猛犸象、鹿、熊和长毛犀牛的图像。其壁画规模使得50年前发现的拉斯科洞相形见绌。但是肖韦洞更突出的是其壁画的绘制年代。放射性年代测定技术已经确定这些壁画有3万多年的历史，比拉斯科洞早一万多年。这些壁画不仅年代久远，而且其中所使用的透视和阴影绘画技术使得科学家们不得不重新审视人类对于原始绘画的认知。

肖韦洞中的发现表明洞穴是历史记录的重要形式。它们完全与世隔绝，洞穴内的环境能够保持几千年不变，外面的世界在同样的时间内能够发生翻天覆地的变化。很难想象过去某个年代，我们的祖先会在狮子、豹子、熊、犀牛和猛犸象出没的法国南部艰难求生，但是肖韦洞的壁画就是不可磨灭的证据。

▼ 洞穴熊祭坛。一个头盖骨被小心地放在肖韦洞里的石面上。底部还散落有其他熊的头骨。

◀ 顺时针方向分别是犀牛、野马、狮子捕猎欧洲野牛（已灭绝）、野马和野牛，这些都是肖韦洞中石器时期艺术的典范，在3万年前就已使用了透视和阴影的绘画技术。有证据表明，这些洞穴数千年来都没有被人类造访过。

肉食性的小脂鲤，有"河老虎"之称，在潘塔纳尔湿地的洪水中与希氏石脂鲤同游。

第8章
淡水世界

陆地上的所有生命都离不开淡水。

淡水虽然储量不多，但却起着巨大的作用。

不仅淡水资源能够塑造美丽景观，

水源丰富之地更能为各种独特而惊人的生命体提供庇护之所。

毫无疑问，淡水是地球上最为宝贵的资源。

淡水极为珍贵。地球上的水资源仅有3%是淡水，余下的则是海水。而这仅有的淡水资源中，有70%是以冰雪形式存在的，主要分布在地球两极。在南极洲，巨大的冰层有将近5 000米厚，在这种冻结深度下几乎不可能有生命存在。另外30%的淡水以地下水的形式存在于岩石和土壤之中，其中只有0.3%在地表汇聚成河流和湖泊。然而，正是这些江河湖泊成为地球上最为富饶的栖息之地。潜入水面以下，会发现一个由大小不一、形态各异的生命所组成的万千世界。40%的鱼类生活在淡水之中，大多数两栖动物，以及无数昆虫、爬行动物、植物、鸟类和哺乳动物也都依赖淡水而生。科学正在慢慢揭开这个神奇世界的神秘面纱，并不断发现新的生命形式。仅亚马孙河就孕育了3 300种鱼类，大西洋与之相比都略显逊色。此外，科学家预言，这里至少还会发现1 700多个新物种。

▲ 美轮美奂的特普伊山山顶。巨大的砂岩尖顶直耸入云，矗立在满是食虫草的沼泽后。

奔流之水

这段旅程始于高山之巅。缓流顺势而下，汇聚成大河，而后蜿蜒数百千米，流向它们最终的家——大海。循环又一次回到起点，大海中的水分蒸发后形成雨雪落到大地，最终汇入河流再次回归大海。这就是全球水循环。

偏僻而孤绝的山地高原或特普伊山（又称桌状山），恰好见证了这轮循环的过程。位于委内瑞拉南部古老的特普伊山常年云雾缭绕，海拔比热带雨林高1 000米。这里的壮观美景曾为阿瑟·柯南·道尔的《失落的世界》提供灵感，书中那个在丛林掩盖下与世隔绝的地方，正是以此处为原型。20世纪30年代，一名叫吉米·安赫尔的美国飞行员驾驶一架小型飞机来这里寻金，成为第一个飞越这片桌状山区的人。他冒着生命危险飞到这里，最后飞机撞上著名的奥扬特普伊山（又称魔鬼山），此次探险之旅也随之结束。他逃过一劫，但直至今日，飞越此山仍是一段令人胆寒的旅程。狂风猛拍着飞机，厚如织毯的云层聚拢起来，模糊了前方的航路。虽然很久之前吉米所驾驶的飞机残骸已被运往博物馆，但后继者们的飞机碎片仍遍布岩石之上，算是对在此处冒险者的严肃警示。

◀ 著名的奥扬特普伊山。世界上落差最大的安赫尔瀑布（也称"天使瀑布"）就由此直落而下。瀑布最后汇入委内瑞拉最大的河流——奥里诺科河。

▲ 湍鸭仅存在于1 500米以上的安第斯山脉。湍鸭体形细长，呈流线型，它们是天生的游泳健将，特别适合在激流中游泳和潜水。

▶ （上）
白天，一条日本大鲵在洞中休憩。大鲵是世界上最大的两栖动物，体长可达2米，寿命长达80多年。

（下）
夜间捕猎。夜晚，这些大型食肉动物从白天栖息的洞中潜出，准备捕食鱼类。

发现这一地区的意义非同小可。登上特普伊山的山顶后，你便进入了一个神奇的世界。穿过迷雾，不可思议的景象出现了，塔状的砂岩在千百年狂风与暴雨的侵蚀下被塑造得奇形怪状。脚下的沼泽是食虫植物种类最多的地区之一，且绝大多数这种植物只在这里生长，其中猪笼草和茅膏菜就以来自山下丛林的无数昆虫为食。这里几乎每天都有暴雨，年均降水量达到400厘米。这些植物在潮湿环境中得以大量繁衍。

这里的雨水源于海水蒸发，水蒸气到内陆后遇到山脉则上升，遇冷凝聚成云，最终形成雨水。倾盆大雨落在岩石上，股股细流沿着沟壑汇聚成河。乘坐直升机，顺着流淌于魔鬼山山顶的金色溪流观景。溪流突然从悬崖跌落时，你的心也随之怦然一跳。若赶上晴朗的天气，高达979米的、世界上落差最大的连续瀑布便可一览无余。由于落差太大，瀑布在到达魔鬼峡谷谷底之前，就被风吹散成雾气。最终，瀑布流入南美洲第三大河——奥里诺科河。而这一瀑布也以1933年发现它的吉米·安赫尔的名字命名，被称为安赫尔瀑布。

激流中的生命

每到春天，天气变暖，融化的冰雪形成大量淡水。雪水汇聚而成的溪流从高山倾泻而下，一路上越来越快，越来越急。划船者在搏击急流直下的瀑布时激升的肾上腺素向我们证明，河流的上游才是最扣人心弦的地方。高山泉水冰冷凛冽，营养低，但含氧量高。这里是无脊椎动物的王国，但在这样湍急的河流中生存要求有一定的适应能力。食肉的南美鱼蛉的蛹呈扁平状，这样可以减小阻力，它们还长有一长排爪钩，以防止被水流冲走。黑蝇的幼虫通过腹部的一圈钩状物将自己固定住，倘若钩状物松脱，它们还能吐丝作为"安全绳"。石蚕蛾的幼虫能用沙石和枯枝筑巢，以抵御天敌和岩石的撞击。而有些特殊的鱼，包括世界上生存地海拔最高的鱼——高原鳅，它们以岩石上的水藻为生，并依靠嘴部肥大的吸盘固定身体。

这种生存环境十分恶劣，但在急流中生存有其优势，比如说天敌很少，但也不乏特殊情况。分布于南美洲的安第斯山脉的湍鸭和分布在阿拉斯加到西伯利亚地区的丑鸭，都有着流线型的体态和强有力的脚蹼，能在湍急的水流中捕捉无脊椎动物。还有一种分布在中国和日本边远山区的大型食肉动物大鲵，它是世界上最大的两栖动物。这种大型动物身长可达2米，寿命长达80多年。大鲵的新陈代谢非常缓慢，很适合生活在寒冷的环境之中。白天，它们一同栖息于水下的洞里，夜晚便出洞捕捉鳟鱼之类的食物。大鲵的视力极差，但身体上的感官节点却能探测到微小的水流变动。它们通常会埋伏起来，待猎物靠近，便以惊人的速度出击。这里没有其他的竞争者，它们可以独享美食。

壮观的鲑鱼洄游

这场世界上最为壮观的淡水鱼洄游，使新生鱼群迁徙到北半球高纬度的清凉河水中。每到春天，至少有200万条大西洋鲑鱼涌入北美洲和欧洲海岸线上2 000个左右的河口，它们奋力逆流而上去产卵地产卵。这段艰苦的旅途有时会长达1 600多千米。参与迁徙的一共有6种太平洋鲑鱼，分别是红鲑、粉红鲑、狗鲑、银鲑、虹鳟和奇努克鲑，它们会游入东至美国加利福尼亚、西到韩国的北方河流。仅在西北太平洋海域，就有1.42亿到2.87亿条鲑鱼参与洄游。在商业化捕捞和栖息地遭受破坏导致大量鱼类死亡之前，这一数量估计会超过3.5亿条。

鲑鱼会在海洋中生活数年，慢慢长大，然后用尽全力去完成一生中最后一次也是最重要的一次旅行，那就是洄游到它出生的上游流域。这些拥有流线型体态的鱼能在急流中逆流而上，拼尽全力时甚至能够越过瀑布。加拿大西海岸的红鲑洄游时会中途休息，储备能量等待下一次洪水暴发，因为水位上涨便于它们往上洄游。旅程中险境环生，在这一阶段，灰熊成为它们最大的威胁。对于灰熊来说，这是个捕猎的好时节。有些游泳技术好的灰熊甚至学会了潜水追捕鲑鱼，然后用它们巨大的爪子将鲑鱼固定在河床上。灰熊幼崽也加入了这一捕鱼行动，但在深水中捕捉鲑鱼并非易事，大多数时候，它们还是依赖于母熊的馈赠。在鲑鱼为期6周的产卵期内，一头成年灰熊能够吃掉1吨多的鲑鱼，而对于熊崽来说，吃掉的鲑鱼数量与它们第一个冬季能否存活下来息息相关。

然而，大部分鲑鱼还是能够逃脱，并继续完成它们最后的艰难旅程。鲑鱼具有非凡的洄游导航系统，能指引它们回到数年前出生的地方。在到达淡水水域之前，它们的身体会经历一番变化。它们的体表颜色由银色变为鲜红色，雄鱼的背部隆起，下颌向上弯曲呈钩状，用来博取雌鱼的青睐。受精卵被产在沙砾之中，因为这里的水含氧量高，且猎食者相对较少。

太平洋鲑鱼产卵后就会死去，河床就成了巨大的墓地。即便是死亡，鲑鱼也扮演了重要的环保角色：从石蚕蛾的幼虫到小龙虾，从秃鹰到狼崽，超过137种生物都以这些鲑鱼的残骸为食。它们的死为高海拔河流区域注入了巨大的能量，甚至周边的森林也因此得益，猎食者散落在周围的鱼肉，成为树木茁壮成长的肥料。

但是鲑鱼的前景并不乐观。在北大西洋，从海洋洄游的鲑鱼数量已经减半，很大一部分原因是海洋温度的上升和食物链被破坏。而洄游的鲑鱼还要面临另一个威胁，那就是逃跑的人工饲养鱼。2005年，仅在挪威和苏格兰水域中，就发现约100万条人工饲养的鱼混迹其中。这些人工饲养的鱼类会传播疾病，并与野生鱼类交配孕育出杂交后代，科学家们担心这将会影响野生物种的多样性，并导致鱼类的基因

灰熊正在阿拉斯加捕捉鲑鱼。在鲑鱼为期6周的产卵期内，一头成年灰熊能够吃掉1吨多的鲑鱼。

淡水中的雄性红鲑。它们的身体变成鲜红色，后背隆起，下颌向上弯曲呈钩状。

产在沙砾的坑洞中的受精卵。它们将在这片含氧量高的上游水域中孵化。

▲ 从太空中观测到的大峡谷，长达1600千米，在美国亚利桑那州科罗拉多河的冲刷下，形成了错综复杂的河道。

缺陷和生存能力下降等问题。饲养转基因或基因改造的鲑鱼计划可能会给未来带来更多麻烦。

峡谷

高海拔河流因雨水和冰雪融水的不断汇入而发展壮大，其主要支流在重力的作用下成为世界上最具侵蚀性的力量，能够塑造地表形态，凿出V形河谷与峡谷。世界最深的峡谷——雅鲁藏布大峡谷位于喜马拉雅山脉，由江水冲刷而成，其中最深的一段（根据1994年数据）位于中国西藏。这段峡谷深6 009米，峡谷底河床宽35米，由伟大的雅鲁藏布江所塑造。其他位于喜马拉雅山脉的大峡谷还有尼泊尔的卡利甘达基峡谷（深4 300米）和中国的虎跳峡（深3 600米）。

在美洲，最深的峡谷有位于秘鲁安第斯山脉的科尔卡峡谷（深3 600米）和位于墨西哥的铜峡谷（深1 700米），还有最为著名的位于美国亚利桑那州的科罗拉多大峡谷。科罗拉多大峡谷只是世界上最长的峡谷山系的一部分，从太空中能够明显观测到一条1 600千米长的裂痕，这是由亚利桑那州的科罗拉多河在500万年中对砂岩不断冲刷而形成的。

现在，伟大的科罗拉多河已经被胡佛大坝所驯服，但它馈赠于人类的大峡谷仍然证明了这浩荡的河流塑造地表的力量。科罗拉多大峡谷全长约350千米，深度超过1 600米，最宽处达到29千米，吸引着成千上万的游客来欣赏它的宏伟与壮美。

河中戏

　　河流从山上绵延而下，水流变缓，水温升高，其中的生物也渐渐丰富了起来。在印度南部，从高止山脉流淌而下的高韦里河富含养料。这里水温适宜，盛产鱼类，其中有渔夫最为喜爱的重达45千克的印度鲃。此鱼是沼泽鳄的美食。沼泽鳄体长可达4米以上，它们经常在沙洲上晒太阳。黎明时分，巨大的浪花向我们展示了一场水下戏剧：印度鲃正试图逃脱沼泽鳄的魔爪。这富含养料的河水还为一家17口壮年江獭提供了充足的食物来源，江獭是最为活跃的水獭。在旱季，季风到达之前，水位下降，河水被散落的巨石分成无数河道和小岛，这时就能看到江獭从一条河道转移到另一条河道捕猎的情景。它们在黎明前离开河岸旁的灌木丛，在10千米宽的领地展开捕猎活动。捕鱼之时便是显示它们集体巨大力量的时刻，它们经常协作围攻鱼群。幼崽也上阵帮忙，它们在4个月大时就开始学习捕鱼了，但只有成年江獭才有足够的速度和敏捷度捕获猎物。江獭每次在水下连续捕鱼达3分钟以上，一只江獭平均每天要吃掉相当于自身体重1/8的鱼。

▲ 一种最为活跃的水獭——江獭，正在高韦里河嬉戏。

▼ 一条沼泽鳄可以长到4米以上，它们主要以鱼类为食，但偶尔也捕食江獭或附近其他的哺乳动物。

江獭与沼泽鳄共享一片水域，但是因为江獭数量众多，所以相对安全。当沼泽鳄偶尔出现并试图攻击江獭时，它们会爆发出尖叫声和低沉的咝咝声。如果你近距离观察就会发现居然是江獭占据上风，它们正在沙洲之上围攻沼泽鳄。

鳄鱼是冷血动物，世界上现存的23种鳄鱼通常都生活在亚热带和热带的低海拔河流和河口之中。巨大的尼罗鳄成群地生活在蜿蜒于非洲东部塞伦盖蒂平原的河流中。这里危险重重，却阻挡不了那些横跨炎热草原去寻找另一片新天地的食草动物，因为那里能为它们提供重要的水源。草原上每年都要上演200万头牛羚的迁徙大戏。鳄鱼知道牛羚将要到来，便聚集到此地等待这场年度盛宴。

当大批饥渴的牛羚到达格鲁梅蒂河岸边时，鳄鱼早已悄悄潜伏到浑浊的水中，采取隐形战斗法，沿河床匍匐前行，将注意力集中在牛羚喝水时所产生的水波上。身体扁平的鳄鱼隐匿在只有30厘米深的水中，一点点靠近猎物，直到鼻子几乎碰到牛羚。

对摄制组而言，这种紧张的气氛实在揪心。牛羚谨慎地慢慢向水边靠近。这一过程可持续几小时，它们时常向前一步，又退后一步。紧张的平静被突然浮出水面的鳄鱼所打破。后退的牛羚在慌乱中撞倒了同伴，引发一阵骚乱。斑马也在恐慌中拉响了"警报"。只有较先进的摄像机才能将时间放慢，来展示这生死一线的画面。鳄鱼一咬住牛羚便不会松口。这场牛羚与鳄鱼之间盛大的拔河比赛可长达一个多小时，直到鳄鱼将牛羚拖入水中将其溺死才算结束。

▼ 一条尼罗鳄快速蹿出水面。它一般以鱼为食，鱼类占据其饮食的70%。但一年一次的牛羚和斑马大迁徙也为它提供了一顿哺乳动物大餐。

大型湖泊

　　大多数江河最终流入大海，但格鲁梅蒂河却由非洲东海岸流经内陆汇入世界第二大淡水湖维多利亚湖。湖泊中贮藏着地球上大部分的淡水，至少是所有河流的淡水储量总和的20倍。从太空能够观测到地球上存在大片的银蓝色块，令人误以为那是海洋。有些湖泊十分宽广深邃，能够形成自己的气候系统。还有一些湖泊中生活着海豹、水母和海绵之类的海洋生物。每一个湖泊都有很多特有物种。

　　世界第一大湖里海位于亚洲西部，面积达37万平方千米。里海的湖水中含盐量很高，具有海洋环境的特征。最大的淡水湖是北美五大湖中的苏必利尔湖。北美五大湖是世界上最大的淡水水域，比英国国土面积还要大。若说所有湖泊的鼻祖，当数位于西伯利亚东部的贝加尔湖，它的深度超过1 600米，有世界上1/5的地表淡水资源。

　　几个世纪以来，深邃的湖水让人们对那里充满了幻想，并催生出很多关于湖底史前生物的传说。大部分湖泊的深度都不会超过500米，以水怪闻名于世的尼斯湖也仅有240米深，相比之下，贝加尔湖中的生物都生活在水深200米以下的地方。但湖中水怪的传闻确实能为湖泊赚来不少名声。位于中美洲的尼加拉瓜湖是危险动物牛鲨的家园，这种动物能够长到3米多长。起初牛鲨数量很多，但20世纪70年代捕鱼业盛行，导致其数量锐减。现在，流向加勒比海的圣胡安河成为牛鲨往来于湖水与海水之间的通道。它们是少数能在咸水与淡水中"两栖"的鲨鱼种类。

▲ 冬季，位于俄罗斯西伯利亚东部的贝加尔湖已经封冻。贝加尔湖是世界第一大淡水湖，拥有地球上1/5的地表淡水资源。

▲ 在太空中俯瞰地球上最大的3个淡水湖，它们都分布在东非大裂谷中，看起来很像内陆海，由右下到左上分别是马拉维湖、坦噶尼喀湖和维多利亚湖。

▼ 雨季的黎明，正在交配的幽灵蚊群在马拉维湖上空，如着火时所起的烟雾。

可爱的慈鲷与庞大的蚊群

从红海的尽头一路向南直到坦桑尼亚，一条巨大的裂痕横跨于地壳之上，这就是东非大裂谷。裂谷中有着世界上最大、最深和最美丽3个湖泊。其中，7万平方千米的维多利亚湖最浅，而且多沼泽。到目前为止，在这个湖里，科学家已经确认的特有鱼类就有350多种，大多数来自引人注目的慈鲷家族。坦噶尼喀湖和马拉维湖的面积比维多利亚湖小，分别是3.3万平方千米和3万平方千米，但其特有的鱼类数目却并不逊色。这些热带湖泊紧邻险峻的山峦，其淡水景观不亚于生有珊瑚礁的海底。岩石浅滩清澈见底，一群群五彩斑斓的慈鲷在其中自由穿行。鱼类最为丰富的当数马拉维湖，仅慈鲷就有850种，虽说马拉维湖的面积在这3个湖泊中最小，但仍比威尔士的面积还要大。有些慈鲷演化成食藻慈鲷，有些演化成以沉积物为食，还有些进化成食鱼慈鲷。几乎所有的慈鲷都用嘴保护鱼卵，如遇敌害，母鱼会张口让小鱼进入自己的口中，就这样一直保护小鱼，直到它们长大能够独立生活。夜晚，慈鲷经常受到长颌鱼——这种"带电鱼"的攻击。它们会从自己的洞穴游出，围绕着岩石寻找食物，并通过身体周围的电场变化来感知猎物的存在。

离开湖水较浅的地方，湖底便是一个没有阳光和氧气的寒冷深渊。马拉维湖和坦噶尼喀湖都有一个变温层，200米深的变温层成为上层温暖湖水和下层寒冷湖水间的永久屏障，使养分和氧气无法混合，形成一个底层死亡区。约1500米深的坦噶尼喀湖的深度位居世界第二，但90%的湖水中没有生物存在。在马拉维湖，只有幽灵蚊的幼虫能够在死亡区生存下来。白天，这些幼虫在缺氧层活动以躲避敌害；夜晚，它们浮到湖面以浮游生物为食。雨季来临之际，幽灵蚊开始蜕变。黎明时分，随着第一只幽灵蚊孵化出来，数百万只幽灵蚊相继开始在湖面翩翩起舞，它们交配时像橙色龙卷风一样，在空中呈螺旋状，甚至传言有渔夫在密集的蚊群中窒息而死。这种壮观的场景会持续几小时。幽灵蚊一交配完毕就会落到湖面，产卵后就死去。到下午，湖面就只剩下由数百万只幽灵蚊的尸体形成的橙色斑点，而这些尸体会马上被慈鲷清理掉。

▼ 小慈鲷游进母鱼的口中。只有马拉维湖中的慈鲷像这样用嘴孵卵。

▼ 有850种慈鲷生活在马拉维湖中。它们都是由几千年前的一种慈鲷演化而来的。

世界上最古老的湖泊

贝加尔湖被称为圣海，拥有全球1/5的地表淡水资源，已有2 500万~3 000万年的历史，是世界上最为古老的湖泊。与坦噶尼喀湖一样，贝加尔湖也是由地壳板块的碰撞而形成的，整个湖位于总长636千米、深将近2 000米的裂谷中。

西伯利亚东部的生存条件十分恶劣。冬季平均气温会降到零下20摄氏度，湖水封冻要持续5个月之久，湖面冰层厚达1.2米，足以承受2吨重的卡车在上面行驶。如果穿过冰层潜入水下世界，你就会发现自己来到一个冬季的仙境。

冰层之下的景色宛如晶莹剔透的冰雕，同时还有大量生物存在。古老的贝加尔湖在与外界隔绝的情况下经过大规模的生物进化，现已拥有1 200多种动物和1 000多种植物，其中80%都是其特有物种。

这里生活着很多类似于海洋生物的物种，如覆盖了整个湖泊浅滩的海绵。这里有147种蜗牛和255种端足类动物——一种类似于虾的甲壳动物，有些体大如老鼠。

贝加尔湖中端足类动物的数量占世界总量的40%，它们能够分解动物尸体，有非常重要的作用。端足类动物能在黑暗冰冷的深水区存活，那里温度低到连细菌分解都无法正常进行。

贝加尔湖是世界上唯一的淡水海豹——贝加尔海豹的家园。据推算，贝加尔海豹应该是2 200万年前从北冰洋迁徙而来的，而它们当初途经的河道如今早已消失不见了。

大约有5万只贝加尔海豹生活在此。它们的体形比一般海豹稍小，只有1.2~1.4米长。雌海豹在冬季将幼崽产在冰洞之中。它们用利爪击破冰层，或用嘴在冰层上啃咬出一个气孔。当春季临近，冰层

逐渐融化，冰洞逐渐显露出来，这时幼崽很可能成为熊甚至乌鸦的美餐。

成年贝加尔海豹可以潜入湖中300米深处，一次能保持70分钟不换气。它们主要以半透明的贝湖油鱼为食。这种鱼是贝加尔湖特产，含油量达35%，是湖中最为普遍的鱼类。它们能够承受1400米深处的水压，但一旦离开湖水就会软化。

人类在深水潜水器的帮助下有了巨大发现。由于湖水一直得到充分的混合，氧气充足，甚至在1637米深的湖底都有氧气，所以湖里的任何深度都适合动物生存。

科学家们在400米深处惊奇地发现了热泉喷口，此前人们一直以为热泉喷口只存在于深海之中。热泉周围有很多独一无二的生物种群，如海绵、菌群、蜗牛、鱼类和透明的虾。再往下超过1000米处是湖底平原，下面是7000米厚的沉积物，那里有一种巨大的深水扁虫，长40厘米，以鱼类为食。贝加尔湖有80种扁虫，这只是其中之一。

▲（从左至右）

海绵覆盖于贝加尔湖的浅滩处。这些生长缓慢的动物会将浮游生物过滤掉。

端足类动物。古老的贝加尔湖中端足类动物的数量占世界总量的40%，它们是湖中的清道夫。

贝加尔海豹，世界上唯一的淡水海豹。它可潜入湖中300米深处捕鱼。

水下冰雕。很少有人看到过这些美景，因为人们在寒冷的水中只能停留大概45分钟。

太阳从封冻的湖面升起。贝加尔湖的封冻期达5个月之久，湖面冰层有1米多厚。

滚滚江河

很多伟大的河流并不止步于湖泊，而是继续踏上漫长的旅途流入大海。从太空中遥望地球，这些河流犹如银色丝带般蜿蜒于大陆之上。世界径流量排名前十的河流中，第一名为亚马孙河，它到目前为止径流量最大，是第二名刚果河的5倍。第三名是长江，紧随其后的是奥里诺科河、巴拉那河、叶尼塞河、雅鲁藏布江-布拉马普特拉河、密西西比河、黄河、恒河。位于非洲的尼罗河是世界上最长的河流，它蜿蜒6 671千米，最后注入地中海，其中一条支流青尼罗河发源于埃塞俄比亚高原，另一条支流白尼罗河注入维多利亚湖。

发源于世界海拔最高的山脉——喜马拉雅山脉的河流也十分壮观。恒河和布拉马普特拉河经印度一路向南，汇入博多河，随后注入孟加拉湾，成就了世界上最大的三角洲。实际上，博多河是世界上水量最大且沉积物最多的河流。黄河发源于青藏高原，横穿中国北部，所含沉积物仅次于博多河。位于中国中部的长江是亚洲最长的河流，长达6 300千米，其流经的三峡地区也许是世界上最深的河段。

众河之王——亚马孙河

在美洲，密西西比河和其分支几乎流经整个美国，但河流之王当数亚马孙河。它差不多承载着世界淡水储量中1/5的流动水，水量是排在其后的10条河流的总和。亚马孙河的流域面积也是世界第一，占到南美洲的1/3。每年，亚马孙河都要运送数十亿吨沉积物，从太空中观测，亚马孙河就像离海洋数百千米外的一块棕色斑点。

亚马孙河起源于秘鲁的安第斯山脉，主河道向东横穿巴西。洪水泛滥之时，河宽达40千米。距大海3 700千米的内陆河道上，远洋航行的船舶仍然能通行。这条长达6 480千米的世界第二长河流，最终汇入大西洋。

亚马孙河十分富饶。到目前为止，已确认生活在河中的不同种类的鱼有3 000多种，比大西洋中的鱼类还要丰富，科学家预言这一数值很可能会超过5 000。有一些通过电信号沟通的生物也潜伏在河中。通过改变身体周围的电场，它们就能在黑暗中与同伴"通话"。这其中就包括电鳗，它们能放出600伏的电压，这足以致人昏迷。巨型鱼类有巨骨舌鱼，它是南美最长的鱼，长达2.5米，也潜伏于黑暗之中。其他巨型食肉动物有世界上最大的淡水豚、水獭、河龟和长达6米多的绿色巨蟒。

亚马孙河豚重达100千克，长超过2.5米，喜群居，可以20多只一起生活。在繁殖季节，求偶竞争是非常残酷的，雄性之间的战斗会引发严重的撕咬。它们在雌性面前展示自我的方式为衔着小块的岩石跳出水面，这也许是在证明自己的强壮和灵巧。

▲（上）
一只雄性亚马孙河豚在玩弄一块淤泥，这可能是求爱表演的一部分。

（下）
亚马孙河豚。它们喜群居，在黑暗的河里通过复杂的方式，如吹口哨和敲击来交流。它们还通过回声测距（像蝙蝠一样）寻找周围的猎物。

▶ 世界超级大河亚马孙河。河水里有多种鱼类和其他动物，并形成了一套灌溉森林的生态系统。地球上的100多条大型河流，只有1/3没有被大坝或其他障碍物拦截，能够自由流淌，亚马孙河是21条支流能够由源头一直流向大海的河之一。

　　亚马孙河为亚马孙河豚提供了丰富的食物。迁徙的鱼群会经过它们的领地，主动送上门来，其中就有大群的月光鸭嘴（注：鲶鱼的一种）。这种鱼在淡水鱼中迁徙路程最长，从亚马孙三角洲到安第斯山麓，历经4 830千米的路程，可能是为了在安第斯山麓产下鱼卵。产卵期间，河水中充斥着各类鱼，有时一些鱼甚至会由于缺氧而死。亚马孙河豚尾随鱼群，然后将它们围困在浅水区，方便捕捉。

　　亚马孙河还是南美长吻海豚的家园，当地人称它们为"江豚"。南美长吻海豚和亚马孙河豚是仅存的尚未处于濒危状态的淡水豚类。还有4种淡水豚类生活在大型河流之中，常出没于泥水中，视力退化到接近全盲，只能依靠声波捕食。有两种淡水豚类生活在印度次大陆地区：一种是恒河豚，生活在喜马拉雅山脚到恒河–布拉马普特拉河三角洲部分地区；另一种是生活在巴基斯坦和印度的印度河豚。白暨豚又称为白鳍豚，生活在中国，是所有淡水豚类中数量最少的一类，目前已濒临灭绝，现存数量很少。

　　亚马孙河通往海洋的最后一段路程仍然是历经坎坷。在巴西和阿根廷边界的伊瓜苏河的下游处，河岸不再有硬质岩石，而是软质岩石，在水流的侵蚀下形成了宽2 500米的大瀑布。甚至在15千米之外都能听到伊瓜苏大瀑布（伊瓜苏的意思是"巨大的水流"）震耳欲聋的声响。观赏瀑布最佳的方式就是乘坐直升机，瀑布从一个半圆形的、被称为魔鬼之喉的峡谷形裂隙处跌落，此处雾气缭绕，四处喷散的水花和升起的气流绝对会带给人们惊心动魄的体验。

◀ 位于巴西阿里普阿南河之上的达达尼尔瀑布。大乌雨燕能够很好地利用这壮观的南美大瀑布。这些技艺超群的鸟儿能够冲进瀑布，在岩石上筑巢，以躲避侵害。

世界最大的淡水鱼

　　世界上到底哪种淡水鱼最大，这个问题已经争论了几个世纪。诸多原因中的一个就是缺乏证据，就如同许多渔夫的传说，基本上都没有证据。

　　北美洲的白鲟体重最高纪录是816千克，其远在欧洲的表亲欧洲鳇，可重达2 070千克。在俄罗斯，有传言说一条欧洲鲶鱼长达4.5米。来自亚洲的竞争者有生活在长江的中华鲟。这种滤食性动物鼻子细长，上面布满电感受器，据说能达7米之长，但未得到认证。生活在湄公河的巨型黄貂鱼也不甘示弱，体重应该能够超过500千克，身长超过4.2米。但是根据记载，最长的淡水鱼的称号应授予临近濒危的湄公河巨型鲶鱼，图片中即为此鱼，长2.7米，体重293千克。

湿地与滩涂

在河流入海前的最后一程，河道变宽，河水流经低洼的冲积平原，洪水冲毁岸堤时便形成了湿地。这些湿地占全球地表面积的6%，其中包括泥炭沼泽、草沼和树沼。著名的水涝区有美国佛罗里达州的大沼泽地、博茨瓦纳的奥卡万戈三角洲、澳大利亚北部的卡卡杜湿地和巴西的亚马孙河湿地。这些湿地是野生动物的重要栖息地。湿地被喻为地球之肾，能过滤污染物并调节生态系统。但是农业发展和城市扩张正在侵吞着这些残存的湿地。

每当巴西西南部的雨季来临，巴拉那河都会经历巨大的变化。充沛的雨水使得河水暴涨溢出河岸，遭受洪水的面积相当于英格兰那么大，大约有13万平方千米。洪水形成了世界上最大的湿地——潘塔纳尔（Pantanal）湿地，"Pantanal"在葡萄牙语中意为沼泽。在随后的6个月里，宽广的干旱草原和森林区暂时成为水上世界，到处都布满沼泽、水塘和水道。

潘塔纳尔湿地孕育着各种各样的动植物。养分充足的缓慢水流养育着水生植物构成的水下森林，其中包括水葫芦和王莲。这里的环境非常利于鱼类的生长，有300多种鱼生活在这里，包括淡水黄貂鱼和水虎鱼，同时还有黄色水蟒和3米多长的眼镜凯门鳄。如果在这种干净的浅水中潜水，就犹如进入一个巨大的热带水族馆，只需随着水流漂荡，身边就会掠过丛丛水生植物和长相独特的鱼。

无花果树斜倚在岸边，为大量鱼群提供美食，而要想吃到掉落的果实必须经过一番激烈的厮杀。大群锯脂鲤和希氏石脂鲤会花几小时在河道上下寻找这种果实。这些鱼很聪明，已经学会跟在棕色卷尾猴下面，等着捡它们掉落的果实。抢食的锯脂鲤和石脂鲤会引发一阵骚动，吸引来潘塔纳尔湿地中最大的肉食性鱼类——小脂鲤。因为它长着尖锐的牙齿和强有力的上下颌，又被称为河老虎。红腹水虎鱼在一旁伺机抢夺一些小脂鲤剩下的食物，它们从茂密的水生植物中突然现身，只需几分钟便能将一条鱼吃得只剩骨头。

▲ 世界上最大的湿地——潘塔纳尔湿地，位于巴西南部。它源于巴拉那河，河水溢出河岸时，淹没的土地面积相当于英格兰大小。

◄ 红腹水虎鱼在河道中徘徊。这种臭名昭著的食肉动物聚集起来准备攻击大型猎物。

▼ 一条黄色河老虎，这个区域内最大的肉食性鱼类，它上面是石脂鲤。潘塔纳尔湿地是300多种鱼的家园，就像一个巨大的热带水族馆。

▲（右）
一条眼镜凯门鳄生活在自己的地盘上。在旱季，凯门鳄被迫长途跋涉，排成一列去寻找剩余的水塘。

▶ 一条黄色水蟒，潘塔纳尔湿地中最凶猛的食肉动物。它将向凯门鳄发起进攻。

到4月，雨季结束，潘塔纳尔湿地进入了旱期，鱼群便聚集在水塘之中。这些"鱼群储藏室"成为此时处于产卵期的水鸟的食堂。潘塔纳尔湿地有650多种鸟类，最大的鸟是贾比鲁鹳，高1.5米，还有苍鹭、黑头鹮鹳和玫瑰琵鹭，能够形成规模达上万只的鸟群。数量庞大的雏鸟要经受肉食性鸟类的无休止攻击，如长腿兀鹰和土耳其秃鹰，脆弱的雏鸟还十分有可能从巢穴中落入正在下面徘徊的眼镜凯门鳄的嘴里。

旱季，随着温度的升高，鱼儿们希望尽快逃离干涸的水塘，游向更深的河道，凯门鳄也被迫寻找淡水，这当然要经过很长的路途。最终雨水再次降临，鱼卵静静地躺在土壤中就像种子一样被孵化，就这样，世界上最富饶的湿地又开始了新的一次循环。

最后一站

沿海平原地势低平，向海洋缓缓倾斜，河流的沉积物开始在此堆积。逐渐升高的泥滩将河水分成无数条由沉积物形成的河道通向大海，就这样形成了三角洲。世界上最大的三角洲当然也是在世界最大河流的作用下形成的。三角洲形状各异，比如密西西比河三角洲呈鸟足状，而尼罗河三角洲呈扇形。虽然亚马孙入海处状似河口，但它宽广的三角洲位于水下，淡水位于海水下方，可饮用淡水流超过160千米。

世界上最大的三角洲是由布拉马普特拉河与恒河流入孟加拉湾而形成的。这两条河每年输送的沉积物超过10亿吨，均来自喜马拉雅山脉，比其他任何水系所输送的沉积物都要多。这个世界最大的三角洲有7.5万平方千米。三角洲沿岸的河道和泥滩被红树林所覆盖，形成了世界上最大的红树林，即孙德尔本斯红树林，从太空中都依稀可见。

印度西太平洋地区分布着最为密集的红树林，但是红树林也扎根于热带地区并保护海岸线，有利于河流的泥沙在这里沉积。这里的红树林有大约70种，从灌木大小到25米高不等。尽管涨潮时红树林可以生存在海水之下，但它们也需要淡水，很多红树林的气生根从泥滩中生长出来，露出水面通气。涨潮时，位于水下的红树林的根是鱼儿的庇护场所和重要的养料根据地。退潮时，裸露的泥滩上又迎来另一批动物，有弹涂鱼、招潮蟹和食蟹猕猴。

并不是所有的河流都能够塑造出三角洲。海平面上升时，海水倒灌进河流的"入海口"，这个半封闭的"入海口"便是河口。无边无际的河口泥滩像一片荒地，但却是地球上最丰饶的区域之一。河流堆积的泥滩犹如富含营养的汤，里面生活着大量微生物，从细菌和原生动物到线虫都能够分解有机物。大一些的动物有多毛类环虫、蛤蜊和竹蛏，它们生活在洞穴或固定的管道之中。这些动物最终沦为大量食肉动物的美食。河口是鳗和鲻等鱼类的重要栖息地。退潮时，大群涉水鸟，包括蛎鹬、塍鹬和各类鸻鸟、鹬鸟等来此觅食，每种鸟类都能用喙撬开贝壳类动物并找到其他藏于泥滩中的美味。

在靠近北方的温暖河口处，盐沼草代替了泥滩中的红树林。北美大西洋海岸曾经分布着广阔的盐沼，而如今只剩下零星的小部分。虽然盐沼已经被从美国华盛顿到纽约之间的城市丛林层层包围，但其中切萨皮克湾和特拉华州河口周围的潮汐盐沼仍然是富足的觅食之地，它还是40万只大西洋雪雁迁徙时重要的休息场所。每年秋天这里都会成为雪雁飞往南方漫长之旅中的加油站。

这就是河流之旅的最后一程。河流穿山凿岩，然后裹挟着泥沙一路入海，沿途所提供的淡水孕育了大量的生命。大型河流为世界上大多数人口提供了饮用水和食物，起到灌溉与运输的作用。很多人预言，世界未来之争的焦点并不是石油，而是淡水，淡水可以说是世界上最为宝贵的资源。

▲ 印度尼西亚的一只食蟹猕猴在泥泞的红树林水域中觅食。和其他同伴一样，它已经学会了在水中游泳来寻找食物。

◀ 数量达1万多只的大西洋雪雁群。它们在美国的潮汐盐沼中停留，在迁徙到大西洋过冬的路途中稍事休息，补给食物。

世界最大三角洲的卫星图，恒河–布拉马普特拉河三角洲。每年，河流冲刷喜马拉雅山脉所形成的沉积物超过10亿吨，最终都流入大海。

巴拿马的低地雨林。

一只中美洲厚嘴巨嘴鸟正在发出
单调的金属般的叫声。

第9章

热带雨林

地球上的热带地区，
全年每天有12小时的日照时间，
倾盆大雨经常光顾。
这里的环境最适宜动植物生长，
从而造就了物种丰富的热带雨林。
和地球上其他任何栖息地相比，
这里具有更多样而复杂的生命群体。

　　查尔斯·达尔文第一次探访热带雨林时在日记中写道："只有亲眼看到，才知道这一切是多么精彩和壮观。"这是在1832年，那时他刚乘坐"小猎犬号"到达巴西。大约25年后，艾尔弗雷德·拉塞尔·华莱士成为在东南亚热带雨林探险的第一个欧洲人。和达尔文一样，他被这里复杂多样的生命所震撼。物种为生存而竞争，两人为证明这一理论进行了全面的观察，并在此基础上分别创立了各自的进化理论。

　　对于初次探访热带雨林的人，由于缺乏欣赏大自然的锐利眼光，初次的体验可能没那么震撼。这里的植物种类非常丰富，但刚开始看到的动物却很少。你可能会听到高处茂密的树冠之上有受惊猴子的尖叫声，或犀鸟经过时慢慢拍动翅膀的声音。如果你足够幸运，可能会隐约看到像宝珠般闪亮的蜂鸟。日夜围绕在身边的是无休无止的虫鸣，但你看不见它们。事实上，雨林的神秘性更加激发了人们对这些动物的兴趣。在这里的时间越长，你就会对这里越痴迷。

　　热带雨林是地球上物种最为多样的地方，物种的绝对数量非常惊人。0.01平方千米的马来西亚热带雨林里有180种树木，而在与之类似的温带落叶林地，幸运的话也只能找出10种树木。到目前为止，在小小的中美洲国家巴拿马，就发现了1500多种蝴蝶；而整个美国的蝴蝶种类只有这个数量的一半多一点；英国也只有56种本地蝴蝶。亚马孙河中生活着3 000多种鱼类，比整个北大西洋的鱼类种类还多。尽管这些热带雨林只占全球地表面积的3%，但生活在这里的动植物数量却占已发现或待发现动植物数量的50%。

完美的温室

　　第一次踏入热带雨林会给人的身体带来一次冲击，湿气好像要深入五脏六腑。汗水从皮肤中渗出，感觉自己完全沉浸在这湿气之中。地面植被十分茂密，以至于每前进一步，就好像要被这些植物抓住脚踝一样。

▲　一只哥斯达黎加的透翅蝶在休息时用透明的翅膀来伪装自己。

◀　位于丹浓谷、沙巴州和加里曼丹岛的低地龙脑香树林。清晨时分，雾气退去，树木显露，随之传来长臂猿的嗬嗬声和犀鸟飞到树梢觅食时扇动翅膀的唿唿声。

▲ 每天下午都有一场降雨。固定的降水量、温度和阳光为雨林提供能量。

如果你敢坐在林地上，你甚至要怀疑走路时被汗水浸湿的衣服会被菌类吃掉。毋庸置疑，热带雨林可能是最恶劣的工作地点了。但对于生长在这种湿热环境中的植物来说，这里堪称完美。阳光充足和雨量丰富是赤道地区的热带雨林中植被多样的重要原因。在这种潮湿的温室条件下，植被的生长速度比地球上其他任何地方都要快。

大量的雨水以另外一种方式塑造着森林。如果你在雨林中突遇热带风暴，肯定会被它震撼到。热带风暴来临时大大的雨点打在高空中的树叶上，所以难以察觉。但很快雷声滚滚，倾盆大雨由树顶直泻而下。这种定期的瓢泼大雨能够将土壤中的养分和矿物质冲刷出来，正因为如此，雨林的土壤其实并不是特别肥沃。土壤中养分匮乏，且分布不均匀，加剧了植物间的竞争，促进了它们的多样化发展。

另一个促进植物多样性的因素是雨林所提供的巨大的立体空间。在这些参天大树的树冠之下，树干、新长成的树枝和矮一些的树木为那些攀爬的藤本植物和兰花提供了特有的生长环境。纠缠在一起的藤蔓是动物绝佳的隐蔽和进食之所。

持续的日照也是形成生物多样性的一个重要条件。虽然赤道地区全年的日照时间并不比地球两极的日照时间长，但这里一年中每天的日照时间都保持在12小时。太阳总会在早晨6点升起傍晚6点落下。这一刻还走在透过树冠直射而下的明亮温暖的阳光之下，而下一刻光亮就霎时消失，好像有人关掉了灯光；白天所熟悉的声音马上变成夜晚刺耳的虫鸣和蛙的求偶叫声，突然之间，森林变成恐怖之地。

对野生动物而言，在热带地区生存相对容易。因为这里没有极地那样的极端天气，也没有季节的变换影响它们的生物周期，尤其适合昆虫大量繁殖。而这些昆虫以植物为生，也促进了植物的多样性。随着植物抗虫能力的增强，昆虫改变了自己的取食方式，它们之间的竞争致使其种类更加多样化。类似的竞赛也在动物之间展开，同时促进了攫食者和猎物的繁衍。在相对稳定且适合的食物供应下，大多数物种都能得到更好的发展并具有特别的适应性。

互相协作也能促使物种往多样化方向发展。森林中的树冠很厚，很少有风能够透进来对花朵进行传粉或播种，所以植物与动物之间的关系变得十分密切，动物通过食用植物的花蜜在花朵间进行传粉，通过食用果实来播撒种子。这种复杂的互惠关系在雨林中十分普遍。

最后一个令生物繁衍生息的温室因素是基本上几千年不变的热带气候，这为雨林形成自己独特复杂的生态系统提供了充沛的时间。

▶ 在巴拿马科罗拉多岛的低地雨林，树木新长出了茂密的黄色和红色叶子，蓝花楹树上开满了花。

雨林带

热带雨林位于南北回归线之间，年降水量超过2 500毫米，这是一大片位于赤道地带从澳大利亚昆士兰东部到南美洲西部的雨林。有记载的雨林种类有40种，但都被归为5种基本类型。

低地热带雨林

目前分布最为广泛的雨林类型就是常年葱郁的低地热带雨林，这类雨林位于海拔1 000米以下的地方。这里树木种类的丰富性和多样性是其他任何地方都无法比拟的，其中有被伐木工所青睐的高大树木。这里的树木高一般超过45米，有时会有超过60米高的特殊树种。这里就是电影中人猿泰山所居住的丛林，常年湿润的空气使得匍匐植物、藤本植物和覆盖于树冠之上的附生植物茁壮成长。整个热带雨林包括广阔的亚马孙河和扎伊尔河的河流盆地在内，低地热带雨林就占总面积的2/3。在中美洲、西非和东南亚的很多地方也有低地热带雨林，但大量砍伐已经令这些地方的低地热带雨林支离破碎。

热带落叶林

由赤道向北或南移动一些纬度，季节性变化开始出现。周期性的大雨缓解了这里几个月的干旱天气。在热带落叶林，每年超过1/3的树叶会脱落。在亚洲的"季雨林"，随着季风季节的到来，树叶会随之发芽生长。这里的攀缘植物和附生植物很少，因为它们不能离开潮湿的环境，在干旱期无法存活。虽然印度尼西亚还有大片热带落叶林，但在亚洲的其他地方、非洲和南美洲，这类雨林大部分已被砍伐或用于农耕了。

沼泽林

许多热带河流在一年中涨涨落落，洪水会在大片富饶的低地森林泛滥，于是就有了沼泽林。洪水的冲击使生长在这里的树木比干旱的低地森林里的树木矮小，同时这里的物种数量也很少。巴布亚新几内亚的弗莱河和塞皮克河沿岸的沼泽林尚存，东南亚的大部分沼泽林已经被砍伐完，但南美洲还留有大片的沼泽林。这里有两种不同的类别。瓦尔泽亚林位于白水河所形成的冲积平原，如亚马孙河那样从安第斯山脉携带大量沉积物的河流即白水河。这些沉积物被树木的板状根拦截，并逐渐成为肥沃的土壤。另一种是位于黑水河——里奥内格罗河所形成的泛滥平原上的伊加坡林。这类河流不携带沉积物，所以不能培育肥沃的土壤。但在旱季，水位线下降，美丽的沙滩便裸露出来。生长在这里的主要是棕榈树，也有大一些的植物，如有着大型板状根的木棉。

▲　（上）
在巴西大西洋雨林，卡特兰的花朵开在了昆虫生活的树冠之上。卡特兰附生于树枝之上，可以尽情地获取雨水的滋润。

（下）
巴西的瓦尔泽亚林被从安第斯山脉流下来的河水淹没。

◀　中美洲干旱的落叶林。瓶子树在旱季落叶，但是现在长出了红色的嫩芽。树叶会一直呈橘红色以抵御食叶族的侵害，直到树叶长大之后才会充满叶绿素，以供给树木的正常生长。

从太空看亚马孙河。它的流域面积
达南美洲大陆面积的40%，蓄水量
是排在其后的10条河流的总和。

山地热带雨林

从湿热的低地热带雨林爬到高处，就进入了另外一个世界——山地热带雨林。在山地，每上升100米，温度就下降0.5摄氏度。很快那些低地热带雨林的参天大树就被你抛在身后，身边的树高下降到15～30米。在山地，不仅树变矮了，树叶也变小了。树干扭曲、多节多茎的植物取代了低地热带雨林树干通直的植物，而当你到达海拔2 000米以上时，树木还不及一人高。

这些植被的改变令人更加怀念温暖地带。在喜马拉雅山脉，你还能找到被人类移植到北方寒冷之地的杜鹃花。低温使得森林雾气氤氲，光线慢慢减弱，水汽的凝结使得树叶总是覆盖着潮气。很多树枝上长满青苔，林地就像铺了一层潮湿松软的苔藓地毯，树冠上满是附生植物，如兰科和凤梨科植物，它们非常享受这种永远潮湿的空气。现在你就处于阴凉潮湿的山地热带雨林之中，低地热带雨林中那种沉闷的好似在桑拿房中的感觉稍微减轻。在东南亚，长臂猿在山地热带雨林的树枝中上下攀爬，巨大的犀鸟飞过陡峭的山谷，发出嘈杂的声音。而中美洲的山地热带雨林则是蜂鸟和绿咬鹃的世界。

红树林

在有天然屏障的热带海岸生长着一种特殊的雨林——红树林。虽然红树林在北纬32度左右或南半球部分地区也有分布，但其沿赤道雨林带分布最为广泛。红树林适合生长在有潮汐的海水环境中，会呼吸的根部从浸水的泥滩中长出，裸露在空气中吸收更多的氧气。其他雨林类型恐怕不能在这种环境中存在并生存下去。涨潮时，你即便划着独木舟也很难穿越这种茂密矮小的植物丛；而退潮时，你就会马上陷入泥淖之中。对于野生生物来说，正是因为人类难以接近，红树林才成为珍贵的栖息地。在东半球，现存最大的红树林是位于恒河三角洲的孙德尔本斯林，林中仍生活着很多老虎；在西半球，西非的部分海岸沿线地区也能看到红树林；在中美洲和加勒比海的岛屿沿岸，比如特立尼达岛，红树林为上百只亮红色的美洲红鹮提供了安全的夜间栖息之所；而在东南亚的大部分地区，红树林已被伐去，取而代之的是虾池和养鱼场。

▲ 红树林生长于海岸和河岸边缘，扎根于浸满盐水的泥滩之中。特殊的会呼吸的根部是它们能够存活的秘密。红树林形成的栖息地对地势较低的海岸地区起到加固保护作用。

参天大树

从本质上来讲，雨林就像是由树木组成的高空画廊。每棵树都为其他动植物的生存提供了居所。那些参天大树——树冠高于大部分树木的个体——高度可达到60米，树围可达到17米。而大部分树木高度只为30米左右。

雨林中的树木通常是一种样式：高耸、树干细长、结构简单、多枝杈和伞状树冠。根部体系一般在浅层地面，所以树干需要宽大的底部支撑（左图）。这些支撑物由长在地面之上的根部构成，从树干底部向上、向外延伸，就像薄薄的法兰盘。

雨林中的树不像温带树木，它们全年都能够生长，所以这些树没有年轮。虽然雨林树木的寿命可达到1 400年，但它们需要60年才能长成。即便如此，这些树也不会每年开花结果，每3～10年才有机会在动物的帮助下进行传粉和播种。

向上，向下

科学家和电影制片人一样，都难以摸清雨林的规模，无法深入雨林。在雨林地面，你无法看清在阴暗纠缠的植物之中活动的动物，而接近树冠和在那里栖息的动物也绝非易事，即使扭断脖子恐怕也一无所获，你只能侥幸偶尔一窥猴子的尾巴。但是现代科技改变了这一切。多种专门设计的热气球可以载人升到树冠之上。你可以在仅离树冠几米的地方把脚放下来，伸进那无边无际的由树冠所组成的绿色海洋中。树木在这个高度已经长满叶子，上面成为生物繁衍的乐园，也为附生植物和攀缘植物提供了生长的平台。这些植物穿过无数遮挡着的树叶，最终冲出树冠沐浴在充足的光照之下。这里是雨林的"发电厂"。光和热在这里达到极点，接近32摄氏度，所以大部分光合作用也发生在这里。树冠里丰富的花朵和果实吸引着大量的昆虫，交叉纠缠的树枝为猴子和松鼠提供了空中通道。

由于植物向光而生，所以树叶会构成很多层次。阳光经过树叶层会被层层削弱，于是叶下能够保持温度，并不断聚拢湿气。温带森林中也是同样的道理，而令热带雨林如此与众不同的是其非同寻常的树木层，以及生活在每一层的植物和树层间不同的光照。树木层就像是一座由很多分区组成的大教堂，每个区域都有自己的微气候。要想继续向下探索就需要绳索了。

说起来确实令人心惊，那就是借助现代攀爬技术人类还是可以轻松上下树木的。最糟糕的时刻就是踏入高空树冠的第一步，这时你能依靠的就只有一条单薄的绳索和几片金属。

在回过神来之后，你就会开始享受这种历程，并开始注意到周围植物逐渐变化的层次。树冠下是小型树木和处于不同成长阶段幼树，再往下是攀附这些树生长的藤本植物和附生植物。有些植物在这里就能完成它们的生命周期，而另一些则必须攀爬到树冠之上。这些稍矮的树木可能要在大树的树荫下等待好几年才

▶ （上左）
一株年轻的藤本植物——一段木质化的藤条，正处在向其支撑树攀爬的漫长征途中，它缠绕着向上攀爬。其他的藤本植物用卷须作为支撑或吸附在树上。通常热带雨林中至少有一半的树木充当了此类藤本植物的"脚手架"。相对地，这些树木生长会变缓，有时会被"绞死"。

（上右）
巴拿马的一种马兜铃攀缘藤本植物的花。它散发出一种尸臭般的气味，以吸引屎壳郎和苍蝇来为它传粉。

▶ （下）
豹猫。它的颈部有一个无线电发射器，用以跟踪它在森林中的活动。豹猫利用藤本植物作为桥梁和梯子在自己的领地中活动。

能获得阳光和生长空间。在这个生长阶段，它们要耐阴，且生长速度极慢。而一旦有树木倒下，有了接受阳光照射的机会，它们便会趁机迅猛成长并走向成熟。

雨林地面的情况则截然不同，只有2%的阳光能够照射下来，温度下降到28摄氏度，湿度猛增到90%。在昏暗的光线下，能够存活下来的只有耐阴植物，而有些雨林的底部甚至阴暗到很少有植物能存活。但有一些雨林有足够的空间，阳光的照射量经过树叶"过滤"后仍然十分可观，所以地上长满幼树、灌木丛和藤本植物。这正是亚洲季雨林的明显特征。在旱季，树木纷纷落叶，使得生长在低处的植物能够在大树将阳光遮住之前得到生长的机会。

阳光争夺战

猛烈的热带风暴能将大树摧毁，而在树上附生长达千年的动植物种群可能也会随之陨灭。一棵大树倒下后，会有其他树木取而代之，清澈明亮的阳光就这样突如其来地降临了。几乎是一夜之间，湿度降低，温度骤增，土壤中的营养成分甚至也随之改变。虽然稳定的地表环境受到破坏，但正是这种转变对雨林的重建和物种多样化起到重要作用。

雨林地面上的种子正在等待这一刻的到来，有些种子已经等待了多年。大个儿的种子中典型的有亚马孙原始森林中的树种，它们能够依靠能量储备在树荫下缓慢成长，待到阳光照射的时候加速生长。在这种富有活力的新环境中，生存竞争十分激烈。几天之内，动物纷纷往这片开阔的地方转移，于是带来更多种子。在树木重新将阳光遮挡之前，一场以占据有利地形为目标的竞争开始了。幼树在比以往充沛的阳光里加速生长，直冲树冠。这些年轻的树丛长势十分迅速，在不到10年的时间里，它们的高度也许不及以前的树木，但树冠大小却毫不逊色。

攀缘植物

在以乔木为主导的世界里，其他植物似乎无法穿透这个彼此紧密关联的整体。但是有些植物却拥有穿透树冠的技能，攀爬的方式也有多种。

棕榈藤等植物会用刺钩住周围的植物，然后奋力攀爬到200米的高处。

猪笼草也一样，它们会将叶片上的纤鞭牢牢绞缠在其他植物上，同时叶片却能变成筒形陷阱，用来捕捉昆虫甚至爬行动物和小型哺乳动物，然后将猎物溺死在捕虫囊中。

藤本植物等其他一些植物则把从叶子或茎部生长出来的卷须当成牵引绳向上生长。它们的卷须已经进化到在没有阳光的环境中也可以生长，并能在阴暗中到处寻找可以攀附的植物。卷须在碰触到其他植物时，会在刺激下迅速卷曲缩回。例如，有一种美洲热带葫芦的卷须，一旦触碰到其他植物就会在20秒内卷曲，并在4分钟内缠住支撑物。

一些攀缘植物在生长时会利用攀缘根固定自己。这些特殊的侧向生长的根在遇到其他东西的表面时会生出黏性茸毛（常春藤就是如此，如果你曾经将其从墙上拔下，就会知道其根部所产生的抓力有多么强大了）。长有攀缘根的植物可能会慢慢失去其土生根，且植株攀爬至树冠后就停止攀升，只依赖于侧生根维持生长。

雨林战争

植物不仅构建了茂密高耸的雨林环境，还提供了大量食物——树叶。1平方米的低地雨林上长有总面积多达11平方米的树叶。为防止树叶全部被吃光，雨林中的树木已经发展出了一套独门防御术，但是树叶对于动物来说是珍贵的食物来源，必须奋力抢夺才能得到。这场战争上演了数百万年，双方都互有输赢，并且都在这一过程中发展了各自的战斗策略。

▼ 在拉阿米斯特德国家公园（位于巴拿马和哥斯达黎加交界处），位于海拔2 000米处的一棵橡树伸展出了树枝，上面挂满了附生植物，有兰花、凤梨、苔藓和地衣。蜂鸟和大量的昆虫以这些花朵为生，还有一些小型动物的群体生活在交错的树叶和根茎之中。

空中花园

很多植物没有长长的根或茎，却也能得到阳光的照射。雨林的树木上经常挂满兰花、仙人掌、天南星科和凤梨科植物，俨然一片异域花园的景象。这些植物属于附生植物，它们生活在树枝的树皮之上。

大部分地衣、苔藓和蕨类植物都已经进化出这种生存模式。它们并非寄生于此，因为它们的根部并没有渗入树皮汲取养分，而是从空气和周围的环境中获取水分。附生植物在潮湿的山地雨林中长势尤其好，它们沿着树冠中的树枝长成一层浓密的植被。凤梨科植物群中还汇集了小型水坑，成为树蛙的空中花园。其实，小型动物群完全可以永远定居在这片空中花园中。很多附生植物能够与蚂蚁共生，例如，印度尼西亚的蚁巢木在靠近根部的地方长有管状组织，供蚂蚁居住，而蚂蚁的排泄物能为蚂蚁自己和蚁巢木提供养料。

附生植物的生活方式十分成功，低地雨林中有1/4的植物属于附生植物。它们数量众多，在有些地方，附生植物的叶片甚至比它们所依附的树木的叶片还大。仅一棵树的树冠上生长的附生植物就能达到几吨重。

消化问题

植物有一个得天独厚的优势：它们的叶子中有纤维素，非常难以消化。一些动物如毛虫通过不断咀嚼树叶来分解坚实的细胞壁。但是大型食叶动物发现，细致地咀嚼树叶不可能获取足够的能量，于是它们的肠道消化菌群中发展出了纤维素消化菌来代替咀嚼。但是细菌的工作效率并不高，树叶以这种方式在肠道中消化的速度很慢，结果导致很多大型食叶动物（如南美吼猴）很重且行动缓慢。其他诸如加里曼丹岛沼泽林和红树林中的长鼻猴有像盆一样的大肚子，专门用来发酵吃进去的较硬的叶子和种子。

很少有鸟类有食草的习性，因为这种发酵过程会令它们的体重加大而难以飞行。但有一些鸟类保留了能处理纤维素的消化系统，最为出名的是南美洲的麝雉。

这种鸟类有胀大的食道，胃部生有纤维素消化菌群，很像牛胃里的发酵系统。麝雉吃进去的树叶在体内要将近两天才会消化完，所以其身体会散发出一种独特的霉味，于是便获得了"臭鸟"的绰号。

中美洲和南美洲的切叶蚁在与植物的争斗中成了真菌农夫。在地下巢穴中，它们将剪下的树叶咀嚼成黏糊状，然后在里面放入真菌孢子，最后它们食用生长出来的真菌。

▲（左）

一只吼猴正在食用树叶。吼猴的食物中有一半是树叶，特别是多汁的嫩叶。吼猴的胃部充满了细菌，能够帮助分解树叶的细胞壁，即便如此，在干旱时期，它们的体重也会减轻，并且被迫食用更加难以消化的成熟叶片。

（右）

南美洲的麝雉，少数能够食用树叶的鸟类。它们将胃部作为发酵室，用细菌帮助消化。但麝雉胀满树叶的胃部使其飞行十分困难，所以它们将大部分时间都用于消化，它们将胀大的胃部抵住树枝，用位于胸骨末端的特殊硬囊来研磨食物。

痛苦的结局

　　叶片本身难以消化的纤维素是植物自带的防身法宝，此外，它们还有其他武器来保护自己。许多植物的毒刺和荆棘使得掠食者敬而远之，还有一些植物利用化学武器来抵抗无情的掠食大军。雨林植物在生长过程中进化出来的毒素等防御武器更加证明了它们超群的适应能力。有些植物用化学物质困住食叶动物或者使其丧失食叶能力。如巴西橡胶树，其树干和树叶一旦被动物刺穿，就会流出一种黏液。这就是制造橡胶的原始材料，即我们所知的乳胶。它不仅有毒，曝露在空气中时还能氧化形成一层厚厚的胶，粘住昆虫的口部。但有些昆虫却有办法瓦解橡胶树的防卫，它们在咬食的叶片周围刺出很多小孔，为流出的乳胶导流。

化学高手

　　许多雨林植物会采用更加精明的方法，那就是利用物质的化学特性。例如，一些植物模仿掠食者的保幼激素，诱使它们停止发育，一直处于幼虫状态，不能繁殖。还有一些植物会扰乱昆虫的发育进程，致使昆虫畸形。有些植物甚至能够改变食草哺乳动物的生育能力，产生雌激素以干扰其生育。有些时候，这些化学物质的毒性十分强烈，甚至能够置人于死地，比如热带雨林植物中广泛存在的士的宁和氰化物。

　　但是灵巧的昆虫解决这些难题的本领也毫不逊色。在化学武器的竞争中，昆虫进化出了一种强有力的酶来分解毒汁；而每种植物的毒汁都至少有一种能免疫的食叶动物与之对应。一些昆虫甚至能够利用植物的毒汁抵御它们自身的天敌。生活在新几内亚的亚历山大鸟翼凤蝶的毛虫以有毒的藤本植物为食，然后储存并利用这种毒素一直到成年，最后蜕变成五彩缤纷的蝴蝶，斑斓的色彩也警示着掠食者它们自身带有毒性。还有很多怪异的蚜虫以萝摩科植物为生，它们用这种植物的毒素杀死妄想捕食它们的蜘蛛。这种毒素能破坏蜘蛛的神经，使蜘蛛陷入疯狂状态并毁掉蜘蛛网。还有一些昆虫能对毒汁进行加工，将其变成自用药物，如雄性斑蝶就能将所食用的植物中的毒汁聚集到一起，再提炼成催情药物。

　　植物迅速地发展新的抵御方式，适应能力超强的食叶动物也毫不示弱。在持续升级的竞争中，对于植物来说，将损失控制在最小就已经是最好的状态了。

▲ 在巴拿马雨林中的一小片区域捡到的种子。这些种子在母树周围已没有生长空间了，还可能被母树的致病微生物和害虫所毁害，所以大部分种子都被裹在一起，等待动物来播种；还有一些选择随风飘落（雨林中相对处于无风状态）。

◀ 切叶蚁正在切断轻木幼苗的叶片。经过两到三小时的侦察，切叶蚁来到树苗旁，切断叶片，然后将其运回大本营里的真菌农场。真菌对于环境十分挑剔，蚂蚁们知道什么样的树叶易于培养出真菌。

▲（左上）

一株兰花，蜜蜂背着花粉囊（花粉块）从刚采过蜜的兰花中飞走。热带地区的兰花都通过这些蜜蜂传粉。

（左下）

无刺蜂在巨大的轻木的花朵上。白天，猴子和鸟儿从花朵上汲取花蜜，夜晚则有蝙蝠和其他哺乳动物光顾。

（右）

一只巨大的马来犀鸟在掠过树冠时摘取了一颗无花果，惊扰了一只正在吃红树叶的猴子。犀鸟在加里曼丹岛的雨林中飞来飞去，无花果的种子随着犀鸟的粪便一起被排出，散落到雨林各处。

雨林关系

有些植物非常期望能够为动物提供食物。为了保持适当的形态和基因多样化，它们也需要进行有性繁殖，即通过异体传粉，这样就需要一套传送系统来确保花粉到达另一棵同种树木的花朵上。在这个静止无风的雨林环境中，大多数植物依靠动物传粉，因此它们要长出特别的花朵吸引动物，或以其他方式来引起这些援助者的注意。虽然很多雨林中的树木需要30～40年才能成熟，每年也很少开花，但当具备一切条件，它们就会尽全力投入吸引动物为其传粉的工作中。因为花朵和果实数量非常之多，所以种子的数量也十分惊人，1平方千米低地雨林所产生的果实和种子的质量与12平方千米温带橡树林的树木质量相当。植物竞争的法宝就是尽可能广泛地播撒种子。甘美的果实因此成为吸引猴子、蝙蝠和鸟类这些动态载体的工具，也因此造就了另外一种复杂的关系网。

"香料商人"

雨林中的花朵一般较大，颜色鲜艳而且香味扑鼻。如轻木的花朵有12厘米长，直径达8厘米。很多花朵利用亮丽的色彩吸引授粉者，尤其是易被颜色吸引的鸟类。

例如，沙捞越的槲寄生能开出亮红色的花朵吸引啄花鸟，花瓣在鸟儿飞过时张开，露出花蜜。在雨林无风潮湿的空气中，气味能够传播得很远，花朵就利用这一点来吸引传粉者。这些气味的传播范围很广，味道也千奇百怪。兰花十分特别，有十分复杂的香味。比如，马达加斯加的彗星兰散发着很强烈的香皂味道，可吸引飞蛾前来传粉。

有的花朵散发着腐烂物的恶臭味，吸引苍蝇或甲虫之类的传粉者。还有很多花朵能模仿腐肉的颜色，令授粉者产生颜色幻觉。各种各样的恶臭令人窒息：马兜铃的藤能够产生苍蝇喜欢的臭鱼味；蒲瓜树的花朵在夜晚开放，散发出蝙蝠无法抗拒的酸臭奶酪味。但"恶臭之王"当数生长于东南亚雨林中的大王花。这种世界上最大的花朵的直径能达到0.9米，所散发的恶臭气味堪称植物界之最。因为能够收集和传播花粉的时间只有几天，所以大王花使出浑身解数开出巨大的红色花朵，在森林中散发出腐烂的气味来吸引苍蝇。

大众水果

无花果树是雨林之中最为常见的植物之一，许多动物都钟爱它们的果实。在3块热带大陆中，无花果是以水果为食的雨林动物十分重要的食物来源。在中美洲，有26种鸟类只食用无花果；而在马来西亚，3小时内就能观察到47种鸟在同一棵无花果树上进食，这让无花果的种子得到了广泛播种。

有多达20种无花果树能在雨林的任何地方生长，有的在低矮的灌木丛中，有的用特殊的茎和气生根缠绕住其他树木并将其扼杀。一旦无花果树的种子附着到树枝上，就会向地面生长出长长的根，然后再长出气生根，最终扼杀寄主树木。每种无花果树都由一种特殊的黄蜂授粉，所以一年四季都能结出大量果实。当其他树木青黄不接之时，无花果就成为一种十分重要的食物来源。

▲ 雄性天堂鸟在尽全力展示自己，力求超越其他同伴，而观众仅有一位，即位于上图中间位置的雌性天堂鸟。
雄性天堂鸟用鲜艳的羽毛吸引雌性来到它们的求偶场。它们有足够的能力长出这种精巧的羽毛，因为食物从来不是问题。

① 一只蓝色的天堂鸟全身倒悬，正在展示自己美丽的尾巴，并发出特殊的不似鸟类的嗡嗡声。

② 一只美丽的天堂鸟竖立起它迷人的背部羽毛。

③ 劳氏六线风鸟在炫耀它如丝线般的头部羽毛和彩虹色的背部羽毛。

④ 一只华丽的天堂鸟在展示台上亮相，此刻正是表演时的中场休息。

长途运输

最优秀的远距离传粉者必须要有强壮的体魄，如鸟类、蝙蝠、天蛾和能够长途觅食的昆虫。而其中最常见的就是蜜蜂，它们在雨林的大部分地区承担着白天传粉的职责。如兰花蜂，每天要飞行超过20千米的路程觅食，并且一路上总是在同一种植物上采集花蜜。它们与花朵有着复杂的关系。巴西栗能开出大量黄色的花朵，花朵被缠绕的花须罩住。雌性兰花蜂有足够的力气顶开"花罩"采蜜，并在无意中完成了花朵间的传粉。但是颜色鲜艳的雄性兰花蜂却更青睐长在巴西栗树枝上的一种兰花。它们采集兰花的香味物质，也在花朵间开展传粉工作。雄蜂采集足够的香味物质后会结成一大群，发出嗡嗡的声音，扑鼻的香气吸引着在巴西栗花朵上进食的雌蜂，由此形成一种由巴西栗、特种兰花和蜜蜂一起组成的优雅的共生体系。

虽然白天昆虫是重要的传粉者，但在很多雨林中，鸟类同样十分忙碌。南美洲和中美洲的传粉工作主要由蜂鸟完成，而在非洲和亚洲的森林中，太阳鸟扮演着同样的角色。到了夜晚，轮到蝙蝠出动了。专由蝙蝠传粉的花朵特别容易辨别，通常呈白色或淡色（蝙蝠在远处通过声波而非眼睛来确定花朵的位置），要易于接近，而且还能产生大量的花蜜。球花豆属植物的花朵沿着长长的茎从树冠上呈扁球状成串垂下。每串花都含有携带大量花粉的雄蕊，蝙蝠一来采蜜，就会被花粉沾染。

责任重大的播种

雨林中几乎无风，大部分植物要依靠动物来播撒种子和果实并非易事。植物希望动物食用它们的果实，帮助它们传播种子，同时也会确保种子远离破坏与吞食，至少保证有一部分能够发芽生长。无花果树的策略就是长出大量小而坚硬的种子，这些种子生在小巧美味且容易消化的果实中，是很多动物的最爱。结果的无花果树在森林中的地位无比显赫，四面八方的动物都被吸引过来。在中非，经常看到低地大猩猩、黑猩猩、猴子、松鼠和不同种的鸟类聚集到一棵树下享用无花果盛宴。几吨重的果实里有数百万颗种子，其中至少有一部分种子能够播种成功。但这也是有代价的，微小种子所储存的养料十分有限，必须尽快发芽才能存活。

雨林中的大部分植物都能结出营养丰富的大粒种子，而这就需要由特别的动物来播种，如一些专门以水果为食的鸟类和蝙蝠。南美洲和中美洲的巨嘴鸟、东南亚的大型食果蝙蝠，还有西非的棕榈鹫都是专食水果的动物，它们因满足雨林植物传播种子的需求而大量繁殖。鸟类偏爱的水果通常颜色鲜艳且醒目，而有多种味觉的蝙蝠则偏爱颜色暗淡、有刺激性味道的果实。雨林提供了如此丰富易摘的果实，为食果动物节约了时间和精力，使得它们可以做很多其他的事情。在新几内亚富饶的雨林中，天堂鸟就把足够的精力用在美化羽毛上，并花费时间编排求爱仪式。

▲ 在菲律宾，一只番果蝠正在吃无花果。雨林中的食果蝙蝠整年食用无花果。树木获得的回报是种子的播撒。

▶ 美洲豹是南美洲最大的食肉动物。它们比花豹体形大且结实，能够捕杀大型哺乳动物，但一般它们只会捕食小型动物，如乌龟和草原西猯（小型猪形动物）。

有时，植物和种子传播者之间的关系十分密切，甚至会发展为一对一的关系。虽然有20多种鸟类以哥斯达黎加一种伞花嘉赐木的果实为生，但只有一种鸟是最完美的种子播种者。伞鸟是一种银色小巧的鸟，头部像戴了一个黑色面具，很容易被老鹰识别。为了避免被捕食，它们带走伞花嘉赐木的果实，在遮盖物的掩护下将果实迅速吃掉，这样就把种子带到更容易找到生长空间的地方。在伞鸟逃避捕食者的努力之下，它们成了唯一能够成功播撒嘉赐木种子的鸟类，现在树与鸟已经完全依赖对方而生存。

巴西栗依靠一种特殊的健忘的动物——刺鼠——来播撒它们的种子。刺鼠是唯一能够打开巴西栗坚硬果实外壳的动物。它们会吃掉大部分坚果，再把剩下的埋起来，但它们会忘记埋藏果实的地方，于是这种健忘症给了种子发芽的机会。

有些大型树木长出巨大的种子或坚果，大到只能靠大型的哺乳动物来播种。果实掉在地上，树下便开始了一场果实盛宴。在非洲的雨林中，大象也会参加这场盛宴，吃饱喝足后将含有种子的粪便排在远处。

掠食动机

在所有雨林动物中，最令人沮丧且难以琢磨的就是大型食肉动物了。在南美洲的雨林中工作数年可能也不会见到一只美洲豹，在西非的雨林发现花豹比在非洲干旱地区发现它们胆小的亲戚更加困难。与种类众多的雨林植物和食草动物相比，食肉动物的种类相对少些，尤其是大型食肉动物。但是它们的数量仍比在其他森林中的多，主要原因是这里有很多昆虫可以食用。其实，大部分雨林中的食肉动物也是食虫动物，并且很多食肉动物本身就是无脊椎动物。

▲ 巴西海岸防护林中生活的世界上最大的蜘蛛——歌利亚巨人食鸟蛛正在将消化液注入刚刚拖曳到地下巢穴中的蛇的体内。食鸟蛛的腿跨度可达26厘米，能吃掉任何它们所抓到的动物，用它们那带毒的、向下生长的尖牙将猎物刺穿。

小虫

在有大量昆虫可食的情况下，雨林的每种动物类群中都有食虫动物就不足为奇了。许多小型哺乳类食肉动物只吃昆虫。在亚马孙雨林高高的树冠上，食蚁兽会毁坏蚂蚁和白蚁的巢穴。这些群居的昆虫有着令人生畏的集体攻击能力，但食蚁兽用厚厚的毛皮来保护自己，非洲和亚洲的食蚁穿山甲更是用坚硬的鳞片来自保。很多灵长类动物以树叶和果实为食，也食用昆虫。生活在非洲的懒猴和树熊猴会用灵巧的手指应付昆虫们越来越高超的防卫机制。黑猩猩恐怕是最聪明的雨林杂食动物了，它们用智慧来发掘包括昆虫在内的每种食源。尤其广为人知的是，黑猩猩学会了制造特殊的工具以伸进白蚁的巢穴获得美味。

对于鸟类观察者来说，食虫鸟类大概是最易观察到的鸟类之一。在中美洲的雨林中最容易看到颜色鲜艳的食虫鸟，它们在树枝上笔直地站立着，看到飞过来的蝴蝶就会猛然出击。在非洲雨林中，食蜂动物也是以同样的方法捕捉食物的，并创造了一种聪明的拍打法来去除蜜蜂的刺。啄木鸟是一种非常成功的食虫动物，在很多雨林地带都能见到它们的身影。一些鸟类不仅通过破坏白蚁的巢穴来攫取食物，甚至将自己的窝建在这种泥土建筑中。即便是以花蜜为食的蜂鸟和太阳鸟也意识到了昆虫的营养价值，它们捕捉昆虫来喂养自己的雏鸟。最为壮观的食虫鸟景象一定是大群不同种类的鸟嘈杂地飞过雨林觅食，它们为了保持联络会不停地鸣叫，所以很容易辨认。它们一波又一波地发起进攻，所有个体都能从骚乱的虫子中受益。还有些鸟类则在雨林中追寻着行军蚁和矛蚁群的脚步，趁着蚂蚁围攻逃窜的昆虫时大搅混水，大饱"虫"福，这就是蚁鸟。

万众一心

雨林中还活跃着大量无脊椎动物，因此也就有大量以无脊椎动物为食的捕食者。毋庸置疑，最令人印象深刻的是南美洲行军蚁和非洲矛蚁。它们都使用相同的恐怖作战法——闪电战，由几千只蚂蚁成群行动，在林地中像一股不断移动的黑色溪流，侵吞一切可食之物。由于数量上的优势，行军蚁和矛蚁能够轻松地战胜更大型的昆虫、蜥蜴和小鸟，它们行军路线所经之地的动物几乎都会葬身蚁腹。传说矛蚁进入村落时，甚至会吃掉摇篮中的婴儿，听起来似乎有些夸张，但可以肯定的是，雨林中行军蚁和矛蚁所经之地在几星期内都不会有生命存在。

温暖的热带地区催生了其他一些骇人的无脊椎动物。许多无脊椎动物足够强大，是典型的食肉动物，甚至强于脊椎动物。其中最有代表性的例子就是南美洲狼蛛，其腿之间的跨度可超过25厘米，能够轻松捕获树蛙或小鸟。螳螂也有大型物种。在马来西亚的雨林中，你能看到大而美丽的花螳螂，它们会模仿兰花静待猎物。被"花朵"吸引的昆虫直到被螳螂攻击才发现自己已成为盘中美食。

食肉动物

真正的食肉动物，比如人类，在雨林中会面临一个困境：丛林纷繁复杂，且难以穿越。这里没有足够大的地方可供猎豹奔跑，让猎鹰翱翔。这里的食肉动物大都小巧敏捷如南美洲的虎猫和长尾虎猫，或者苗条如亚非地区的灵猫。而这三个大洲各有一例外，南美洲的美洲豹、亚洲的森林虎和非洲的花豹。这些大型猫科动物与那些低密度的大型森林食草动物相比数量很少。同样地，食肉鸟类的数量也十分有限，这里的鸟类通常体形小、圆翼，能在树枝间快速躲闪。在雨林中每片主要区域至少有一只庞大的雄鹰在树林上方盘旋，准备掠食。南美洲的角雕、菲律宾的吃猴鹰和非洲冠雕都以雨林中的猴子为食。

▼ 行军蚁正在吞噬一只蝎子。雨林中数量最大的捕食者就是蚂蚁。这一物种最擅长成百上千只成群捕食。

在新西兰，一群南露脊鲸在水中
风驰电掣地捕捉猎物。

五彩缤纷的红海软珊瑚和一群玻
璃鱼。

第10章

多样浅海

尽管浅海仅占海洋总体表面积的8%，

但是从目前来看，

它却是海洋资源最丰富的区域。

那里生长着珊瑚礁、海草床、海藻林，还分布着全球90%的商业渔场。

▲ 位于马尔代夫的阿里海岸——印度洋火山环礁链，东方石鲈鱼和大眼鲷在珊瑚群中自在地游来游去。珊瑚生长的水域清澈透明，也为鱼类充分利用颜色进行交流提供了方便。

▶ 座头鲸妈妈在太平洋汤加岛沿岸的热带海域哺育刚出生的鲸宝宝。这里海水平静而温暖，有沙石垫底，因而成为理想的哺育场所。但是像其他热带海洋一样，这里缺少养料供给。

在太平洋汤加岛清澈见底的热带海域中，体重40吨的座头鲸妈妈正在哺育刚刚出生的鲸宝宝，这是一幅多么美好而宁静的画面。当鲸宝宝松开正在吮吸的乳头，一股喷涌而出的营养丰富的乳汁在水中散开来，就像一朵朵白色的云彩。出生之后1吨重的鲸宝宝在接下的一年里将要完全依靠鲸妈妈的乳汁成长，它们每天能够喝下450升乳汁。像这样平静的热带浅水区域为鲸鱼提供了一个近乎完美的哺育场所，但是物质供给相对缺乏，这就意味着鲸妈妈没有食物的补给，它将通过消耗自己的鲸脂生活一整年。一旦鲸宝宝长到身强体壮之时，它们就会像其他的哺乳动物一样离开热带地区开始长距离的迁徙，到温带及极地的海洋区域寻找食物资源丰富的水域。在这一章当中，我们将去地球上绵延宽阔的浅海开启一段有趣的旅程。

浅海到底在哪里

通常来说，浅海一般位于地球的大陆架上——地球大陆的水下延伸部分。平均来看，一块大陆架会延伸大约80千米，但是在南美洲太平洋沿岸的大陆架宽度不到1 000米，而在西伯利亚的大西洋沿岸，这里的大陆架却绵延不绝，能够延伸将近750千米。浅海区域的水深很少有超过200米的。在浅海——海洋资源最丰富的区域，动物的种类分布往往和浅海中的底层沉淀物有关。大部分的大陆架都是由大量沙质或淤泥质的沉积物构成的，在这样的环境下，动物往往生活在泥土中，如蛤；或者像蛇尾类或比目鱼那样生活在泥土的表面。除了在热带区域的水草之外，固定生长的生物（固定附着生长的种类）很少能够在浅海中生存，如海葵或海藻类的海洋植物，因为缺少可依附生长的载体。当浅海海底层是硬质的或布满石头时，动物和植物就有了可依附之处，从而不断发展和衍生出不同的种群。在温度较低的温带海域，你将目睹茂密的海藻林和被数不尽的无脊椎动物点缀的缤纷多彩岩壁。在热带地区，岩石基底为珊瑚幼虫提供了生存场所，没有了岩石基底，大部分的珊瑚就不能生长。毫无疑问，大陆架上物种的丰富程度和多样性，很大程度上都是取决于光照和有效养分的数量。

温暖的浅海区域

　　温暖的热带浅海区域作为所有浅海生产率最低的区域，为刚出生的座头鲸宝宝提供了一个极为舒适的哺育环境。这里的海水透明得犹如水晶一般，那是因为这里只有少量的浮游植物。而在海洋资源丰富和生产率较高的水域，由于浮游植物的存在，水的颜色呈现绿色不透明的状态。浮游植物承担着海洋90%的初级生产，并且几乎构成了所有海洋食物链的基础。热带海域——位于南北回归线之间的地球赤道带水域，水温超过20摄氏度，仿佛是海洋中的沙漠地带，因为这里连浮游植物都极为稀少。

　　和所有植物一样，浮游植物的光合作用也需要两个不可或缺的元素——阳光和养分。在地球赤道的热带地区，最不缺的就是阳光了，一年中的每天都有12小时的充足光照。可是这里缺养分，尤其是缺乏氮和磷，这两种物质在基础的生产中占有着重要的地位，没有这些养分，浮游植物就无法进行光合作用。

　　在热带海域，这些至关重要的养分大多储存在深海当中，而海面太平静，以至于海面和深海难以完成养分的上下混合和融合。正如所有海员都知道的，地球赤道附近的水域被称为赤道无风带，因为这里没有气流活动。这里不仅因为风平浪静而受到刚出生的座头鲸宝宝的喜爱，并且确保了很少有养分流失到海面。大多热带浅海区域都是水中沙漠，只有少部分成为珊瑚和水草的栖息之地。

缤纷绚丽的珊瑚礁世界

　　若是说起感受大自然的奇秀之美，莫过于到红海海岸潜观珊瑚了。红海海岸的珊瑚缤纷多姿，很少有别处的珊瑚能与之媲美。红海的确被沙漠包围着。但倘若潜入水下，你一定会为眼前色彩斑斓、奇妙艳丽的珊瑚景象所倾倒，甚至怀疑自己是不是出现了幻觉。红海海水温暖，如水晶般清透，置身其中，犹如眼窥万花筒一般，来往的游鱼、随波起舞的珊瑚，一定让你的眼睛应接不暇。

　　红海的珊瑚礁之所以呈现如此绚烂的景象，原因有两个：其一，软珊瑚的数量繁多，通常来说，软珊瑚质地柔软，颜色极其艳丽多变，从淡粉红色到深紫色都有；其二，形如金鱼的花鮨随着波浪在珊瑚间游弋，就像鲜亮的橙色云朵在翻滚一般。事实上，这些色彩艳丽的小鱼数量极其庞大，甚至有人觉得"红海"是因此而得名的。

　　在珊瑚礁中无处不在的种类繁多且数量庞大的海洋生物，使得珊瑚礁成为目前海洋当中最具生产效率的栖息场所。每平方米的珊瑚礁每年的碳固定量最低为1 500克，最高达3 700克。与每年每平方米碳固定总量为1 000～3 500克的热带雨林相比，很显然珊瑚礁极其丰饶。更不可思议的是，在热带地区生产能力最低的浅

▲ （上）
一只待产的雌性叶海龙（海马的近亲）。它藏身于澳大利亚南海岸珊瑚石礁的海草当中。

（下）
海兔（海蛞蝓）——简单来说，就好比是无壳的蜗牛——生活在印度尼西亚水域的珊瑚礁中。它们通过吃下的海绵采用化学的方式防御敌人，其身上五彩斑斓的颜色会让捕食者认为它们具有毒性。

◄ 一群玻璃鱼在清澈见底、缺乏营养成分的红海珊瑚礁公园中盘旋游弋。在软硬相间的珊瑚礁之下，更黑暗和安全的地带生长着与珊瑚礁同样繁盛的形态各异的海绵。这些以浮游生物为食的海绵群又成为其他海洋生物的食物。

▲ 在所罗门群岛的珊瑚花园中，狮子鱼在扇珊瑚中间悠然游弋。毒刺这一有力武器使得这种常在夜间出行的捕食者位居珊瑚食物链的顶端，并且鲜有宿敌。

▶ 在3月的集群产卵时间，马尔代夫海域充斥着大量的珊瑚卵，珊瑚虫所产下的不计其数的卵包把海水渲染得红彤彤的。

海区域，你能找到世界上最大的造礁珊瑚群。珊瑚礁完全能够克服水中无养分的艰苦环境，这要归功于与其共生的虫黄藻——这种能够进行光合作用的藻类会与珊瑚虫共栖。

地球上几乎所有的珊瑚都是由不计其数且身长仅有几毫米、形似海葵的珊瑚虫打造的。每只珊瑚虫都藏在一个小小的呈杯状的碳酸钙骨架中，经过数千年的沉淀之后，一层一层的碳酸钙就累积成了长达数百千米的珊瑚礁。通常来说，所有的造礁珊瑚都是通过寄生在其组织中的虫黄藻进行的光合作用来获得大部分能量。作为回报，珊瑚虫为虫黄藻源源不断地提供所有重要的养分，如氮和磷。尽管在热带平静的水域中缺少这些养分，但是因为内部有效的养分循环供给，所以珊瑚礁也生长得格外繁盛。珊瑚虫并未将其排泄物排到海中，而落入了虫黄藻的囊中，这样的养分循环也属于光合作用的一部分。在所有的自然群落中，珊瑚礁群是固氮能力最强的。种种因素使得这些自然群落把形似沙漠的热带浅海变为最具生产能力的繁盛地带。

珊瑚礁生长的限制因素

珊瑚礁只适于生长在热带温暖的浅海之中。造礁珊瑚在温度低于20摄氏度的水中无法造礁和生长。在低纬度地区的大陆东岸，表层洋流将赤道附近的温暖海

水向南北两个方向输送，从而为扩大珊瑚的生长范围提供了帮助。相反，在大陆的西部海岸，洋流带来的是极地的冰冷海水，也就不适合珊瑚存活了。这就很好地解释了为什么加拉帕戈斯群岛位于赤道附近也没有珊瑚能够生长。洪堡洋流携带着来自南极洲的冰凉海水沿着南美洲的西海岸北上，冲刷着沿岸的岛礁，冰冷的海水让珊瑚避之不及。

限制和影响珊瑚生长的另一个重要因素是水的透明度和深度。珊瑚只能够生长在阳光能够照射到的水中，便于虫黄藻进行光合作用。不同的珊瑚对于水的深浅有不同的要求，但最深不能超过50米。水的透明度取决于水中泥沙的多少。水中的泥沙不仅会降低阳光照射的质量，同样也会使珊瑚虫窒息。在巴西海岸，正是来自亚马孙和其他南美洲河流当中的泥沙限制了珊瑚的生长繁殖。同理，由于无数携带着泥沙的河流汇入中国和周边南亚国家的海岸，这些泥沙成为阻碍珊瑚在这一区域安家繁殖的罪魁祸首。而红海的珊瑚礁群之所以是世界上最大最引人注目的，就是因为红海周围的干旱环境导致没有河流注入其中。

热带浅海中，不同的地质构造、海水温度的略微差异和波浪的大小高低，塑造出了不同种类、形态各异的珊瑚。达尔文首先提出了区分珊瑚礁的方法，并且这种方法一直沿用至今，他认为珊瑚礁主要分为3个类型：岸礁（裙礁）、堡礁、环礁。

▲ 位于澳大利亚西海岸的宁格罗珊瑚礁公园，3月正是珊瑚大量排卵的时间，鹿角珊瑚正在释放出卵子和精子束。

最长的岸礁

毫无疑问，最壮观的珊瑚景观要数红海沿岸长达4 000千米的岸礁了，这也是世界上最长的单一岸礁。岸礁，从名字上我们就能清楚地了解到这是一种沿海岸生长的带状礁石，最为典型的生长方式就是从海岸边上的内礁坪开始生长延伸。海岸边的浅滩在低潮中显露出来，受到携带泥沙的河流注入的影响，因此鲜有珊瑚能够生长。浅滩表面的泥沙或珊瑚礁常常被软珊瑚还有水草覆盖着，这也就为诸如热带鱼、鹦嘴鱼提供了多姿多彩的栖息地。

礁坪深居海中，没有地表径流，所以真正醉人心脾的景色毫无疑问是在礁顶。波浪循环流动为珊瑚带来了丰富的养分和浮游植物补给。若是在这样惊艳绝美的珊瑚景观中潜水，水中美得令人窒息的景象一定会让你永生难忘。想象你悠然地在阳光灿灿的温暖浅水中观赏珊瑚礁坪，然后猛然间发现自己悬于深渊之上，低头不经意地窥见深蓝色的尽头一尾鲨鱼游过的掠影。

最大的堡礁

长达2 000千米的世界上最大的（并非最长）岸礁位于澳大利亚的东北部海岸。举世闻名的澳大利亚大堡礁是一个拥有超过2 000种不同岸礁和沙质礁的庞大系统，面积超过225 500平方千米。能够与大堡礁相提并论的要数位于加勒比海伯利兹海岸的堡礁群了。堡礁通常也是沿着海岸生长，有的长达100千米，但是长度并不及岸礁。在堡礁呵护之下的环礁湖中生长着繁茂的海草丛，还有绝美的珊瑚塔。

一层又一层的波浪拍打着堡礁的边缘，雕刻出了珊瑚的结构。位于堡礁边缘的珊瑚被分成了很多层，就像热带雨林中的植被一样。那些位于礁顶的礁石在汹涌的巨浪冲刷之下更显健硕和结实。礁顶之下的珊瑚显得异常缤纷多姿，或许是由于争抢生长空间和阳光的缘故，珊瑚的生长都呈现出垂直向上的趋势。然而在最下层的阴暗之处，珊瑚多为扁平状，这样可以尽可能多地吸收阳光。

孤立的环礁

达尔文指出的第三类岸礁种类——环礁——更像是一个待解之谜。与珊瑚礁和堡礁不同，这些珊瑚环往往在远离大陆架的地方围绕着中心的环礁湖生长。很多的环礁都在深海区被发现，它们直接从深海海底向上生长，其长度范围从1 000米到30千米，并且大多分布在印度洋和西太平洋。环礁生长在广阔无垠的大洋深处，水晶般透亮的海水提供了绝佳的潜水条件。环礁身处的环境使其孤独无助，也就毫无疑问地成了远洋捕食者的腹中餐。究竟这些珊瑚环最初是怎样形成的，这一问题依然悬而未决。珊瑚仅仅只能在阳光充足的浅水区域生长繁殖，因

▶ 陆地、沙滩、珊瑚和海水，这是位于印度洋之上的塞舌尔珊瑚岛。由于火山岩浆的侵入，一块适合珊瑚礁生长的坚硬宽敞的基石恰巧形成。

印度尼西亚的班达海域，一群圆
口副绯鲤在围捕珊瑚。这些家伙
巧妙地利用自己蓝色的鳍紧紧抓
住妄图挣脱的猎物。从珊瑚礁中
一涌而出的是一群海蛇，它们的
捕猎方式是团队作战。

▶ 巴布亚新几内亚岛沿岸，黄身宽齿雀鲷游弋在珊瑚礁当中，周围是形如植物的海百合和海扇——拥有碳酸钙骨架结构的动物。

此珊瑚环礁从阴暗的深海底中拔地而起怎么都解释不通。达尔文认为，环礁的珊瑚环最初是深海火山周围的岸礁，然后渐渐从海底生长开来，最后呈现出礁岛的形态。数百万年之后，火山岛逐渐下沉了，在此期间，珊瑚依靠碳酸钙质地的岸礁，支撑着海面上珊瑚环的生长。很长一段时间，科学家们对达尔文的这一推测持有疑问，直至地理学家在马绍尔群岛对埃内韦塔克环礁进行钻探时才找到了令人信服的证据。他们在一块碳酸钙岩盖之下1500米处找到了令今日环礁能够依附生长的火山石。

地球上物产最丰饶之地

在整个海洋生态系统之中，珊瑚礁毫无疑问是最纷繁复杂的。珊瑚礁的三维立体结构为不同的物种提供了一个充满机遇和挑战的生存环境。物种间对于生存空间和未来资源的争夺使得物种的发展更趋向多样化。印度尼西亚群岛周边的水域被公认为是最能体现海洋生物多样性的"中心"。

在印度尼西亚、菲律宾和新几内亚所围成的三角区域当中，目前已经找到了2 800多种此地特有的鱼种，而目前仍然有很多水域有待探索和发掘。当你慢慢远离这个中心之后，多样性这一特质也就逐渐模糊了。如夏威夷就仅仅只有500种经确认的鱼类品种；而在复活节岛这样的远东岛屿，鱼类品种的数量甚至下降到了100种。

但是，为什么在印度洋-太平洋海域会形成海洋生物多样性的中心地带呢？有以下几个原因。首先，这一区域在很长一段时间都处于稳定的进化过程中。在

▼ 位于澳大利亚昆士兰岛海岸的大堡礁是世界上最大的堡礁群，由2 500个独立的珊瑚礁（这里的珊瑚礁属于硬礁）和400种珊瑚组成。

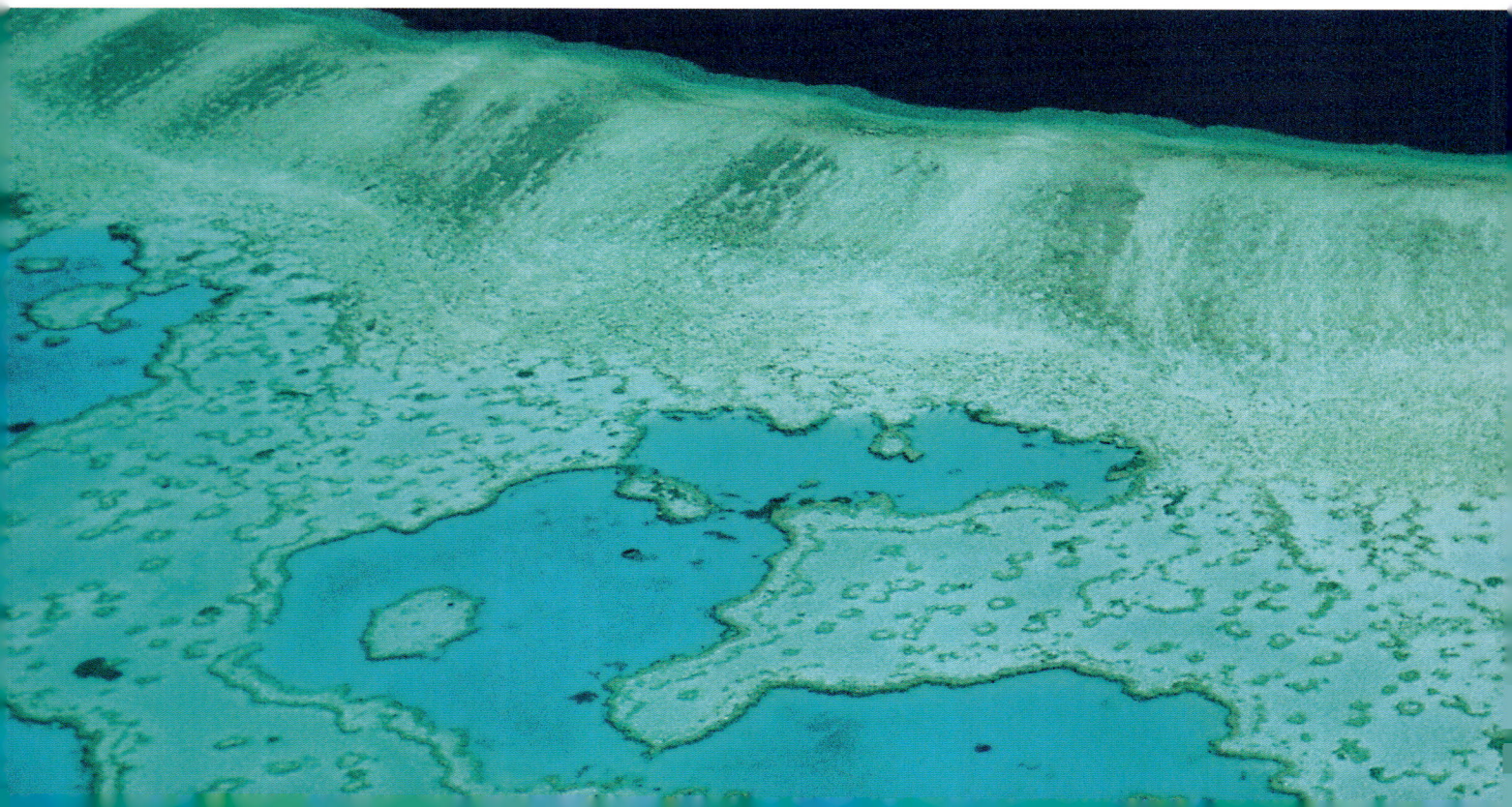

最后一次冰期，当地球上的气温骤降使得大多数珊瑚无法存活之时，印度尼西亚海域的珊瑚并没有受到太大影响，冰期一结束，珊瑚就从印度尼西亚这一中心区域泛滥开来。在当时，南北美洲之间形成的一段地峡阻断了来自印度尼西亚水域的珊瑚进行物种的传播（新物种的进化）。时至今日，与印度洋-太平洋海域中超过450种的珊瑚相比，加勒比海的珊瑚仅有65种。

导致印度尼西亚海域的物种如此纷繁各异的另一个原因是这里群岛数量众多，从而打造出各式各样的栖息之地。最近，科考队在巴布亚新几内亚海的群岛当中发现了拉贾安帕特群岛。海洋生物学家认为这里很可能是生物多样性绝对的中心地带。在单次潜水中，海洋生物学家就找到了400种珊瑚和248种鱼类。他们估计，在这个"中心的中心"地带，有超过3 000种鱼类和465种珊瑚。

季节性海洋

在温暖的热带水域中哺育幼崽4个月之后，座头鲸妈妈们得开始长途跋涉奔赴更高纬度的地区去寻找食物。一些南半球的鲸，比如那些到了汤加地区的，长途跋涉6 000多千米赶往南极；而北半球的鲸，比如那些在夏威夷繁殖的，则举身向北极进发。整个哺育和长途跋涉期间，这些鲸都完全不需要再进食。它们在盛夏时期定期赶往高纬度地区，在进食条件最好的时候到达。夏日的太阳给海洋生物系统注入了新的能量，漫长的白昼使得鲸随时能够进食。这些鲸之所以来到这里，是因为这些温带海洋是热带和极地的连接地带，是所有浅海之中资源最丰富

海蛇

与这些珊瑚礁里最有意思的肉食动物生活在一起的便是海蛇。它们都是肉食性动物,有着所有蛇类中最强的几种毒液。仅在印度洋和太平洋热带区域,就已发现60多个种类的海蛇。它们已经完全适应了水下生活,鼻孔瓣膜能够防止海水进入,身体变得平扁,尾巴变成划桨形状,便于游泳。它们的肺几乎占据整个身体的长度,比它们陆地近亲的肺要大许多,这样的肺使得海蛇能够在水下逗留两小时之久。

尽管一些海蛇——如环蛇(一种有条纹的海蛇,左图)——在陆地上产卵,但它们多数存在于海洋之中,自幼便在海中生存。这些狡猾的肉食动物搜捕珊瑚礁裂隙中的小鱼、鱼卵、鳝鱼,以此为食。它们头部小巧,能够钻进最狭窄的角落。有些海蛇20条或者30条成群结队,一起在珊瑚礁中搜寻食物。最近,有观察发现,它们还与其他肉食性鱼类聚在一起(见第262页);也许成群饥饿的嘴巴一起在珊瑚礁张开制造慌乱,这些鱼和这些海蛇便都能从中获益。

▶ (上)
密密麻麻的暗色斑纹海豚正聚集在一起,捕食鳀鱼。

(下)
一群鳀鱼。在温带地区,冬季暴风雨抽打着水面,给表层海水带来了营养物质。当春季来临时,浮游生物便在营养丰富的水域里繁盛,吸引了无数鱼类迁徙至此,包括沙丁鱼、鲱鱼和鳀鱼。

的地方。每年一度的浮游生物繁盛期,为大量鱼类、海鸟及鲸类提供了食物。

但还有一些纬度较高的季节性海洋。当秋季太阳离开时,浮游生物不再繁盛,鲸类的大餐不复存在,大部分鲸类便会离开,再一次迁往赤道地区哺育了它们的热带海洋。

富饶的渔业

温带海洋对于座头鲸的吸引力就像温带气候对人类的吸引力一样。在海滩度过一个又一个愉快的假期之后,我们知道了温带海洋在冬日冰凉彻骨,可是到了夏天却变得那样温暖,适宜游泳。那些胆大的探险者深入海中,发现水中的能见度极低。但是正是这些因素使得温带海洋成为富饶之地。水的能见度低是因为水中富含大量的浮游生物。

　　尽管温带的阳光在冬季和夏季对海洋的照射量差异巨大，可是年总照射量与热带海域基本相等。两者最大的区别是海面与阳光所照之处在光合作用下产生的营养物质数量的多少。热带海域长时间风平浪静，而在纬度相对较高的海域，冬日凛冽的寒风激起海浪，将大海深处的养分一并带到了海面。这一过程对于浅海极其有用，因为周边的海床能够在第一时间防止大量的养分下沉过深。距大陆较近的海域也同样具备优势，原因在于地表径流往往携带着大量的养分，不断对周边海域形成补给。潮汐所致的强大水流也能够促进水中养分的循环。这样看来，温带浅海能够成为世界最佳的捕鱼场也就不足为奇了。

　　温带海洋的四季非常分明。在冬季，太阳直射南半球，因此北半球温带海域每天的日光照射仅有几小时。而当夏季来临，太阳北移，温带海域能够沐浴日光的时间长达20小时之久。充足的阳光不仅为光合作用带来了巨大能量，而且改变了海水的温度。夏季的阳光温暖了海水，但是因为海水导热能力欠佳，所以只对海洋上层的水温有影响。因此，表层温水和底层冷水之间就形成了一条界线——温跃层。这对海洋中的生物有非常大的影响，因为它阻隔了深层海水中重要养分的移动，使得小型的海洋生物很难进入深海找寻食物。

春天的繁盛

春天缓缓到来，冬日的风暴为海洋表层带来的丰富养分在日光的照射下逐渐增加，为海洋带来了新能量。这样一来水中的浮游植物迅速繁衍开来，同时也为浮游动物的生长繁殖带来大量的食物补给。小型甲壳类动物——如桡足虫——开始大量繁殖生长，70%的浮游动物都是小型甲壳类动物。这些小型的浮游动物又成为其他动物，包括如水母这样大型浮游动物的腹中餐。在苏格兰海岸边，大量成群结队的海月水母聚集在水中，以至于你要花费数分钟才能从跳动的"水母墙"中间游过。水母灾的爆发要"归功于"大量桡足类生物给予的补给，浮游生物的大爆发会在春末之后逐渐减弱，水母的大量入侵也会随之消失。

在南半球，春天也给新西兰的普尔奈茨群岛带来了相同的景象，不仅有水母的大爆发，还有栉水母（注：外形类似水母但不属于刺胞动物门的小型海洋动物）在水中的大肆繁殖。这些如饥似渴的捕食者在水中排成一排，等待猎物。栉水母用它致命的尖锐触须来捕猎。在春天栉水母大爆发的同时，还会出现美丽的船蛸和长达10米的巨大的樽海鞘。樽海鞘捕获浮游生物之后，在一个形如滤网的液囊或黏液网当中用水过滤出它们的猎物。

春天浮游植物的大爆发同样吸引了以浅滩浮游植物为食的鱼类，诸如鲱鱼、沙丁鱼和鳀鱼，这些鱼类是温带水域中大多商业性捕鱼活动的主要对象。它们在冬天通常会迁徙至更深更隐蔽的水域中，当春天来临之后又大量地游回浅海区域。

每年都会聚集在阿根廷巴塔哥尼亚海岸南部的鳀鱼就是一个不错的例子。凛冽的冬天海风将海水深处的养分带至水面，而且南极洲富含营养的冰冷水流随着福克兰洋流沿南美洲大西洋海岸北上，补给了水中的养分。太阳在9月回到南半球，为浮游生物的生长带来能量，这也吸引了大量的南部鳀鱼。诸如暗斑海豚、海狗、海狮、鲨鱼等猎食者和地球最大的麦哲伦企鹅栖息地都指望这来自春天的礼物，并且常以团队合作的方式来捕食鳀鱼。海豚往往以20头为一组，呈"之"字形排开，来回游弋，时而跳出水面捕捉飞鸟。一旦它们发现鱼群，一部分海豚会盯住海面上的鱼，另一部分会跃出水面，这样做或许是在召唤其他的海豚一起围捕鱼群。数量庞大的鳀鱼群宽达数百米，它们密集地聚集在海中游过，有遮天蔽日之势。不一会儿的工夫，数百头集结成群的海豚将鱼群驱赶到海面上，最后将鱼群包围住，海豚就可以惬意地饱餐一顿了。

夏日盛宴

夏日，给浅海带来了最大的昼长时间和宁静的海面。也许你会期待它是一个大量繁衍的时期，但在经历了春日里一阵浮游植物的繁盛后，一切都渐渐开始

◀ 大青鲨（蓝鲨）在大口地进食鳀鱼。在加利福尼亚海岸，水中的养分由于冷水流的作用上涌，从而吸引了大量的鳀鱼群。

▼ 春天浮游生物的大爆发将海月水母吸引至温带水域中。

▲ 簇羽海鹦求偶。春天，沿海水域为数百万在悬崖边筑巢的海鸟提供食物。

舒缓下来。阳光在温暖的海洋表层和冰冷的深层海水之间制造了一个温跃层。这层屏障开始减缓深水层的营养物质向上流动的速度，一旦冬天的营养物质消耗殆尽，浮游植物便开始死亡。尽管存在这种不利因素，大量的鱼类还是会停留在浅海处，随着一丛丛盛开的浮游植物移动着。成群的海月水母已经从苏格兰海域消失，但一些独行的水母却留了下来。那种巨大的狮鬃水母能长到1吨多重，用它50米长的触须捕捉鱼类和其他水母。

对于要喂养幼鸟的海鸟们来说，夏日也是个非常忙碌的时期。它们整个冬天都飞离了海洋，但每到春天便会回到旧日在海岸水域筑巢的地方。这些繁衍地的边界很大程度上取决于附近的食物供给情况。每年，位于阿拉斯加西南角外的阿留申群岛都会变成世界最大的海鸟繁殖中心——这里会迎来超过1000万只海鸟。其中一个岛屿吉斯卡岛，估计至少拥有250万只小海雀和凤头海雀。每到夜晚，这些鸟儿便从海上进食归来，成群集聚，好似旋转着的烟云。

这些繁衍地的规模便是周围海域富饶程度的不二证明。人类每年都能从阿留申群岛周围的水域中捕到约20亿千克的鳕鱼。大量繁茂的浮游植物同时也吸引了大量的鲑鱼、多线鱼和鲱鱼。而这些鱼类又会成为那些每年都会从夏威夷回到阿拉斯加举行盛宴的座头鲸的食物。

在阿留申群岛沿岸，最让人永生难忘的景象便是鲸群在密密麻麻的浅海里如波涛般翻涌，通过口部庞大的鲸须，过滤满嘴的鱼群。与鲸群一同而来的，还有成千上万的灰鹱。这些灰鹱将你视线范围内的海洋表面全变成了黑色。它们仅需扎进水面下几米的深处，就能轻易得到被鲸惊起的鱼群。一旦阿拉斯加的夏天结束，它们便会追随着太阳迁往南半球，寻觅那些茂盛的浮游生物。

冬日深海

秋日的到来使得温带海洋的白天越来越短，但仍会有一次更短暂的浮游植物繁盛期。秋日的第一场暴风雨便可摧毁夏日的温跃层，新鲜营养物质从深海中注入，能给海洋生态系统最后一记助力。尽管如此，白天越来越短，生态系统中最终还是不再有足够的能量，最主要的生产活动被迫中止。繁殖结束后，海鸟和海豹向辽阔的大海前进，为冬日寻找食物。各自分散后，它们各自便拥有更多的机会寻找到食物。

入冬，暴风雨便愈加猛烈，浅海的生活也便愈加艰难。许多鱼类，甚至一些无脊椎动物，都被迫移居深海，以躲避上层海水的狂暴动荡。

比如说，大西洋龙虾夏季来到浅海，让它们的卵处于温暖环境中。但在冬季，它们不得不长途跋涉150千米，回到更能庇佑它们的深海。在夏季缓缓游向沿海水域、张开大口捕食桡足类的姥鲨也同样逃离到更深的海域。在冬季，它们得

▶ 一只跳跃的座头鲸，它的喉咙上覆满了藤壶。在浮游生物富饶的阿拉斯加水域进食了一整个夏天之后，座头鲸回到了温暖的但浮游生物甚少的求爱和哺育的胜地——夏威夷海岸。

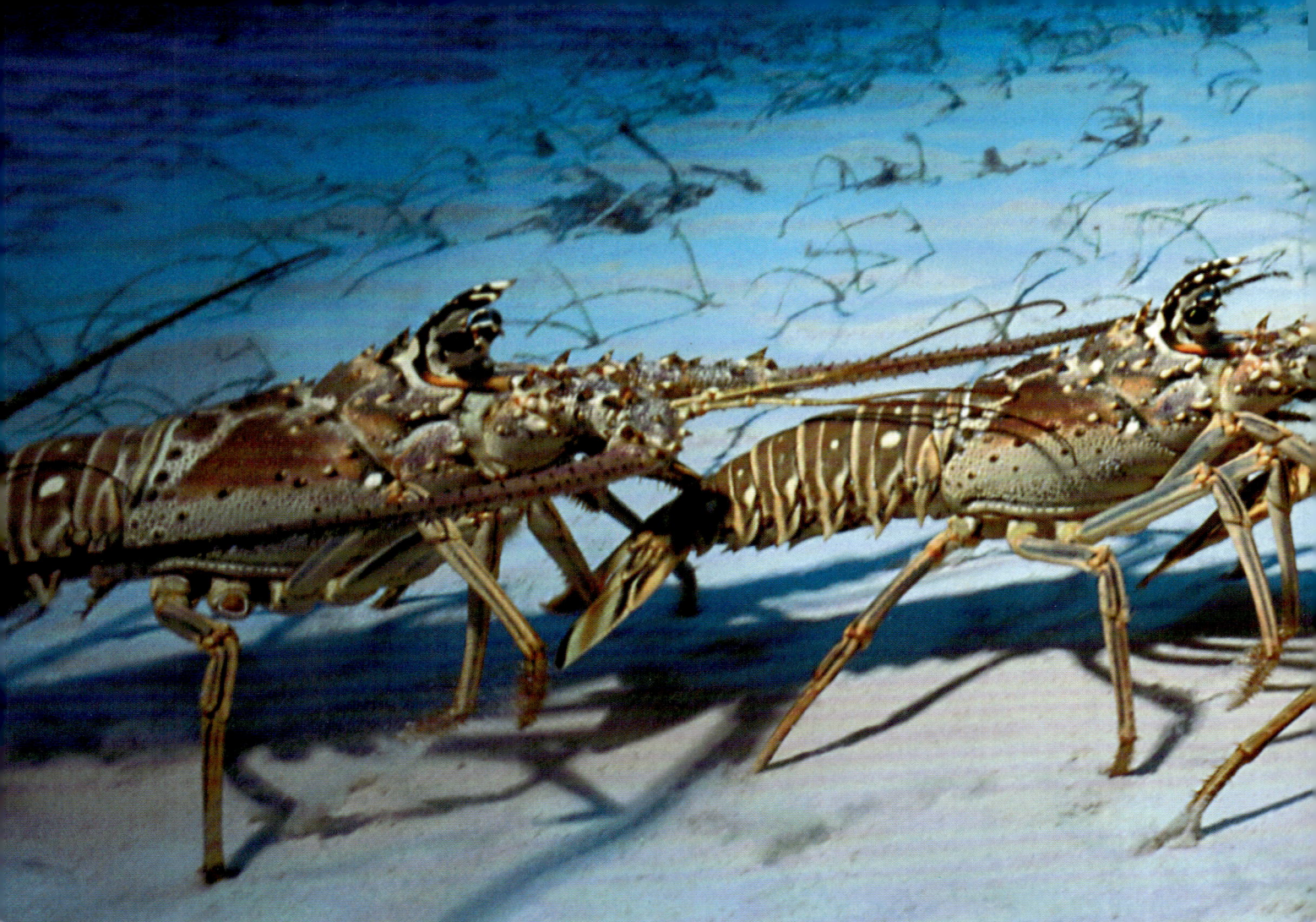

停止集体捕食，长出新的鳃耙，等待夏季捕食浮游生物。那些不往深海迁移的物种会去寻找能躲避暴风雨袭击的背风海岸。每个冬季，都会有80亿条大西洋鲱鱼涌入挪威的深邃峡湾，那儿崖壁陡峭、高耸，水面平静。它们在那里静候冬季的结束，偶尔会被几只跟随着它们进入海峡寻找食物的鲸惊扰一下。

鲱鱼群非常稠密，逆戟鲸不得不进化出一种特殊的捕捉能力。它们并不会直接进入这个巨大的漩涡之中，而是用它们力大无比的尾巴拍打鲱鱼群边缘。这样似乎会惊吓到鲱鱼，它们会在水柱里绝望地摇摆着——饥饿的鲸便可以轻易捕食它们。对于留在温带水域的所有动物来说，冬季便是严阵以待、静候春季即将带来的新机会的时期。而海洋，待冬季暴风雨肆虐之时，便是为下一年储存营养物质之时。

上升流

能将深海的营养物质带到表层来的上升流是促进浅海繁殖的关键。人们发现最重要的上升流位于印度洋、太平洋和大西洋这三大洋的西岸附近。在这些地

　　带，盛行风吹过海岸，如此便可将表层海水吹向大洋中央。而取代这些表层海水的便是位于深层的冰冷上升流，其中富含维持生命必需的营养物质，因而世界上几乎半数的渔场都位于有上升流出现的西海岸。

　　其中最著名的或许当数南美洲的西海岸了，那里有个巨大的鳀鱼渔场。这些鳀鱼也是无数海豹和海鸟的囊中餐。在秘鲁沿岸，有一些岛屿满是正在繁殖的鲣鸟和鸬鹚，丰富的海鸟粪便支撑起了一项以鸟粪为肥料的产业。在厄尔尼诺现象发生时（该现象每3～7年发生一次），当离岸风吹起，上升流不再将位于深层的冰冷海水带入表层海水时，渔场便彻底被摧毁，成千上万的海鸟只能饿死。

　　其他几个重要的上升流出现在美国加利福尼亚海岸、非洲西海岸的纳米比亚和塞内加尔附近，以及澳大利亚西北海岸。

大陆架上的生物

较之相对来说辽阔却毫无生机的深层海底，大陆架上狭长的浅海床实在是资源丰饶。其中主要原因便是这些浅海地区有更为可靠的营养物质来源。在大陆架下面的海水一般只有几百米深，但波浪作用却能带动近200米深的海水。靠近海岸的地区潮汐涌入，进一步促进了混合过程，河流也不断提供新鲜的营养物质。

在更深层的海域，温度变得相对稳定。但你若从赤道向两极出发，便可发现浅海的水温逐渐降低，这对于生物的种类和数量有着非常大的影响。有意思的是，这就意味着热带地区的海床较之高纬度水温更低的地方栖息着数量更大、更多元的生物。另一个影响浅海生物的重要因素便是底层，底层可能是岩石，也可能是更为均匀的泥沙。

► 苏格兰海岸外，黑压压的一群常见的蛇尾海星正在进食漂浮在水面上的有机物。它们臂上的管足更多的是用来进食，而不是走路。

► （对页上）
一片海笔——一种专门生活在软底的珊瑚，拥有球状的脚板——正在将浮游生物从水中滤出。海星正在进食。

（对页下）
饼干海胆（蛇尾海星和海胆的近亲）挤满美国东海岸外的一个含沙海底。它们用管足来进食有机物和挖沙筑穴。而猎食它们和其他海底生物的便是比目鱼和马蹄蟹。

软底

大陆架海床大部分都覆盖着泥沙沉积物。这里的生物与沙滩或潮汐泥滩的非常相似，不过它们不受潮汐影响，所以不用担心每天潮退后的干燥问题，也不用担心潮涨潮落引起的盐分变化。因此，这里的生活更容易，物种也更丰富。但因为没有了热带海草床，固着动物很少出来到平滑的泥沙中去，因为在那里它们无处可待。没有了植物，初级生产就很少。因此，这里的动物便靠堆积在海床上的有机碎屑为生，许多动物还挖沙筑穴。多毛类蠕虫如沙蚕、喇叭蠕虫从洞穴中爬出来，用它们的触须收集碎屑。另一些生物如竹蛏、鸟蛤，属于悬浮进食者，用它们的虹吸管将水从洞穴中抽走，过滤出想要的东西。其他的生物则在表层海水

海草床

在所有软底地带中，最多产的当数海草床了。实际上，海草床是海洋中最丰饶的栖息地之一。海草床只有约50种海草，且大多数只存在于热带和亚热带。但它们对于加勒比海和印度太平洋海域来说，显得尤为重要，在那里，海草床使大片的海底如同覆盖在一片青葱翠绿的厚毯之下。

海草是海洋中唯一能开花的植物，也是唯一有根的海洋植物，这些根帮助它们在柔软、多沙且能够得到遮蔽的港湾和礁湖中固定位置，繁荣盛开。根不仅帮助海草稳固于泥沙中，还能让它们从底层汲取营养物质（海藻没有根，因此不能以此方式获取营养）。食碎屑生物和食草动物均以海草为食——海胆、海龟甚至一些鹦嘴鱼都在海草床食用海草，还有许多微小生物生活在它们的叶子周围。不过，最值得一提的居民当数加勒比海和西非的海牛，还有印度太平洋的儒艮（左上图）。这些温驯的庞然大物才是真正的海洋食草类哺乳动物，一头就能一天吃掉40千克的海草。

进食。虾类通常一大群聚集在一起进食，而像饼海胆这类海胆，棘短小，身体扁平——这是为了适应海床生活。在更加富饶的水域，海底满是海蛇尾，而这些海蛇尾又吸引了更大的食肉棘皮动物，如海星。

在常速下看海床里的生活，宁静又安祥，但延时摄像机可以清楚地向我们展现这些无脊椎食肉动物的样貌。温水域中直径达50厘米的太阳海星最令人印象深刻。它们借助管足穿过海床，使海蛇尾四下逃散。其他食肉动物包括重要的经济鱼类，如鲽形目中的鲽鱼、鲆鱼、鳎目鱼，它们的身体结构都已经完全适应了海床中的生活。它们变得完全扁平，有一只眼睛移到了另一只的上面，以便于它们藏匿于表层海水之下时两只眼睛都能睁开，窥探到任何经过的猎物。鳕鱼也在下面猎食，用它们下巴上的两根触须找到海底的食物。生活在大陆架海床的鳕鱼能长到80千克重，在被商业捕鱼者捕获前，它们常常大规模集体出现。

岩石基底

岩石基底似乎只是岩石海岸线的延伸部分。但只要是有岩石基底的地方，就会是丰饶多产的，这里的植物和固着动物可以拥有稳固的落脚地。在这里，对空

◀ 加利福尼亚海狮正在美国加利福尼亚州海峡群岛外一个海藻带中嬉戏，这里的浅海养分丰富。它们捕食鱼类和其他生活在巨大的海藻带里的海洋生物，这些生物一般黏附在岩石底部。

▲ 加拿大海岸一个满是多岩石表面的生物的潮间带，从巨型绿色海葵、紫色海胆到赭色海星，应有尽有。

▶ 南非好望角外一个物种丰富的大海藻林，拥有各种各样附着于岩石的生物、藏匿于此的鱼群和更大型的食肉动物。而海藻叶则是一个微型生物的栖息地。

间的争夺层出不穷，海藻需要有阳光的地方来进行光合作用，而滤食性动物则需待在水流之中，从而滤取浮游生物。

沿着岩石壁遨游是冷水潜水的一大乐趣，可以看到多样的物种和同珊瑚礁一样缤纷的色彩。海藻在水中飘荡，舞动着一条条红色与棕色交织的彩带，嫩黄的海绵、粉色的软珊瑚附着在岩石上，闪着珠光的海葵星罗棋布。靠近一点便能看到海鞘精致的玻璃状结构，最为精彩的则是食肉的海蛞蝓将自身的鲜艳颜色作为警告信号。但在所有岩石栖息地中，最为多产的乃是海藻林。

水下丛林

试想，穿梭在热带雨林的树冠之中，不费吹灰之力便可喂食猴子、观察森林鹰的巢穴，会是怎样一番景象。类似的体验很可能出现在温带浅海的海藻林中。在北美西海岸外，海藻生长得非常繁盛。在一些地方，你甚至可以看到整片差不多有60米高的金棕色的海藻。天气好的时候，水面清澈，美国加利福尼亚明亮的阳光照进这片水下森林，好似光照进教堂。这里如热带雨林一样，无处不生机勃勃。每个角落都藏着这种或那种无脊椎动物，成群的鱼儿躲在金色的藻叶下，不知从哪儿还会冒出海豹围着漂浮的你玩耍嬉戏。

世界上有上百种海带，所有的海带都生长于寒温带水域。这些海带中最大也是全世界最大的海藻，叫作巨藻，它们一天能长50厘米，单片藻叶能长到100米那么长。珊瑚礁称霸世界大陆的东海岸，而海带林似乎更强，它们在西海岸霸占着更为广阔的区域。这是因为西岸的洋流将极地的冷水带了过来，而海带能适应这种冰冷的条件。在初级生产力方面，海带林与热带雨林相差无几。与热带雨林一样，海带林也是一个三维世界，在这里，每一个物种都独有一个属于自己的栖息之处。

海带利用固着器固定在岩石基底，好比热带雨林里树木的根，而在这些错综复杂的固着器间，生存着许许多多的多毛纲蠕虫、小型甲壳类动物和海蛇尾。海带的叶片上全都附着多毛纲蠕虫和苔藓动物（一种群居、形似珊瑚的动物）。有一种叫作藻钩虾的片脚类动物非常聪明，它蜷起身体躲在海带下，跟着海带一起随海水摇动。以进食浮游生物为生的成群的鱼类如斑鳍光鳃鱼，藏匿在海带林中躲避鲨鱼，只在进食的时候才偶尔到开放水域中去。其他鱼类如色彩鲜亮的橙色加里波第鱼，以进食无脊椎动物为生。海狮、港海豹和海獭也在海带林中猎食。甚至灰鲸在经过加利福尼亚海岸来往迁徙时，也会停下来进食。

巨大的前口蝠鲼正在滤食浮游生物。

第11章

无垠深海

越过海滩、珊瑚礁和狭窄的大陆架上富饶的浅水区，
就来到了无垠的深海，它覆盖了地表60%的面积。
它调节气候，影响大气环境，
孕育了地球上最鲜为人知的动物。

▲ 浮游生物是海洋中的骑士，包
括桡足动物和甲壳类动物的幼
体（如虾等）。

▶ 一只绿海龟的幼龟生活在马尾
藻的庇护中。在远海地带，自
由漂浮的马尾藻和各种漂浮残
骸为这些生物提供了仅有的隐
匿之所。

当沉重的舱门被旋紧关闭之后，一种异样的寂静随之降临，平时所熟悉的海浪拍打声、机器的叮当声和海鸥的鸣叫声都消失了。潜水器中十分狭窄，只够容纳3人并排，就像沙丁鱼罐头。此刻没有人高谈阔论，所有人都沉浸在自己的思绪中。你知道即将经历的旅程在某种程度上比环游太空更危险。深海中又黑又冷，还需要在极度高压（通常是地表压力的300倍）下工作，因此，对潜水器驾驶员的体能要求比宇宙飞船驾驶员要高得多。你紧张地等待着下潜的命令，思索着探索这片地球上鲜为人知的栖息之所会是怎样的情景，以及是否有机会发现新物种之类的问题。沉默突然被打破，大型起重机吊起不到8米长的小型潜水器，将它从船的甲板上推入大洋表面。当你在海面来回晃悠等待下潜令的时候，才深刻感觉到自己极度渺小而脆弱。最近的陆地距离此处超过322千米，而你脚下的海水深度超过3 000米。要用2个多小时才能潜到海底，在下潜过程中，你将经过几个完全不同的世界。

海面生物

当潜水器漂浮在温暖、蔚蓝又洒满阳光的海面上时，你可以通过小小的观察窗看到许多生物。小虾撞到厚厚的玻璃窗上，近乎透明的樽海鞘连成长链漂浮在周围。向远处望去，可以偶尔看到闪亮的银色小鱼。潜水器只需几分钟就能下降200米，但就在这短短几分钟里，随着光线逐渐暗淡下来，你已把物种丰富的层带抛在身后。即便是在清澈的热带海洋，海面以下200米处也没有足够的光源供植物进行光合作用，因此，几乎所有的初级生产都发生在浅层海面。

在远海地带，没有海藻或海草这类植物赖以生长的坚实土地，几乎所有的生物（在某些热带海洋中漂浮的海藻是个例外）都是微小的浮游植物。虽然这些植物体积很小，但是它们数量很大。所谓浮游植物，是指自由漂浮，能够进行光合作用的植物，主要是藻类。它们数量庞大，所生产的生命物质几乎占了世界总量的一半，而在这一过程中，它们释放的氧气又占了大气氧气总量的一半。在浅海水域，能量还可以来自其他地方——河流将有机物带往河口，重要养分由岸边漂浮而来。但在远洋之外，在海面进行光合作用的浮游植物几乎成为动物生存所需

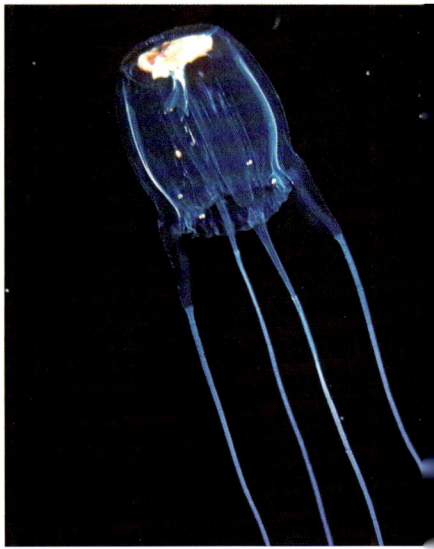

能量的唯一来源。难怪几乎所有的海洋生命都生活在海洋的浅表层。

无墙世界

对在远海中生活的动物来说，世界是没有任何阻挡的。深海海底距海面如此之远，很少有生物能够到达。大部分动物一生都未曾触碰过坚实的地表。这里无法挖掘洞穴，不用躲避尖锐的珊瑚，也无处可藏身。它们徜徉悬浮于海水之中。虽然远海中有些水域比其他水域物产丰富，但还是很难预测哪里才是最佳觅食点。这里很少有可靠的上升流。环境条件几乎一小时一变——随着供给重要养分的洋流而变化。因此，这里的动物必须永远保持浮游状态才能在辽阔的远海中寻找食物。

有两种基本方法可以维持这样的生活方式：随波逐流，或者自主游动。为数众多的浮游生物几乎没有自主游动的能力，只能随着风或洋流的方向漂浮。虾、水母甚至行动迟缓但体形庞大的翻车鱼也以浮游方式生活。但是能够自由游动的动物（或称之为游泳生物）就能自行主导前进方向，这类动物包括大部分鱼类、鱿鱼、海洋哺乳动物（海豚、鲸、海豹等）、海龟、海蛇甚至企鹅。

位于浮游生物食物链底层的主要是以浮游植物为食的单细胞浮游动物，它们数量众多，身体小到无法用网捕捉。稍大一些能用网捕捉到的浮游动物主要是小型甲壳类动物，尤以桡足动物居多，占总量的70%，它们也许是地球上数量最多的动物类群。磷虾也是远海中主要的甲壳类动物。这些类似小虾的动物能长到6厘

▲ （左）
叶状的栉水母利用体外一排排的纤毛来推动身体向前运动。这些划动的"桨"在潜水员手电筒的白光照射下会产生彩虹光带。

（右）
一只漂浮的箱形水母在其钟状体内慢慢消化食物。它通过身体向后喷水产生推力来推动自身前行。它细长的触手上布满了刺细胞，能够射出毒液，它便利用这种海洋中最毒的毒素来麻痹猎物。

◀ 一只五卷须金黄水母正在水中漂浮。它尾部的触手实际上是一张致命的网，带有刺细胞，能够麻痹小鱼甚至其他水母。

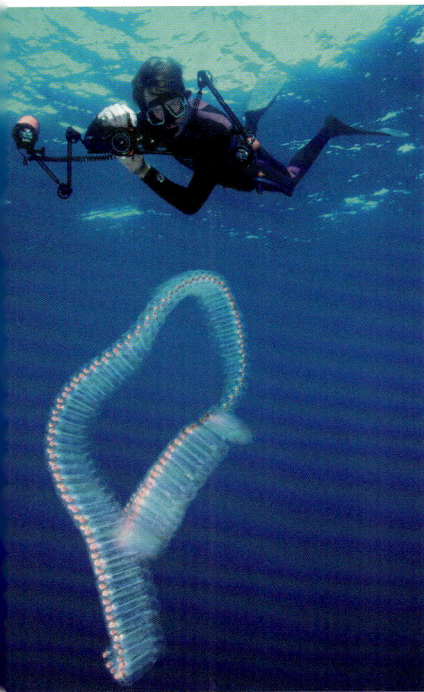

▲ 一长串的樽海鞘。这样的链式集群长度可能超过10米。群体中的个体可能都是相同的，也可能其角色和形态各不相同。

▶ 裸海蝶，一种翼足目的软体动物（与蛞蝓和蜗牛有亲缘关系），适应了远海中的生活环境。它们全身几乎透明，便于伪装自己；它们用纤巧的"翅膀"帮助自己在水中维持悬浮状态。

米长，往往大量聚集在一起。磷虾对于南极海域尤为重要，因为它们是企鹅、海豹和鲸类的食物来源。

尽管甲壳类动物在远海的浮游生物中占主导地位，但那些身体透明的"海中流浪者"才是最美丽的浮游动物——樽海鞘、尾海鞘、翼足目动物、栉水母、管水母等。在远海里潜水最危险也最有趣的方式就是在距海面大约20米处漂浮。水流轻柔地推动身体前行，一大群透明的生物从你身边经过，一个比一个特别，一个比一个美丽。樽海鞘看起来像是透明的喷气式发动机，通过体内中空部位纤细的黏膜滤食水中的浮游植物。樽海鞘是独居动物，但有时也会成群出现，形成的队列长达数米。翼足目动物是一种已经适应了海洋生活的美丽的软体动物。它们的足已被改造成一对透明的"翅膀"，用于维持其漂浮的状态，看起来像个小巧的海洋天使。尾海鞘生活在由黏膜组成的"房子"里。它们的尾巴从房子末端的开口处伸出以吸取海水，当海水滤过黏膜时便可捕捉微小的浮游植物。有些尾海鞘甚至可以在体外分泌绵延长达2米的黏膜网。当黏膜形成的房子滤网堵塞时，尾海鞘就丢掉这个房子并在几分钟内重建一个新的。

远海中还漂浮着一些强大的浮游捕食者。迄今为止最大的是管水母，它是水螅的结合体，最长可达数米。它们的特别之处是一个群体的成员分工各不相同。有些成员体内充满了气体使整个群体可以漂浮在海面上。还有些个体构成了长长的触手，上面布满致命的刺细胞悬垂于水中。最有名的管水母是"葡萄牙战舰"——僧帽水母，它有一个巨大的水螅体变异成了充气浮囊，漂浮于海面。浮囊可长达30厘米，借助风力在海面漂行，拖着布满刺细胞的尾巴乘风破浪。

水母的身体或呈圆球形，或呈钟状，这种形态限制了它们的游泳能力，所以大多数水母和其他浮游生物一样随风漂行或随波逐流。有些具有大型钟状体的水母是最为危险的海洋动物，如狮鬃水母，其钟状体直径可达2.4米。箱形水母跟人的头一般大，2米长的触须上布满含有强力毒素的刺细胞。人类一旦被刺到，便会感受到剧烈疼痛，几分钟内就可能因心力衰竭而死亡。

这些透明的杀手都在远海的水流中飘荡，其中最为美丽的当数栉水母。它们因身上的8排栉板带而得名，栉板带由纤毛构成并提供有限的动力。在潜水器白色灯光的照射下，那一排排摇摆着闪烁的纤毛就像动态的彩虹，继而又慢慢变成暗淡的透明色。

海洋中的掠食者

能够在远海中自由行动的游泳生物在数量上比浮游生物少得多，但其中不乏海洋中最庞大最壮观的动物。实际上所有游泳生物都是食肉动物，其中以浮游生物为食的小型鱼往往聚集成群，如鲱鱼、沙丁鱼和鳀鱼。一群鲱鱼的体积就可能超过450万立方米。有些以浮游生物为食的鱼类则更偏爱独居，这其中包括世界上

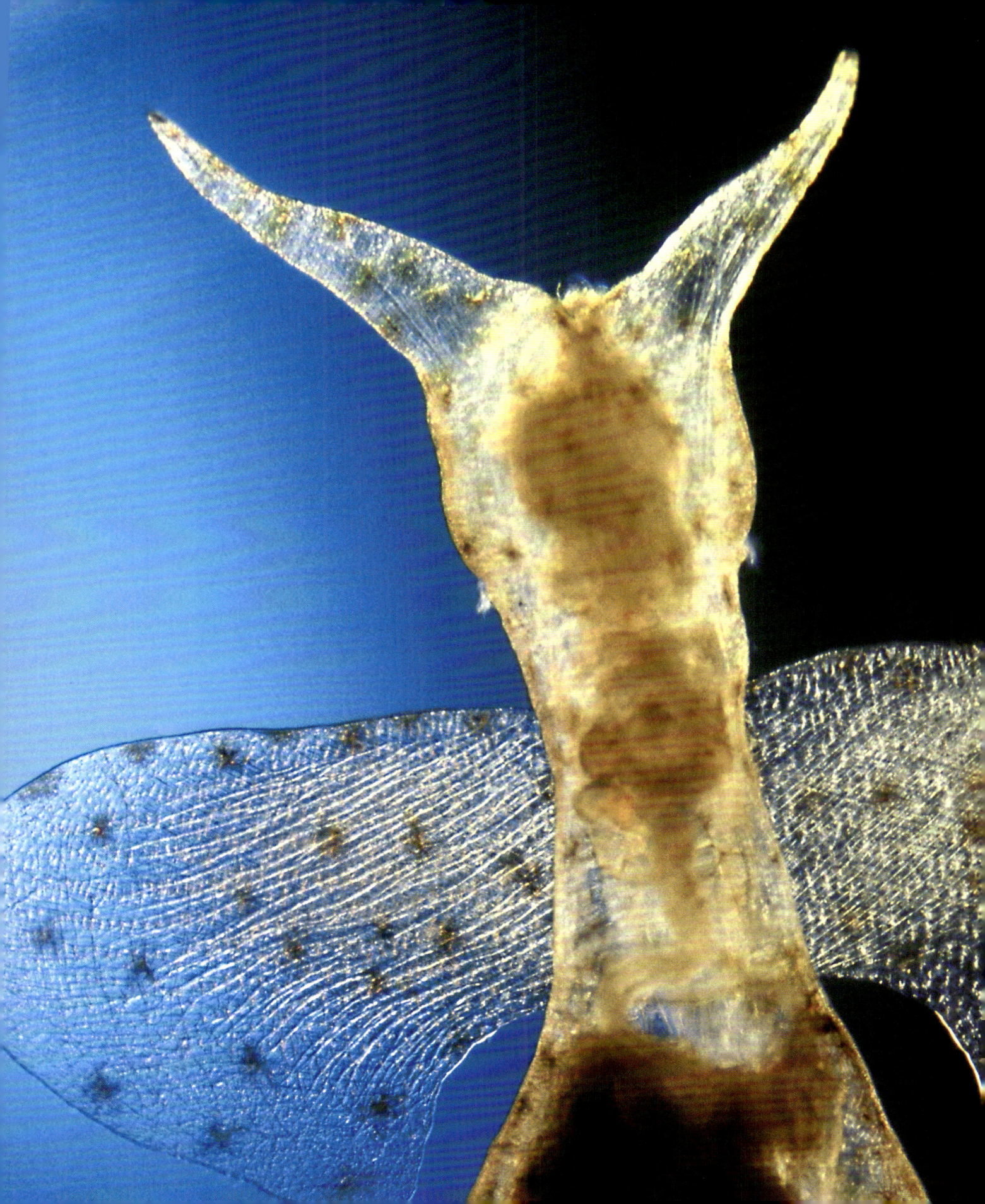

最大的鱼类——体长可达14米的鲸鲨，还包括最大的鳐形目鱼——蝠鲼，其美丽的胸鳍可以伸展到5米宽。这两种巨型生物游泳速度都很慢，以节约体能寻觅浮游生物。事实证明，流线型的动物以这种捕食方式效果最佳。浮游生物食物链的顶端是须鲸（用鲸须板滤食），通常在远海中游得很远，只为了寻觅磷虾的踪迹。这些哺乳动物已经失去了所有的毛发，完美的流线体形大大减小了它们在水中的阻力。

然而大部分的游泳生物并不以浮游生物为食，而是按照经典的捕食性食物链吞食彼此。小鱼被大鱼吃，大鱼被更大的鱼吃，其中包括游速最快的食肉动物，即长嘴鱼和金枪鱼。

这些海洋中的"赛车"体态优美，呈流线型，强有力的肌肉能够帮助它们长距离快速前进。在食物链的顶端是鲸和鲨鱼。抹香鲸是以游泳生物为食的鲸里体形最大的，它们潜入海洋深处寻找体长超过10米的大王乌贼。虎鲸是一种非常聪明的海豚科动物，它们是捕食鱼类、企鹅或海豹的高手，有时还会合作捕食体形是它们两倍的须鲸。灰鲭鲨是海洋中速度最快的鲨鱼，甚至游得比枪鱼和旗鱼这样的长嘴鱼还快。

所有生活在远海地带表层的动物，从最小的浮游生物到巨大的蓝鲸，都必须克服在这种生态环境里特有的两个关键问题。第一，它们都要确保能停留在海面。不仅因为这里有温暖的阳光和丰富的食物，还因为如果下潜得太深，海水的温度会随之降低，含氧量也无法满足这些动物的生存需要。由于远海中所有动物的细胞和组织密度都大于海水，因此它们需要不停地运动来保持漂浮状态。这种压力造就了它们的生活方式和体形特征。第二，它们面临的挑战是需要在变幻莫测的海底世界觅食，生活在远海中的动物除了通过不停地游动来寻找食物外，别无他法。

避免沉没

　　海洋动物采取两种基本策略防止下沉，即增加自身在水中的阻力以减缓下沉速度，或者增加自身的浮力。微小的浮游动物在增加阻力方面具有优势，因为它们体形小，相对而言，表面积就大。它们通过刺毛和突起来进一步增加表面积。这就是龙虾和海星等许多底栖动物的幼体能够悬浮于海面的原因，它们就像插满尖钉的卫星，随风和水流四处漂浮。远海中唯一存在的昆虫也采用类似的生存法

则。海中的水黾有着瘦长的腿并利用海水表面的张力漂移。水母宽大的钟状体就像降落伞那样增加了它们在水中的阻力。长串的樽海鞘和管水母下沉速度也很慢。有时长串的樽海鞘更进一步将自己蜷成平面圆以产生更大的阻力。

　　油脂比水轻。很多海洋动物为了获得更大的浮力而储存油脂，大部分鱼卵含有大量脂质以使自身悬浮在海面附近，便于高效传播。许多鲨鱼和金枪鱼的肝脏富含鱼油，体积很大。鲸和海豹等恒温的海洋哺乳动物，皮下有一层厚厚的轻质脂肪（鲸脂），这不仅有助于它们浮在水面，还能帮助保持体温。通过在体内留住气体也可以维持漂浮状态。即使是浮游生物中的微小细菌，其体内的单个细胞里也存在气泡。更高级的气囊则是充满气体的鱼鳔，许多鱼类靠它来保持悬浮状态。和潜水员穿的潜水服一样，鱼鳔需要不断地进行调整来控制鱼的悬浮深度。鱼类利用鱼鳔的方法不尽相同，但是很少有鱼类能够快速调节鱼鳔内的气体体积。精悍的食肉动物——如鲨鱼和长嘴鱼——在捕食时必须迅速下潜，虽然它们的鱼鳔进化得不太完美，但它们靠超大的肝脏也可以浮在水面。

捉迷藏

　　远海广阔辽远，没有可以藏身之处，也无法预知觅食之处。猎食者和猎物不能躲进沙石遍布的海底，也没有可以躲藏的海藻，不能埋伏在珊瑚礁内伺机捕食，更没有适合觅食的浅海湾，只能加入费时费力的捉迷藏游戏中，而且游戏规则每天都会变。猎物需要在这个没有遮蔽物的世界中找到躲藏的方法。猎食者则要把握好机会，用超强的忍耐力在这广阔的海洋中寻觅食物。

　　海面光照良好，很多海洋动物——甚至是浮游动物——都有眼神锐利的大眼睛。海水总存在浑浊度，即便是在最为清澈的热带海洋中，能见度也是有限的。海豚善于成群捕食，而且掌握了跃出水面的本领，以便有更好的捕猎视角，它们可能是在寻找正潜入海里捉鱼的海鸟，或者是在通知同伴捕食猎物的好地方。

　　海水传播振动的速度很快，所以感知海水的运动十分重要。大部分鱼类在身侧都有侧线，对水流运动很敏感。这样，长嘴鱼就能找到在海面附近因负伤而剧烈挣扎的鱼类，而猎物则得以在遭遇天敌的最后时刻进行反击。侧线还具有协调鱼群行动的关键作用。就像栖息的椋鸟成群结队以抵御猛禽的攻击一样，大量的小鱼形成巨大的环状鱼群，这种"诱饵球"中可能有成千上万条小鱼挤在一起，同步移动。这样，其中的每个个体都可以得到掩护。

　　远海中另一种藏匿的方法是利用身体的透明度。这种策略被许多浮游动物所采用，例如水母，甚至一些螺类。对于游泳生物来说，它们需要肌肉以到处游走，所以不可能有透明的身体。很多远海的鱼类选择了隐影的方式。它们背部呈现深蓝色，而腹部颜色则变浅呈银色。从上往下看，它们的背部与深海融为一色；从下往上看，由于海面银光闪烁，很难看到它们银色的腹部。银色这一面就像是镜子，反射光线并使之与蔚蓝的海水融为一体。鲭鱼的身体带有条纹，因此捕食者更加难以辨认它们的轮廓。但是具有最高级隐形术的是飞鱼。当被金枪鱼或旗鱼高速追赶时，它们加速跃出海面，张开又长又大的胸鳍。一旦展"翅"翱翔，飞鱼就迅速拍打尾部以获得额外推力，如果恰好顺风，它们就能轻松"飞翔"至少100米，幸运的话便可以逃出生天。

▲ 海面上的波纹是由飞鱼特殊的长尾所制造的，它们拍击尾部以获取额外的推力。这使它们的"飞翔"距离可达100米，从而摆脱水中的猎食者。

◀ 鲸鲨的一种罕见表现。它们几乎垂直地悬浮于近海面处，一大群小鱼环绕在其周围，看起来像是藏在它们身后以躲避饥饿的金枪鱼的攻击。

海洋中速度最快的鱼

▲ 一条蓝枪鱼，是11种长嘴鱼中
最重的，可重达900多千克。

金枪鱼和长嘴鱼是海洋中两种游速最快也最为引人注目的鱼类。长嘴鱼有11种，每一种的上颌都延长形成一根骨质的长刺，有的能达到1米长。体形最大的是蓝枪鱼，重达900多千克。游速最快的是长嘴鱼中的旗鱼，爆发速度超过110千米每小时。

金枪鱼和长嘴鱼还是能够远距离快速行进的捕食能手。一条被标记的蓝鳍金枪鱼离开日本海岸后，在相距将近11 000千米之外的墨西哥下加利福尼亚半岛被再次捕获。另一条被标记的蓝鳍金枪鱼仅用了119天便横穿大西洋，它的旅程中平均每日的直线距离有65千米，并且金枪鱼觅食的实际路程比这个距离要远得多。

为了能达到理想的速度和耐力，金枪鱼和长嘴鱼都拥有完美的流线体形。

它们的身体十分光滑、结实、紧凑，大部分都没有鳞片。它们的眼睛没有突起，而是被透明的眼睑覆盖以减小阻力。它们的鱼鳍坚硬而细小，能迅速藏进体表凹陷处，不会破坏流线体形。关于长鱼嘴吻部的特殊构造，其功能尚不明确，可能是帮助它们劈水斩浪，就像超声速飞机机首的长针有刺破音障的功能。很多金枪鱼和长嘴鱼也有脊棱，靠近尾部的小鳍控制流过身体的水流，减小阻力，这也是超音速喷气发动机所运用的另一个仿生学技术。

流线型于速度十分重要，而有一个强大的发动机也必不可少。长嘴鱼和金枪鱼的尾鳍又大又长，尾稍向后倾斜，就能够用最少的能量产生最大的推动力。它们全身长满肌肉，尤其是红肌富含肌红蛋白，能够存储大量氧气并提供

超强耐力。温暖的状态能保证肌肉处于最佳工作状态，但在冰冷的海水中，大部分鱼类通过肌肉运动产生的热量会经由皮肤而发散损耗。但是金枪鱼和长嘴鱼的血管处于一个逆流系统中。冷血的静脉与热血的动脉相互平行，这样静脉血回流到心脏时会变热。剑鱼擅长在冰冷的深海中捕食，但它们眼球和大脑后的肌肉特别温热，使这些重要器官尽可能保持活跃状态。蓝鳍金枪鱼在7摄氏度的冷水中，体温能维持在25摄氏度以上，在某种意义上可谓温血动物。这使它们敢于潜入寒冷而物种丰富的温带海洋深处。所以它们不像其他的金枪鱼，活动范围仅限于温暖但物产富足程度略为逊色的热带海洋。

▲ 一条南方蓝鳍金枪鱼，集速度与耐力于一身。为了保持完美的流线体型，它们坚硬细小的鱼鳍能够迅速藏进体表凹陷处。

◄ 一条旗鱼的鳍竖立着。当旗鱼捕食或求偶时，就会将它们那与众不同的背鳍不停地竖起又放下。在这期间，它们还可能迅速变换颜色，变成从蓝色到深黑之间的各种颜色。

深海之旅

潜水器在阳光普照的温暖海面停留了几分钟。这种情况十分少见，因为即使在风平浪静的日子里，这架小小的潜水器都会剧烈地来回翻转，就像一大堆衣服被扔进了卷筒式烘干机。接到从无线电中传出的下潜许可，潜水器驾驶员打开主浮力舱注入海水，潜水器悄然沉下海面，开始了用2小时通往3 000米之下的海底的旅程。即使潜入清澈见底的热带海洋，眼前景色变暗的速度也快得惊人。几分钟后，你已到达海面之下150多米处。至少肉眼看去，大部分光线似乎都消失了，这说明你已经离开了透光带，也就是离开了几乎所有海洋生物赖以生存的海水表层，开始了深海之旅。

深水层的规模远大于浅水层，是目前地球上最大的动植物栖息地。按体积算，地球上适宜生命生存的空间中深水层占了80%以上，而陆地只占了0.5%。时至今日，人类对这一辽阔空间的探索不超过其总量的1%，因此深水层成为仅剩的真正意义上的未知领域。

深水层的探索工作之所以如此艰难，主要原因在于水压。海水表面的压强是1大气压（1标准大气压=101325帕），相当于每平方厘米承受1千克的压力。然而每下潜10米，压强就会增加1大气压。正是由于这种压强的变化，大多数水肺潜水员的活动范围仅限于海面以下30米。即使是经验丰富的职业潜水员也很少潜入海面50米以下的区域，即使成功潜到这个深度，也只能停留短短几分钟时间。

如果要克服水压障碍以潜入更深的海底，只有依靠潜水艇，不过大多数潜水艇的最大下潜深度都只有500米。那里的压强是海水表面压强的50倍，载人或载武器的大型潜水艇在此压强下都会因承压过重而直接粉碎。所幸我们的潜水器比大多数军用潜水艇要小得多。3名乘客挤在一个直径只有3米的球形空间里，这样的设计最能抗压。潜水器的外壁是5厘米厚的钛钢合金制成的，舷窗采用18厘米厚的钢化玻璃。该潜水器能潜入海底6 000米处。60%的海洋都超过1 600米深，但全球只有10架潜水器能下潜到这个深度，如此一来，说海底还有太多地方需要探索绝非虚言。

微光带

透过潜水器的小舷窗向外望，当几乎所有光线都消失时，就到达了海底150米深处。不过在最为清澈的热带海洋中，还是有很少一部分光线可以穿透海水到达这一深度的。从这里到海底1 000米处的范围被称作微光带，这里几乎没有任何植物生存。看一眼潜水器里的温度计，你会发现水温已迅速降到5摄氏度。

当潜入500米左右的深度时，你还会通过一个最小含氧层。在这一区域，从上方海水中传输下来的残余氧气基本上都被这里为数不多的海洋动物消耗殆尽了。由于没有可进行光合作用的植物补给供氧，该区域的含氧量几乎为零。

▶ 6厘米长的宽八拟杯水母，几乎通体透明，具有半刚性伞膜。水母的胃腔散射出许多放射管，管上的白色物质是水母的生殖腺。该水母的触手若无法收回就自行脱落（这种情况时有发生）。

▶ 小型异鱿乌贼。根据其巨大的眼球判断，异鱿乌贼生活在昏暗的微光带。一旦受到较大捕食者的袭击，异鱿乌贼便会分泌出一团发光液体以迷惑捕食者。

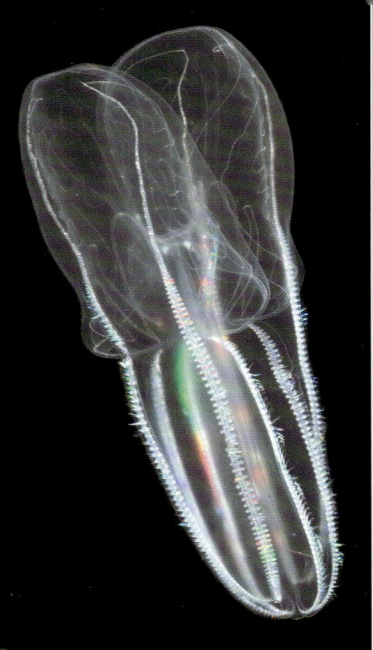

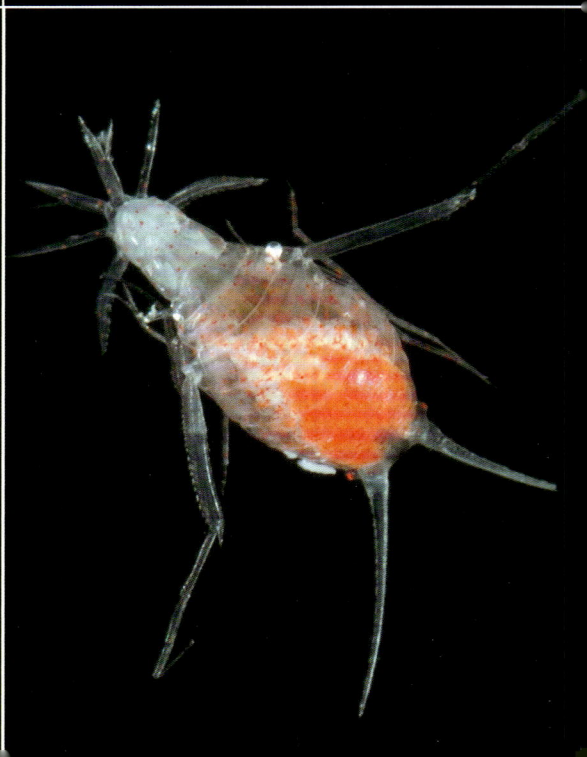

潜水器里的乘客可以利用羊毛织物保暖，利用氧气瓶吸氧，但其他来自浅水层的生物想在这样寒冷、黑暗、缺氧和高压的环境中生存十分艰难。只有能够适应这种环境的特殊生物才能潜入这样漆黑的海洋深处，如棱皮龟。棱皮龟是唯一可以潜入深海层的海龟，大多数海龟都有坚硬的龟壳，但棱皮龟的龟壳有伸缩性，有助于它适应不断增大的水压。尽管如此，棱皮龟也只在水下500米处进行快速觅食之旅，而且也只能坚持10分钟。

剑鱼这种令人惊叹的大鱼体重可达500千克。剑鱼拥有剑一般的长嘴，硕大的眼睛在昏暗中能够发挥作用；它们体内还有大量脂肪，可以通过逆流系统保温。即便如此，它们还是无法潜至最小含氧层下方。

象海豹也是深海潜水冠军，它能在1 500米之下的深海停留2小时。象海豹身上有一层厚厚的脂肪，可以用来保暖，体内大量的血液可以提供氧气。尽管如此，象海豹潜水时依然需要将自身新陈代谢速度调至最低，使心脏每分钟只跳6次。

对于长期生活在微光带的生物而言，食物匮乏是最大的问题。透光带中产生的能量只有20%能流向微光带，因此微光带的生物数量远不及浅水层，且它们大多数体形要小得多。虽然这些生物体形小，却有着凶恶的外表。如蝰鱼（毒蛇鱼），有一副针尖一样的牙齿，长到嘴巴都包不住，下牙直逼眼球。和众多微光带的生物一样，蝰鱼的生存策略也是节约体能，坐等食物送上门。由于没体力挑三拣四，蝰鱼的下颚可以伸得很长，牙齿也变得非常尖利，再大的猎物都能吞下。

浅水层的捉迷藏大战在这里进行得更加激烈，因为捕食者需要更好的视力来发现猎物。拿胸翼鱼来说，它们简直是深海中的丛猴，每只眼睛都几乎有半个脑袋宽。深海珠目鱼的眼睛呈管状，双目重叠。这些形态奇特的眼睛不仅很敏锐，还能帮助鱼类判断猎物种类。

微光带中稀疏的几缕光线几乎都来自浅水层，因此很多微光带动物的眼睛天生只能向上看。帆乌贼的两只眼睛一大一小，能够在水中进行自我定位，以便它们的大眼睛借助浅水层投下的微光观察猎物的倒影。

如果说捕食者在竭尽全力地寻觅猎物，那么猎物也在不遗余力地躲避捕食者。巨银斧鱼体形小，且十分扁平，就像一枚银色的邮票。它们全身都会反光，从侧面看，就像一面镜子，任何从浅水层投射下来的光都会被反射回去。因此，巨银斧鱼能够隐匿在深蓝色的海水中。从海底往上看，几乎看不到薄片似的巨银斧鱼。为了确保自己不被发现，巨银斧鱼还拥有会发光的细胞，即发光器。不论海底世界离天上的太阳有多远，这些发光器都可以根据日光强度来变色。至于其他一些微光带动物，如鱼、乌贼和虾，它们的发光器则是它们进行反照明的一种手段，为的是破坏自己在水中的倒影。

◄（第一排从左至右）
蛾水母，一种叶状栉水母，它们是主动出击型捕食者。蛾水母借助栉板游动，触手也可伸展，能利用喷射推进原理在水中前行。体形最大的蛾水母身长可达15厘米。蛾水母通过可伸展的触手将食物送入漏斗一样的伞膜内，捕食对象主要是桡足类浮游生物。

闪着七色光的侧腕水母，因为周身一排排纤毛不断拍打所以形成干涉波纹。侧腕水母不仅外形美丽，还是捕食高手。它们又长又黏的触手可用于诱捕桡足类猎物。

中层水母，属于同一个复杂食物链的多种水母、樽海鞘和栉水母，或可称为水母网，其中的生物没有明确的捕食者和猎物之分。

（第二排从左至右）
蝰鱼。微光带的捕食者，通常长有硕大的牙齿，由于猎物很少出现，它们的牙齿必须能够应付各种体形的猎物。

巨银斧鱼。体形扁平，周身发出银色的光，像一面镜子，这是生活在微光带的最佳保护色。

（第三排从左至右）
纽形虫。大多数虫类生存在海底沉积物中，而纽形虫却悬浮在中层。

巨介虫，即介形虫，是地球上已知最大的介型亚纲动物，有豌豆般大小。图中两个金色亮片是它们的眼球，十分灵敏。巨介虫利用触须划行，身体各部分可缩进铰链般的"豆荚"之中。

小毛戎，发光性片脚类生物（虾类的亲缘动物），常见于水母周围。在昏暗的微光带，其体表的红色看起来像是黑色，成为保护色。

▲ 一条钻光鱼在展示满嘴毛刷般的牙齿。钻光鱼是微光带中数量最多的鱼类之一，每到夜晚都会向海面游很长一段距离去寻找食物。

世界上规模最大的迁徙

微光带中的很多动物都乐于坐等食物主动送上门来。它们不是捕食者，只是依靠挑拣浅水层掉下来的大量剩食为生，包括大多数以浅水层生物的排泄物颗粒和尸体为食的浮游生物，主要是桡足类动物和磷虾。

不过，微光带中的其他动物另有捕食佳策。每当夜晚来临，它们就会迁徙到数百米之上富饶的浅水层透光带寻找食物。唯一的问题是浅水层也汇集了众多捕食者，因此这些规模宏大的迁徙只能在夜色的掩护下进行。每天的迁徙规模都相当令人震惊，上百万动物都会参与其中，远远超过每年候鸟或角马的迁徙阵势。迁徙动物的种类繁多，从只能向上游几十米的极小的浮游生物，到可以在上下1000米范围内来去自如的鱼类，应有尽有。大迁徙中最常见的有两种鱼：钻光鱼（其中有一种叫圆罩鱼，很可能是海洋中数量最多的鱼）和灯笼鱼。别看这两种鱼体形不大，只有5～15厘米长，却有着大大的眼睛和强壮的肌肉，可以在夜间迁徒。这些鱼的数量实在庞大：第二次世界大战期间军队初次使用声波定位仪时，人们误将从成千上万的鱼鳔所反射回来的探测回声认为是从海底反射的回声。

黑暗带

潜水器缓缓下降半小时之后，就到达了海底1 000米深处。温度计显示此时的水温已降至2摄氏度左右，而海水也变得如漆似墨。我们已进入了黑暗带。这里的水压是水面大气压的100多倍，没有任何光线能穿透海水到达这里。为了省电，潜水器驾驶员关掉了外光灯，可即使开着外光灯，偶尔能瞥见海底生物也实属幸运。

在这个承载着地球海水总量3/4的区域，生活着一些十分奇异的海洋生物，其中最为奇特的是鮟鱇鱼。鮟鱇鱼的确是深海怪物，从其"黑蝠鲼""三疣海怪"这两个别名就能看出。

鮟鱇鱼完全适应漆黑的海底生活。其一，它们周身全黑。大多数黑暗带的鱼类都是这种颜色，不过深红色也能起到有效掩护作用，在黑暗带生活的很多虾都

生物发光

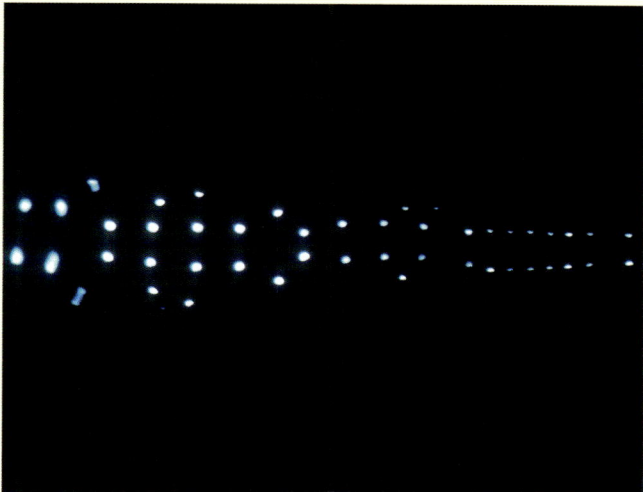

目前，人们认为90%的深海生物都可以发光。生物发光是一种化学反应，指荧光素经过荧光素酶的催化，发生氧化反应或者燃烧。大多数生物都会发出蓝色的光，蓝光在海水中的穿透力很强，不过也有生物发出黄色、绿色甚至红色的光。生物发光特性有很多用途。

像鮟鱇鱼一类的深海动物可以利用生物发光特性吸引猎物，而猎物也可以通过发光来迷惑捕食者。警报水母在受到袭击时会通体发光，就像散开的烟花。还有一些动物，如深海桡足类动物，会从体内喷出少量发光体来迷惑捕食者。捕食者会紧追那些神秘的发光体，而桡足类动物可借此逃匿在漆黑的海水中。微光带有很多种动物（如左上图中的灯笼鱼）都会通过体内的发光器官来发光。这些发光器官有序地分布在身体上，用于掩护或反照明。发光器官的某些特定模式还有助于海洋动物在深海之中找到配偶。不同种类的动物，甚至是同种动物的不同性别都会发出不同的光来吸引异性。

是血红色的。其二，鮟鱇鱼体形小，通常只有几厘米长，难怪透光带传来的仅仅5%的能量也能让鮟鱇鱼在如此深的黑暗带中生存。和黑暗带的大多数其他鱼类一样，鮟鱇鱼也是为了节约体力而坐等食物送上门，而且它们体内很少有肌肉或是没用的鱼鳔（黑暗带的动物都不会选择垂直方向迁徙，因为从黑暗带到透光带的过程中水压变化太大）。由于猎物的体形时大时小，难以预测，鮟鱇鱼进化出了很大的嘴，其腹部也有很强的伸缩性，无论多大的猎物都不成问题。

在深水层，视力作用不大，所以鮟鱇鱼的眼睛很小，但其却对水的振动十分敏感。有一种多丝茎角鮟鱇浑身长满灵敏的触须，能感知到猎物的任何动作。鳙鱼以"钓鱼"诱捕猎物闻名。雌性鮟鱇鱼硕大的嘴巴上方悬吊着一根皮瓣，其诱人之处在于它的尖端在黑暗中会发光，在一片漆黑的世界里，任何发光的物体都无比迷人。这种生物发光现象源自皮瓣尖端的共生菌。鮟鱇鱼和其他黑暗带的捕食者都长着形态各异，甚至是奇形怪状的皮瓣。一些鮟鱇鱼的鼻子又长又细，像一条鞭子，皮瓣长在长度有身长的4～5倍的"钓竿"顶端。还有一些鮟鱇鱼的皮瓣倒悬在上嘴唇下方那又长又恐怖的牙齿之间。

深海海底

经过2小时平静的航行，潜水器开始降落至海底。驾驶员依然没有打开外光灯，但声波定位仪探测到海底的大致轮廓并发出了警报。潜水器小小的球体内部温度很低，于是我们的俄罗斯籍驾驶员拿出了秘密武器——西伯利亚羊皮靴。潜水器里的仪表盘显示，这里的外部温度只有零下2摄氏度，深度约有3 000米，而在海底3 200米的地方，压强已经是海平面压强的300倍。如果潜水器的表面出现了哪怕是很小的一个洞，我们在几秒钟内就会毙命。

就在潜水器距离海底只有几米的地方，驾驶员打开了大功率的外光灯。窗外的海水清澈透明，能看到前方50～60米处，不过可见范围依然十分有限。深海如此辽阔，区区一架潜水器的探索效果就跟一名宇航员带着手电筒观察月球背面差不多。

海底给我们的第一印象并没有太过惊人。海底多半泥沙遍布，十分平坦又毫无生机，但仔细观察就会发现一些生命迹象——海底沉积物表面到处都是动物的足迹，其中大多数是海参留下的。作为周身大部分为白色的棘皮生物，海参的名字很好地解释了其外形。海参是海底的吸尘器，它们通过身体的一头吸入泥沙，提取其中所有的藻类生物和细菌，再通过身体的另一头以粪便形式将体内处理过的泥沙排泄出去。海参数量众多，占海底生物总量的95%。其他常见的棘皮生物有蛇尾海星和海胆，它们形状各异，大小不一。蛇尾海星和海胆向来是独居者，但偶尔也能看见一小群海胆集体前行，这样的集合体很可能是为了繁衍后代——在这样广阔的空间里一旦找到配偶，就一定要粘住对方。

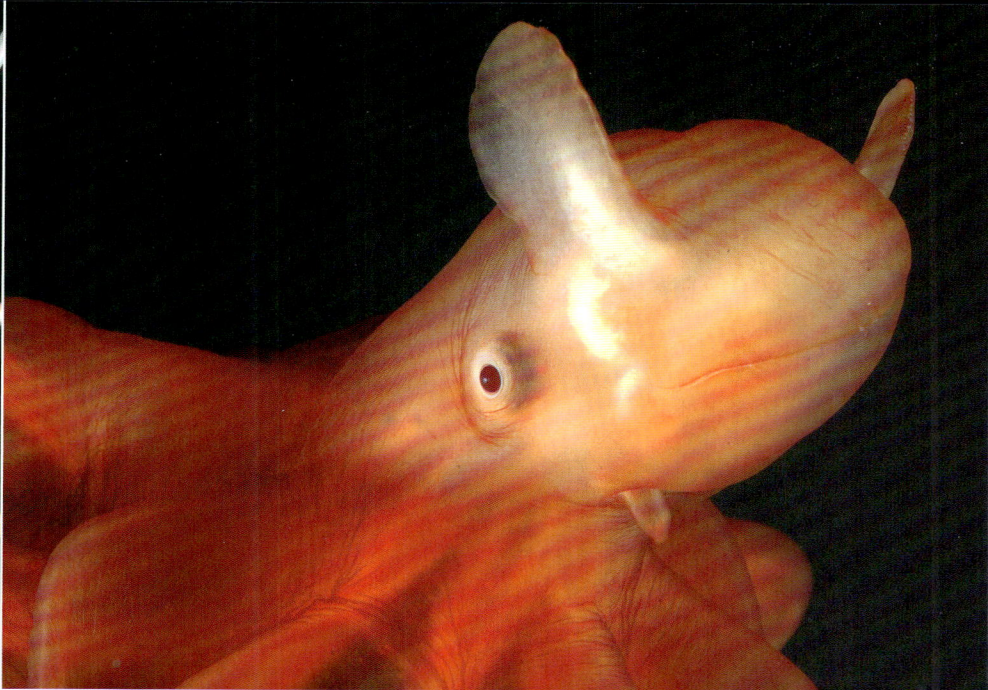

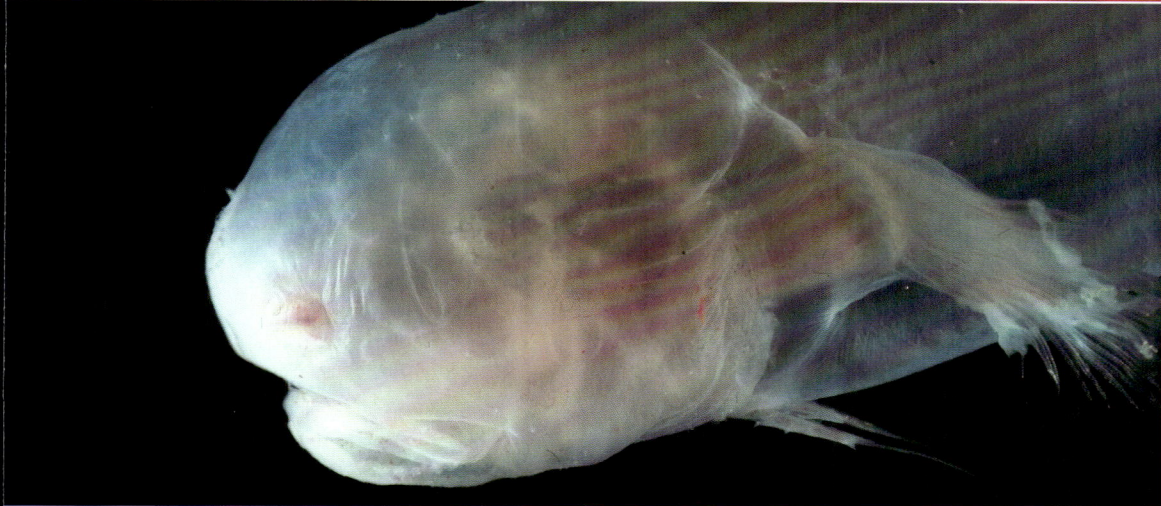

▲ 深海中的鮟鱇鱼，又名琵琶鱼，属鮟鱇目，身长超过100厘米。图中的鮟鱇鱼正在吞食另一条鱼。它伏在海底，距离发光的水下机器人很近。在一片漆黑的深海中，它的眼睛可搜寻到发光生物，并通过高度发达的感觉系统探测到周围物体的移动。

食物是将大量动物吸引到海底的另一个原因。透光层中产生的能量只有2%能传送到海底，零零星星的美味也大都被上层的动物洗劫一空，因此海底的动物只能将就着以"海洋雪花"为食，即上层海水中飘落下来呈颗粒状的动物残骸和排泄物。偶尔也会有完整无损的鱼类或海洋哺乳动物的残骸直接落至海底，很多海底动物专门适应环境而食用这些稀有食物。海底没有微光带中那些垂直迁徙的小型生物和黑暗带的怪兽，只有体积庞大、肌肉发达的鱼类。它们的尾巴很长，头很大，名叫长尾鳕，属于鳕鱼类，常见于深海之中，脑袋是少见的三角形，里面有一组感觉细胞。长尾鳕看起来像硕大而丑陋的蝌蚪，擅长缓慢地远距离游行，而实际上它们是在搜寻潜在的猎物。

海底火山

随着潜水器以几节（译者注：1节=1海里/时=1.852千米/时）的速度向前缓慢行进，海底的形状渐渐发生了变化，潜水器不得不沿着一个越来越陡峭的斜坡向上爬。之前毫无特色的平坦海底已被一堆翻滚着的黑色岩石所代替，就像一朵巨大的花椰菜。毫无疑问，这是火山地貌。潜水器的下方是岩浆，有数千米长，看起来像是刚喷发过。随着火山口诡异的寂静被打破，潜水器里的气氛顿时紧张了起来，我们听到远处传来了如同工厂里机器轰鸣的声音。之前清澈的海水中顿时翻滚起阵阵黑色的浓烟。接着，我们突然发现正前方的浓烟之上冒出了一个巨大的烟囱，相比之下，潜水器实在太过渺小。

黑色浓烟在烟囱顶部发出轰隆的响声，根据热浪判断，水温应该很高。现在驾驶员的每一步操作都十分谨慎，他用潜水器的机械手将一支特制温度计插入从烟囱里喷发出的水中，测得水温为375摄氏度。这个温度比铅水的温度还高，很容易对潜水器造成严重损害。我们找到了传说中的黑烟囱——沿着深海海底的洋中脊分布的海底火山热泉。

洋中脊是地球上最大的地质结构，环绕地球45 000千米，就像板球上的缝合线。熔融的岩浆从地壳表面渗出，流动形成山脉，最后生成新的海底。岩浆形成的海底山脉最高可达3 200米，由这些山脉构成的洋中脊的宽度可达80千米。几乎所有的海底火山热泉都在洋中脊上，但人类直到1977年才发现它们的存在。当时，几名地质学家乘坐潜水器在加拉帕戈斯群岛附近的东太平洋海隆进行探索，

▼ 一条深海鮟鱇鱼在游动，它的皮瓣翻向脑后，十分少见。大多数时候，鮟鱇鱼都埋藏在海底沉积物之中，只有巨型嘴巴上发光的皮瓣不断摇曳着吸引猎物。

▲（左）
覆盖着的管状蠕虫好似一根
根"香烟"。管状蠕虫红色的
呼吸器官将二氧化碳、氧气和
硫化物输送给虫管中的细菌，
由细菌将这些物质转化为有机
物后再进行化学物质交换。

（右）
一条庞贝蠕虫，它的整个群落
都生活在水温最高的黑烟囱边
缘。庞贝蠕虫得名于它在80摄
氏度的极高温度下依然能够存
活的本领。

▶（上）
海底1600米处的一个深海珊瑚
群落，位于加利福尼亚州海岸
的戴维森海底休眠火山上。潜
水器外光灯照射到的生物包括
黄色的海绵、筐蛇尾和泡泡糖
珊瑚。

（下）
蜘蛛蟹，周身最长处可达1
米，位于墨西哥湾海底1800米
处。蜘蛛蟹的触角能使其免遭
捕食，它的体色是典型的深海
动物体色——红色。由于没有
光线直达海底，因此红色的生
物在海底看起来呈黑色，起到
了完美的掩饰作用。

首次见到了活跃着的黑烟囱。这一地质现象令地质学家很兴奋，但他们明白，这个发现还需生物学的证实才会令世人瞩目。

潜水器离开了海水喷涌的烟囱顶部（有的黑烟囱有16层楼高），然后缓缓地沿着斜坡降至海底。突然，我们眼前出现了种类极其丰富的生物。在东太平洋，生物构成主要是成堆的管状蠕虫，这些管状蠕虫高达2米，体形最大的有人的胳膊那么粗。虫管顶端长满了大红色的羽毛，随着火山热泉轻盈地摆动。仔细观察这些管状蠕虫，你还会发现各种各样的虾、帽贝和片脚类动物，偶尔还能见到异常粉红的鱼。黑烟囱底部铺着一层厚厚的贝类动物，它们在管状蠕虫的遮掩下精心地筛选飘落下来的食物颗粒。潜水器要离开黑烟囱的时候，我们还有大量生物没来得及观察，比如和餐盘一样大小的白蛤。

等生物学家亲眼见到加拉帕戈斯群岛的海底火山热泉时，他们简直无法相信：在海底一片漆黑的环境中竟然存在如此密集的生物群落，即使是最富饶的珊瑚礁，也不及这里的生物体密度高。光合作用在这里显然无法进行，而缓缓落下的"海洋雪花"永远无法满足该系统的能量需求。后来生物学家发现，这个复杂的生态系统最终依赖于一种特殊的细菌。因为火山热泉喷发出的黑烟和热水所形成的混合物是硫化氢，而这种细菌可以固化硫化氢中的能量。

如今，地质学家在几乎所有探索过的洋中脊上都发现了海底火山热泉。火山热泉之间的距离有上千千米，但令人惊奇的是所有火山热泉都能依靠硫化物中的能量形成各自的生态系统。生物学家们欣喜地发现，虽然众多火山热泉的生态系统十分类似，但是每个系统中所包含的物种各不相同。迄今为止，我们见识到了深海海底总面积的1%，还有3亿平方千米未曾涉足，海底肯定还有其他全新的生态系统有待人类去探索发现。

制片组
Susan Aartse-
Tuyn
Penny Allen
Justin Anderson
Vanessa Berlowitz
Lesley Bishop
Mark Brownlow
Andy Byatt
Huw Cordey
Dave Cox
Samantha Davis
Alastair Fothergill
Tom Hugh-Jones
Amanda Hutchinson
Kathryn Jeffs
Jonny Keeling
Mandy Knight
Mark Linfield
Conrad Maufe
Emma Peace
Joanna Verity
Sarah Wade
Martin Whatley
Jeff Wilson
Lisa Wilson

摄影组
Doug Allan
Doug Anderson
David Baillie
Barrie Britton
Keith Brust
Gordon Buchanan
Richard Burton
Simon Carroll
Rod Clarke
Martyn Colbeck
Steve Downer
Goran Ehlme
Justine Evans
Wade Fairley
Tom Fitz
Rob Franklin
Ted Giffords
Jeff Hogan
Mike Holding
Michael Kelem
Simon King
Richard Kirby
Peter Kragh
Ian McCarthy
Alastair MacEwen

David McKay
Mike Madden
Justin Maguire
Michael Male
Henry Mix
Shane Moore
Toshihiro Muta
Gavin Newman
Didier Noirot
Matt Norman
Ben Osborne
Haroldo Palo Jr
Mark Payne-Gill
Andrew Penniket
Mike Potts
Adam Ravetch
David Reichert
Mike Richards
Rick Rosenthal
Peter Scoones
Tim Shepherd
Andrew Shillabeer
Warwick Sloss
Mark Smith
Colin Stafford
   Johnson
Paul Stewart

Gavin Thurston
Jeff Turner
Nick Turner
John Waters
Mark Wolf

现场助理
Karel Allard
Glen Allen
Stan Allison
Reza Azmi
Claire Baker
Paul Beilstein
Ralph Bower
Paul Brehem
Milo Burcham
Tom Chapman
Tom Clarke
Dan Eatherley
Andy Eavis
Tim Fogg
Joel Heath
Chris Hendrickson
Daniel Huertas
Chadden Hunter
Richard Jones
Noah Kadlak

   Kartike
Jean Krecja
Huw Lewis
Paul Lickte
John Lucas
Trevor Lucas
Rob McCall
Gil Malamud
Nisar Malik
Frederique Olivier
Anatoly Petrov
Jason Roberts
Juan Romero
Graham Springer
Raj Suwal'
Joanna van Gruisen
Josh Westerhold
Emilio White
Greg Winston
Paul Zakora

制片
Alison Brown-
Humes
Tom Clarke
George Chan
Sharmila Choudhury

Sue Flood
Anne McCarthy
Anna Mike
Hugh Miller
Jo Morton
Sue Storey
Nick Smith-Baker
Amy Young

后期制作
Ruth Berrington
Miles Hall
Jennifer Silverman

音乐
George Fenton
BBC Concert
   Orchestra
Sam Watts

影片剪辑
Andrew Chastney
Tim Coope
Martin Elsbury
Jill Garrett
Stuart Napier
Andy Netley

Jo Payne
Dave Pearce

声音剪辑
Kate Hopkins
Tim Owens

配音合成
Graham Wild
Andrew Wilson

色彩顾问
Luke Rainey

平面设计
Burrell Durrant Hifle
Tim Brade
Nick Brooks
Steve Burrell
Carys Hull

在线图片
Chas Francis
Steve Olive

致谢

为了制作和本书配套的纪录片《地球脉动》（*Planet Earth*），团队成员付出了巨大的努力。本书作者（也是该片制作人）特别感谢我们的制作团队、后期制作和拍摄小组。在这充满挑战的系列片制作中，他们的才华和毅力、敬业精神和艰苦工作不仅体现在电视节目里，也充分展现在本书中。本书大部分内容都源自他们发掘的故事和他们经历的旅程。大量珍贵而特别的照片更为本书增光添彩。

这份感谢名单仅仅是冰山一角。纪录片《地球脉动》耗时4年完成，在此期间，我们在全球超过200处外景点进行了拍摄，每到一处都得到了莫大的帮助。日本深海研究机构借给我们水下机器人，使我们得以对海底2 000米下灼热的火山口进行拍摄。澳大利亚南极署带领我们的摄制组进行了为期一年的拍摄，与帝企鹅相伴过冬。英国皇家海军舰艇"持久号"的船长和全体船员将我们的摄像机带上了他们的"山猫号"直升机，拍摄了壮观的冰山实景。尼泊尔空军载着我们飞越珠穆朗玛峰顶峰。巴基斯坦空军的直升机飞行员带我们进入喀喇昆仑山脉的腹地。

如果没有巴基斯坦当地向导的帮助，我们永远无法找到神出鬼没的雪豹。只有在出色的当地专家的帮助下，我们才成功地接近戈壁滩上的双峰驼。在巴布亚新几内亚的森林居民允许下，我们得以拍摄到他们岛上的天堂鸟。想要感谢的人不胜枚举。从科学家到探索者，从飞行员到现场助理，全球有许多人都倾注了他们的时间、精力和专业技能，慷慨无私地给予了我们帮助。对于他们所付出的一切，本书作者万分感谢。

最后，感谢BBC图书公司的雪莉·帕顿（Shirely Patton），正是她委托制作了这本书，还要感谢本书编辑罗兹·基德曼·考克斯（Roz Kidman Cox）、图片研究员劳拉·巴维克（Laura Barwick）和图书设计鲍比·博查尔（Bobby Birchall），感谢他们为此项目投入了大量的时间和精力。

插图贡献者

1 NASA-BDH / BBC-Planet Earth; 2~3 NASA-BDH / BBC-Planet Earth; 4~5 上图, 从左至右: Jorma Luhta / naturepl.com, NASA-BDH / BBC-Planet Earth, David Tipling / naturepl.com, AFLO / naturepl.com; 4~5 中图, 从左至右: Anup Shah / naturepl.com, Richard du Toit, David Noton, Tim Laman / National Geographic Image Collection; 4~5 下图, 从左至右: Peter Scoones, Christian Ziegler, Chris Newbert / Minden Pictures, Howard Hall; 7 Adam Gibbs; 8~9 National Geographic Collection; 10~11 NASA-BDH / BBC-Planet Earth; 12 AFLO / naturepl.com; 13 Doug Perrine / naturepl.com; 14~15 Martyn Colbeck; 16 Tom Murphy / National Geographic Image Collection; 17 Randy Morse / SeaPics.com; 18 StockTrek / Getty Images; 19 Ben Osborne / BBC-Planet Earth; 20 Fred Bavandam / Minden Pictures; 21 Frans Lanting; 22 NASA-BDH / BBC-Planet Earth; 23 Ben Osborne / BBC-Planet Earth; 24~25 NASA-BDH / BBC-Planet Earth; 26~27 Milo Burcham; 28 Alan James / naturepl.com; 29 Fred Olivier; 30 Doug Allan & Sue Flood; 31 Stephen Dalton / NHPA; 32~33 上图 Pal Hermansen; 32~33 下图 David Tipling / naturepl.com; 34 Pete Oxford / naturepl.com; 35 Kevin Schafer / SeaPics.com; 36~37 Pal Hermansen; 38 Simon King / naturepl.com; 39 Norbert Wu / Minden Pictures / FLPA; 40~41 Fred Olivier; 42 Gerald Lacz / FLPA; 43 上图 Kevin Schafer; 43 下图 Tui de Roy / Minden Pictures/FLPA; 44~45 Jason C Roberts; 46~47 Jan Vermeer; 48 Tim Voorheis / SplashdownDirect.com; 49 John KB Ford / Ursus / SeaPics.com; 50 上图和下图: Winifred Wisniewski / FLPA, Kevin Schafer, M Watson / Ardea.co.uk, Pal Hermansen; 51 Pal Hermansen; 52~53 Kevin Schafer; 54~55 BBC-NHU; 56 Michio Hoshino / Minden Pictures / FLPA; 57 上图 Sue Flood & Doug Allan; 57 下图 Frans Lanting / Minden Pictures / FLPA; 58 Sue Flood / naturepl.com; 59 Fred Olivier; 60~61 Doug Allan / naturepl.com; 62~63 上图 AFLO / naturepl.com; 62~63 下图 Xi Zhi Nong / naturepl.com; 64 Adam Gibbs; 65 Thorsten Mills; 66 Jorma Luhta / naturepl.com; 67 Carr Clifon / Minden Pictures; 68 Tom Clarke; 69 左图 Michael S Quinton / National Geographic Image Collection; 69 右图 Dietmar Nill / naturepl.com; 70 Paul Nicklen / National Geographic Image Collection; 71 上图 Michio Hoshino / Minden Pictures; 71 下图 John Goodrich / WCS; 72~73 NASA-BDH / BBC-Planet Earth; 74 上图和下图: David Noton, AFLO / naturepl.com, David Noton; 76 上图 Mark Linfield; 76~77 Tom Clarke; 78 Tim Fitzharris; 79 Angela Bird / naturepl.com; 80 Mark Moffet / Minden Pictures; 81 Gerry Ellis / Minden Pictures; 82 左图 Art Wolfe; 82 右图 Paul Schermeister / National Geographic Image Collection; 83 左图 DCI / Martin Klimek; 83 右图 Penny Allen; 84 上图和下图 BBC-NHU; 85 Tui de Roy / Minden Pictures; 86-87 上图, 从左至右 BBC-NHU; 87 下图 Toshiji Fukuda; 88 Art Wolfe; 89 Toby Sinclair / naturepl.com; 90~91 上图 Jim Brandenburg / Minden Pictures / FLPA; 90~91 下图 Anup Shah / naturepl.com; 92 Milo Burcham; 93 Ben Osborne / BBC-Planet Earth; 94 Chris Hendrickson; 95 Chris Hendrickson; 96 上图 BBC-NHU; 96 下图 Art Wolfe; 97 Michio Hoshino / Minden Pictures; 98 Richard du Toit; 99 Shin Yoshino / Minden Pictures; 100 左图 Jim Brandenberg / Minden Pictures; 100 右图 Bruce Davidson / naturepl.com; 101 左图 Richard du Toit / naturepl.com; 101 右图 Igor Shiplenok / naturepl.com; 102~103 Joanna van Gruisen; 104~105 Milo Burcham; 106 上图 Ian McCarthy; 106 下图 Art Wolfe; 107 Gerry Ellis / Minden Pictures; 108~109 Mitsuaki Iwago / Minden Pictures; 110 BBC-NHU; 111 Ben Osborne / BBC-Planet Earth; 112-113 上图, 从左至右 BBC-NHU; 112 下图 Ben Osborne / BBC-Planet Earth; 113 下图 Ben Osborne / BBC-Planet Earth; 114 Anthony Bannister / NHPA; 115 上图 Art Wolfe; 115 下图 Tim Fitzharris; 116~117 上图 M&P Fogden; 116~117 下图 Tony Heald / naturepl.com; 118 上图 Rhonda Klevansky / naturepl.com; 118 下图 Huw Cordey; 119 NASA-BDH / BBC-Planet Earth; 120 上图和下图 BBC-NHU; 121 Altitude / Yann Arthus-Bertrand; 122 Altitude / Yann Arthus-Bertrand; 123 Tom Hugh-Jones; 124~125 NASA-BDH / BBC-Planet Earth; 126 Dan Rees / naturepl.com; 127 M&P Fogden; 128~129 BBC-NHU; 130 左图和右图 John Cancalosi / naturepl.com; 131 Jeff Foott / naturepl.com; 132 左图 M&P Fogden; 132 右图 Nigel J Dennis / NHPA; 133 左图 Tim Fitzharris; 133 右图 Tim Fitzharris; 134 左图和右图 M&P Fogden; 135 Henry M Mix; 137 Richard du Toit; 138 M&P Fogden; 139 Rolf Nussbaumer / naturepl.com; 140 BBC-NHU; 141 Paul Brehem; 142~143 上图 David Noton; 142~143 下图 Chadden Hunter; 144 Altitude / Yann Arthus-Bertrand; 145 Martyn Colbeck; 146 Elio Della Ferrera / naturepl.com; 147 Ingo Arndt / naturepl.com; 148~149 Colin Monteath / Hedgehog House / Minden Pictures; 150~151 NASA-BDH / BBC-Planet Earth; 152 Konrad Wothe; 153 Jeff Turner; 154 BBC-NHU; 155 左图 Sumio Harada / Minden Pictures; 155 右图 Art Wolfe; 156 Colin Monteath / Minden Pictures / FLPA; 157 Jeff Wilson; 158~159 Martyn Colbeck; 159 NASA-BDH / BBC-Planet Earth; 160~161 NASA-BDH / BBC-Planet Earth; 163 Jeff Wilson; 164 Jeff Wilson; 165 BBC-NHU; 166 Xi Zhi Nong / naturepl.com; 167 上图和下图 BBC-NHU; 168 N.Shigeta / The Yomiuri Shimbun; 170~171 上图 D Brown / PanStock / Panoramic Images / NGSImages.com; 170~171 下图 Tim Laman / National Geographic Image Collection; 172 Frans Lanting / Minden Pictures / FLPA; 173 Huw Cordey; 174 DCI / Ed Carreon; 175 Kevin Downey; 176 BBC-NHU; 177 Alastair Shay / osf.co.uk; 178 Bruce Means; 179 上图 M&P Fogden; 179 下图 Francis Furlong / SAL / osf.co.uk; 180 左图 Dennis Belliveau; 180 右图 BBC-NHU; 181 Kenneth Ingham; 182 Jean-Paul Ferrero / Ardea.co.uk; 183 BBC-NHU; 184 左图和右图 Kevin Downey; 185 左图和右图 Gavin Newman; 186 上左图和中图 Kevin Downey; 186 上右图 Gavin Newman; 186 中图, 从左至右 Kevin Downey; 186 下图 从左至右 Kevin Downey; 188 Stephen Alvarez / National Geographic Image Collection; 189 Gavin Newman; 190~191 Kevin Downey; 192 Kevin Downey; 193 Gavin Newman; 194~195 Chauvet / Brunel /

Hillaire; **196~197** 上图 Kevin Schafer; **196~197** 下图 Peter Scoones; **198** Mark Brownlow; **199** Mark Brownlow; **200** David Hosking / FLPA; **201** 上图 Peter Scoones; **201** 下图 BBC-NHU; **202** Michio Hoshino / Minden Pictures; **203** 上图 Brandon Cole; **203** 下图 Chris Huss / SeaPics.com; **204** NASA-BDH / BBC-Planet Earth; **205** 上图 BBC-NHU; **205** 下图 Anup Shah / naturepl.com; **206** Anup Shah;

207 NASA-BDH / BBC-Planet Earth; **208** 上图 NASA-BDH / BBC-Planet Earth; **208** 下图 Mark Brownlow; **209** 上图和下图 Ad Konnings; **210** 左图 Konrad Wothe / Minden Pictures / FLPA; **210** 右上两图 BBC-NHU; **211** 左图 Didier Noirot; **211** 右图 Mark Brownlow; **212** 上图 Tony Martin; **212** 下图 Pete Oxford / naturepl.com; **213** Frans Lanting; **214** Sergio Brant Rocha; **215** Suthep Kritsanavarin / OnAsia.com; **216** 下图 Peter Scoones; **216~217** Pete Oxford / naturepl.com; **218** 左图和右图 Peter Scoones; **219** Michel Loup; **220** Mark Brownlow; **221** Doug

Wechsler / naturepl.com; **222~223** NASA-BDH / BBC-Planet Earth; **224~225** 上图和下图 Christian Ziegler; **226** Nick Garbutt; **227** M&P Fogden; **228** Christian Ziegler; **229** Christian Ziegler; **230** Christian Ziegler; **231** 上图 Luiz Claudio Marigo / naturepl.com; **231** 下图 Martin Wendler / NHPA; **232~233** NASA-BDH / BBC-Planet Earth; **234** Christian Ziegler; **235** 上图 M&P Fogden; **235** 下图 Pete Oxford / naturepl.com; **236** 左图 M&P Fogden; **236** 右图 Tim Laman / National Geographic Image Collection; **237** M&P Fogden; **239** 上图和下图 Christian Ziegler; **240** Christian Ziegler; **241** 左图 Christian Ziegler; **241** 右图 Staffan Widstrand / naturepl.com; **242** Christian Ziegler; **243** Christian Ziegler; **244** 上左图 M&P Fogden; **244** 下左图 Christian Ziegler; **244** 右图 Tim Laman / National Geographic Image Collection; **245** Christian Ziegler; **246** Barrie Britton; **247** 左图 BBC-NHU; **247** 右图 Barrie Britton; **248** Tim Laman / National

Geographic Image Collection; **249** Kevin Schafer; **250** Nick Gordon / osf.co.uk; **251** Christian Ziegler; **252~253** 上图 Todd Pusser / naturepl.com; **252~253** 下图 Chris Newbert / Minden Pictures; **254** Kenneth D Knezick; **255** Doug Allan & Sue Flood; **256** Chris Newbert / Minden Pictures; **257** 上图 Fred Bavendam / Minden Pictures; **257** 下图 Kenneth D Knezick; **258~259** Chris Newbert / Minden Pictures; **259** 下图 Didier Noirot; **260** Fred Bavendam / Minden Pictures; **261** Adam White / naturepl.com; **262~263** Peter Scoones; **264~265** Altitude / Yann Arthus-Bertrand; **265** 上图 Georgette Douwma; **266** Jurgen Freund; **267** 上图 Bill Curtsinger / National Geographic Image Collection; **267** 下图 Sam Abel / National Geographic Image Collection; **268** Richard Herrmann / SeaPics.com; **269** Fred Bavendam / Minden Pictures; **270** Ben Osborne; **271** Masa Ushioda / CoolwaterPhoto.

com; **272~273** Doug Perrine / SeaPics.com; **274** Dan Burton / naturepl.com; **275** 上图和下图 Fred Bavendam / Minden Pictures; **276** Norbert Wu / Minden Pictures; **277** Jurgen Freund / naturepl.com; **278** Brandon Cole; **279** Doug Perrine / SeaPics.com; **280~281** 上图 Norbert Rosing / National Geographic Image Collection; **280~281** 下图 Howard Hall; **282** Peter Parks / imagequestmarine.com; **283** Mark Conlin / SeaPics.com; **284** David Wrobel / SeaPics.com; **285** 左图 Peter Parks / imagequestmarine.com; **285** 右图 Paul A Sutherland / SeaPics.com; **286** Phillip Colla / SeaPics.com; **287** Peter Parks / imagequestmarine.com; **288~289** Francis Gohier / Ardea.co.uk; **289** David B Fleetham / SeaPics.com; **290** BBC-NHU; **291** David B Fleetham / SeaPics.com; **292** Doug Perrine / SeaPics.com; **293** 左图 Masa Ushioda / SeaPics.com; **293** 右图 Mike Parry / Minden Pictures; **295** 上图和下图 David Shale /

naturepl.com; **296** 上左图 David Shale / naturepl.com; 上图 centre David Shale / naturepl.com; **296** 上右图 Ingo Arndt / naturepl.com; **296** 中左图和中右图 Peter Herring / imagequestmarine.com; **296** 下图，从左至右 David Shale / naturepl.com; **298** David Shale / naturepl.com; **299** Peter Herring / imagequestmarine.com; **301** 上左图和上右图 David Shale / naturepl.com; **301** 中左图和中右图 David Shale / naturepl.com; **301** 下左图 BBC-NHU; **301** 下右图 David Shale / naturepl.com; **302** Ian Hudson / Serpent Project; **303** Ian Hudson / Serpent Project; **304** 左图 image courtesy of University of Washington; **304** 右图 Peter Batson / imagequestmarine.com; **305** 上图和下图 BBC-NHU; **306~307** Daniel Gomez / SplashdownDirect.com; **310~311** NASA-BDH / BBC-Planet Earth.